2010年10月原群教授在湖北武汉智慧旅游讲座

原群论旅游

导游技巧
与导游词策划

原 群 ◉ 著

旅游教育出版社
·北京·

策划编辑：陈　园
责任编辑：陈　志

图书在版编目(CIP)数据

导游技巧与导游词策划 / 原群著. -- 北京：旅游教育出版社，2014.4（2014.12）

（原群论旅游）

ISBN 978-7-5637-2873-2

Ⅰ. ①导… Ⅱ. ①原… Ⅲ. ①导游—解说词—写作 Ⅳ. ①K928.9

中国版本图书馆CIP数据核字（2014）第003009号

原群论旅游
导游技巧与导游词策划
原群　著

出版单位	旅游教育出版社
地　　址	北京市朝阳区定福庄南里1号
邮　　编	100024
发行电话	（010）65778403　65728372　65767462（传真）
本社网址	www.tepcb.com
E-mail	tepfx@163.com
印刷单位	北京中科印刷有限公司
经销单位	新华书店
开　　本	787毫米×1092毫米　1/16
印　　张	12
彩　　插	2
字　　数	189千字
版　　次	2014年4月第1版
印　　次	2014年12月第2次印刷
定　　价	36.00元

（图书如有装订差错请与发行部联系）

"三思而后行"新解

（代序）

《论语》说"三思而后行"，意指说话做事需多思多想，然后方付诸行动。在这里，"三"泛指多，"行"即行动。这句话我们说了多年，听了多遍，想了多次，可时下已进入信息社会，情势瞬息万变，机会转眼即逝，已容不得我们思虑太多。时间过长会贻误时机，机不可失，时不再来。

待人处事，思考问题，只需"三思"，便可"行"矣！此"三思"非彼"三思"，此"行"也非彼"行"。先哲的思想侧重于态度，要求谨言慎行，难免"思"有思虑过多之嫌，"行"有行动过缓之疑。鄙人的观点则侧重于方法，"三思"即换位思维、逆向思维和求异思维，"行"指可以、成功。

一、换位思维

对待他人需要换位思维，换位思维需要转换对象，其考虑的是"己"与"人"的问题。换位思维是基本的道德教谕，古今中外，从孔子的"己所不欲，勿施于人"，到《圣经》上的"你们愿意别人怎样待你，你们也要怎样待人"，再到我们日常所说的"尊重别人就是尊重自己"，不同地域、不同种族、不同宗教、不同文化的人们，说着大意相同的话。然而，现实生活中，人们一般有一个与生俱来的弱点，那就是总站在自己的角度去思考问题。假如我们换一个角度，站在他人的立场上去考量，会得出怎样的结果呢？

曾国藩是中国历史上最有影响的人物之一，但他小时候的天赋却不高。有一天，曾国藩在家读书，对一篇文章不知道重复诵读了多少遍，还是没有背下来。这时有一个贼潜伏在他家的屋檐下，希望等读书人睡觉之后捞点儿好处。可是，等啊等，就是不见他睡觉，还是翻来覆去地读那篇文章。贼人大怒，跳出来说："这种水平还读什么书？"然后将那文章背诵一遍，扬长而去！

贼人是很聪明，至少比曾先生要聪明，但是他只能成为贼；而曾先生却成为毛泽东主席所钦佩的人："近代最有大本夫源的人。"

"勤能补拙是良训，一分辛苦一分才。"那贼的记忆力的确好，而且也很勇敢，见别人不睡觉居然可以跳出来"大怒"，教训曾先生之后，还要背一遍书，再扬长而去。但是遗憾的是，他名不见经传。曾先生后来启用了一大批人才，按说这位贼人与曾先生有一面之交，大可去施展一二，可惜，他的天赋没有加上勤奋，变得不知所终。曾国藩并不聪明，但他留名千古；贼记忆力虽好，但却做着鸡鸣狗盗的勾当。

换位思维是人类经过长期博弈、付出惨重代价后总结出的黄金法则。克鲁泡特金在《互助论》中证明：只有互助性强的生物群才能生存，对人类而言，换位思维是互助的前提。社会是一个利益共同体，没有人能单独生存在一座孤岛上；人们是同一棵树上的叶和果，不能用自己的左手去伤右手。对于他人的失意、挫折和伤痛，我们应多换位思维。换位思维在客观上要求，推己及人，由此及彼，推心置腹、设身处地为对方着想，将自己的情感体验、思维方式等与对方联系起来，沟通情感，增加信任。这是一种人对人的心理体验过程，既是一种理解，也是一种关爱。

换位思维，首先要做到对人对己同一标准；再则就是严于律己，宽以待人。换位思维是融洽人与人之间关系的最佳润滑剂，在一个团队之中，可以创造和谐的关系，统一意志，增强凝聚力；对于一个管理者来说，只有体恤下属，关爱下属，才能使之与自己风雨同舟，共赴前程，这是一种管理素质，更是一种管理能力和水平；对于营销来说，只有为客户着想，了解客户需求，照顾利益平衡，才能建立持久的供求关系，进而拓宽市场渠道。与客户打交道绝不是一种零和博弈。

卞之琳有一首隽永的小诗，意蕴深刻，富含哲理："你站在桥上看风景，看风景的人在楼上看你。明月装饰了你的窗子，你装饰了别人的梦。"如果人人学会换位思维，世界上会有多少美丽的风景？换位思维是立于"我为人人，人人为我"基础上的，学会换位思维，与人方便，与己更为方便，将会无往而不利，无往而不达，无往而不胜。

二、逆向思维

对待问题需要逆向思维，逆向思维需要转换角度，其考虑的是"正"与"反"的问题。人们遇到问题时，总是习惯于按照正常路径去思考，虽然有时能找到解决问题的方法，收到令人满意的效果，但是，实践中的许多问题，利用正向思维却不容易找到正确答案,即使找到了,也是老套的、笨拙的、陈旧的,缺乏持久的生命力。如何才能走出死胡同、不落窠臼、别开生面呢?

中国文化具有十分丰富的辩证法思想,《道德经》对于逆向思维早就有过精彩的阐述:"反者道之动,弱者道之用。天下万物生于有,有生于无。"战国时期越王勾践的两个谋臣范蠡和文种,正是由于对"反"的"道"性理解不同,一个功成身退,得以泛舟江湖、颐养天年;一个功成不退,落得兔死狗烹、自刎亡身。

在古代战争决策中,逆向思维得到了非常高超的运用。例如,背水结阵乃兵家大忌,但项羽正是依靠背水一战,破釜沉舟,才以弱胜强,大败秦军。《孙子兵法》的"陷之死地而后生,置之亡地而后存"是对逆向思维的精辟论述。"以攻为守"、"欲擒故纵"、"以毒攻毒"、"以柔克刚"等都是对逆向思维的运用。

在科学领域,逆向思维更是无坚不摧。传统的破冰船是依靠自身的重量来压碎冰块的,因此它的头部都采用高硬度材料制成,而且设计得十分笨重,转向非常不便,所以这种破冰船非常害怕侧向漂来的流冰。前苏联的科学家正是运用逆向思维,变向下压冰为向上推冰,即让破冰船潜入水下,依靠浮力从冰下向上破冰。新的破冰船设计得非常灵巧,不仅节约了许多原材料,而且不需要很大的动力,自身的安全性也大为提高。遇到较坚厚的冰层,破冰船就像海豚那样上下起伏前进,破冰效果非常好。这种破冰船被誉为"本世纪最有前途的破冰船"。

人类思维具有方向性,存在着正向与反向之差异,正向思维是沿着人们的习惯性路线去思考,而反向思维则是反其道而行之。逆向思维是为实现某一创新,或解决某一因正向思维难以解决的问题而采取的反向思维方法,是摆脱常规思维羁绊的具有创造性的思维方式,也是对司空见惯的似乎已成定论的事物或观点反向思考的思维方式。由于逆向思维敢于让思维向对立面的方向发展,因而常常会取得意想不到的功效。对于某些问题,尤其是特殊问题,从结论往回推,从求解回到已知条件,正本溯源,往往会使问题简单化、清晰化。

三、求异思维

对待事情需要求异思维,求异思维需要调整高度,寻求超常思路,其考虑的是"常"与"异"的问题。人们遇事总是习惯于按照熟悉的常规路径去思考,结果往往落入俗套,长此以往,思想守旧,人成了凡人,乃至庸人。处理任何事情,一开始想到的,大家都可以想到,往往是肤浅的,除非你已经养成超常的思维定式,具备了敏锐的洞察力。如何使自己的思路超乎寻常,使自己的创意卓然超群呢?

司马光砸缸，实质上是一个突破常规思路的典范。如果沿袭"小孩喊人—大人赶来—爬进缸中—慌忙捞人"的老套路，其结果小孩或者因时间延误呛得半死，或者白白丢了性命。由于司马光没有因循守旧，通过普通手段处理突发事故，而是转换方式，破缸救人，因此顺利地解决了问题。这种想法异常大胆，有悖于常人思维。

这种思维方式在古代商战中也取得了很好的效果。春秋末期的白圭堪称我国最早的经商理论大师，"人弃我取，人取我与"是他首创的经商名言。范蠡曾向他求教致富秘诀。据《史记·货殖列传》记载，范蠡隐退后经商并成为当时的第一大财主，人称陶朱公，他的投资秘诀便是"夏购皮袄冬日卖，干旱买舟雨水出"。在干旱季节，当大多数人一窝蜂造车时，他并没有随大流，他认为车会因供过于求而滞销，而当时船的价格正处于低迷水平，当雨季到来时，船价会重新上扬。由于他正确地预见了这一趋势，从而使投资获得成功。在今天的商战中，青岛海尔的张瑞敏将求异思维运用到了较高的水平。凡是重大决策他都喜欢用求异思维来考虑问题，在他看来，"偏执狂才能生存"，"自虐狂才能发展"。

毛泽东是求异思维的高手，他的"出其不意，攻其不备"的策略，就是不按常理出牌。1947年，国民党重点进攻山陕，我军处于战略防御阶段，按照传统的习惯性思维，我军应积极防御，使战争进入相持阶段，伺机再转入反攻。然而毛泽东却打破常规，在我军仍处于劣势的情况下，派刘邓大军挺进大别山，直捣敌人心脏地带。相反，国民党因困于习惯性思维，认为我方是被击溃后的流窜，直至我军在大别山立住脚跟后，才明白我方采取的是反常行动，但此时悔之已晚！

求异思维是为实现某一创新，或解决某一因常规思路而难以解决的问题，采取的异于常人、脱于惯性的思维模式，是用绝大多数人没有想到的方式去思考问题。最忌先入为主，囿于陈规。很多人受传统思想影响，缺乏发散性思维，遇事往往不敢越雷池一步，缺乏创新。现代社会需要我们善于转换切入点，立足高远，剑走偏锋，出乎意料，出奇制胜。求异思维常常会令人大吃一惊，喜出望外。当然也可能弄巧成拙，这就需要有破釜沉舟的智慧、胆略和魄力。有风险才有刺激，有刺激才有激情，有激情才有奇迹，有奇迹才有高回报，是谓大开大合，不破不立，置之死地而后生。伟业不是任何人都可以成就的，上帝总是青睐于审时度势、敢为人先的人。

"三思"之于旅游，之于旅游规划，亦是如此。旅游需要不断创新，创新需要非凡策划，策划的关键在于创意，一流的创意则来源于换位思维、逆向思维和求异思维。

换位思维需要从游客角度考虑问题：游客需要什么？政府需要什么？当地百姓需要什么？逆向思维需要从市场出发：市场需要什么？如何使项目更有吸引力、更有魅力？求异思维需要跳出惯性思维樊篱，发掘最佳卖点，生发奇思妙想，寻找石破天惊的创意。

河南栾川景区从"不温不火"到"一吻爆棚",从"栾川经验"到"栾川奇迹",有一个"三思"的过程。栾川有20多个景区,其旅游经营在中国旅游界被标榜为"栾川经验",20多年来栾川旅游由小到大,由弱到强,一度辉煌。可流年不利,21世纪初开始进入旅游产品周期的末端,市场人气风光不再,市场份额一落千丈。江山多娇规划院通过对栾川景区进行勘察和调研,在沙子中找金子,于盲点中找热点,终于捕捉到闪光点,认为可以围绕鸡冠洞的"情侣石"和"天地之合"进行创意,整合资源,塑造品牌,将拥抱在一起连为一体的两块钟乳石——"情侣石"更名为"一吻千年",将即将上下连为一体的两块钟乳石——"天地之合"升华为"天作之合",更名为"千年一吻",并根据两个景点策划了"栾川鸡冠洞'一吻千年'热吻大赛",通过移花接木,化平庸为神奇,使之锦上添花,达到了"树上开花"(三十六计之一)的效果。

活动当天,全国16个省市、117对选手集结于栾川鸡冠洞热吻大赛现场,栾川县万人空巷,争相一睹为快。经过7小时55分和3个高难度的"热吻"角逐,一对冠军在月光下脱颖而出。当时号称"中原第一报"的《大河报》以"吻晕了头脑,吻肿了嘴唇,吻断了裤带——鸡冠洞热吻大赛惊险栾川"为题作了专题报道。报道一出,舆论哗然,包括英、美、法在内的一些国家的著名网站分别以"形形色色的吻"、"多姿多彩的吻"、"千奇百怪的吻"为题进行转载。热吻大赛轰动了全国,震撼了世界,波及面之广、影响力之深前所未有。这一活动改变了世人对河南旅游"古、俗、常"的印象,扭转了栾川旅游的不景气局面,栾川旅游由此升温,鸡冠洞声名鹊起,成了万千情侣爱情见证地,同时带动了周边旅游经济的发展。

"一吻千年"和"千年一吻"的策划创意,极好地体现了"三思"理念,景点形象和主题适应了游客需求和市场需求,标新立异,别出心裁,其立意之高、之深、之奇堪称神来之笔,可谓始终贯穿了换位思维、逆向思维和求异思维。

综上所述,我们应习惯于"三思",使换位思维、逆向思维和求异思维成为一种分析问题、解决问题的世界观和方法论,成为一种高超思考能力,成为一种惯性思维定式。思路决定出路,思则变,变则通,通则达,达则行。"三思"而后"行",将战无不胜,攻无不克。作为旅游和旅游规划人士,尤其应习惯于这种思维模式。精骛八极,心游万仞,创造非凡创意,则旅必顺,游必兴。假以时日,中国旅游经济发展必将异军突起,引领世界潮流,迎来辉煌的明天。

目 录
CONTENTS

导游技巧篇 / 001
如何提高导游水平 / 003
常用导游讲解方法 / 007
导游应该注意的问题 / 010
导游词创作与再创作 / 015

导游词策划篇 / 049
峨眉山导游词策划方案 / 050
峨眉山导游词 / 057
黄河三峡导游词 / 112
凤凰山玄天洞索道讲解词 / 126
九龙山风景区导游词 / 134
天马岛景区导游词 / 142
小浪底黄河三峡推介词 / 161
黄河三峡景区推介词 / 163
湖北襄樊古隆中推介词 / 165
济渎庙推介词 / 167
桐柏山淮源风景区解说词 / 169
王屋山九里沟推介词 / 172
五龙口推介词 / 174
小沟背推介词 / 176

原群小传 / 177

导游技巧篇

导○游○观

导游"十话十说"

对老人说神话，对孩子说童话。
对男人说大话，对女人说美话。
对恋人说情话，对学人说文话。
对文人说雅话，对商人说财话。
对粗人说俗话，对众人说笑话。

西方导游界流传的四句话

小事是重要的事（Small is important）。
小事是漂亮的事（Small is beautiful）。
小事办不好，麻烦就不少（Small means a lots）。
导游无小事（Tour guide has no small）。

导游语言艺术

言之有理，言之有据，言之有物，言之有情，言之有趣，言之有神，言之有礼，言之有喻。

导游讲究说学逗唱

释义：

说：导游应具备良好的说话技巧：正话反说，快话慢说，粗话细说，俗话雅说，坏话好说，好说好商量；普通话、外国话、南方话、北方话、客源地话，南腔北调，句句通人情；笑话、神话、俏皮话、恭维话、问候话、劝慰话，好话连篇，好话一句三冬暖。

学：学古人，学名人，学牛人，惟妙惟肖活气氛；方言、俚语、谜语、歇后语，嬉笑戏谑笑开怀。

逗：通过设问，布下悬念，埋下伏笔，最后揭开谜底，逗游客开心，启迪智慧，愉悦性情。

唱：到什么山上唱什么歌。唱的肯定比说的好听。自己唱，大家唱，一路欢笑一路歌。

如何提高导游水平

（讲座）

导游业务不是孤立的，而是和旅游业相伴而生、相互促进的；导游员也不是孤立的工作人员，而是整个旅游业，尤其是接待工作中最前沿、最主动、最活跃、最具决定性和代表性的工作人员。因此，旅游接待的主要内容也就是导游业务的主要内容，导游工作技巧同样涵盖吃、住、行、游、购、娱的各个方面。

一、导游业务"六要素"

现在，从中央到地方，从领导到群众，从专家到实业家，从旅游管理者到导游人员，只要一提旅游业，就谈旅游六要素，即："吃、住、行、游、购、娱"。这"六个字"弥足珍贵，字字珠玑，字字心血，是我国旅游界几代人经过长期的实践，从成功经验和失败教训中总结归纳出来的，蕴含着成千上万旅游工作者的智慧，可谓"十年磨一剑"。这"六个字"指导着旅游业的规范，衡量着旅游业的标准，同时，也是广大导游员进行导游安排时必须考虑的六个方面，指导着导游业务的行为规范。

新中国的旅游业是从 1954 年创建中国国际旅行社开始的，为了筹组这家旅行社，1953 年 6 月 18 日呈送中央的报告称"为解决外宾的吃、住、行问题，决定筹组一个国际旅行社"。没过两天，周总理便批示"请即指导有关方面筹办"，于是，新中国旅游业诞生了（当时称之为旅行业），所以，1954 年之后的 10 年间，"吃、住、行"成为旅游接待活动的三要素。旅行之于旅游最大的区别是，前者重"行"，后者重"游"，这就说明当时还缺乏"游玩"和"娱乐"的因素，个人之旅多，团队之旅少。随着时代的变迁，客源出现变化，西方游客和自费游览者增多。1964 年我国首次设立主管旅游事业的政府机构——中国旅行游览事业管理局。至此，国人对旅游的认识从"旅行"进入到"游览"阶段，此后的 20 年中，旅游业以"吃、住、行、游"为四大要素,这一时期,旅行社所发的"接待计划",几乎篇篇都指示导游人员一定要安排好游客的"吃、住、行、游"。进入20世纪80年代,当时主管旅游工作的领导,看到许多西方游客在中国只游览不购物,为了赚取更多外汇,提出"要像拧毛巾一样地将外国人的钱赚来,支持社会主义建设"。于是,在四要素之后,又加上"购",我国的旅游纪念品、工艺品从此开始发展。近10年来,西方游客进一步增加,他们对于在华游览既喜又忧,抱怨说"在中国旅游是白天看庙,晚上睡觉"。游人强烈要求增加晚间文娱活动,于是又增加了"娱"的要素,闭路电视、卡拉OK、夜总会纷纷出现。

这就是"吃、住、行、游、购、娱"六要素形成的基本路径,是从低级到高级、从单一到综合、从单纯接待到商业化运作的发展过程,从中我们可以体悟到这"六个字"的来之不易。六要素是我国旅游业的特点,是安排旅游活动的主要内容,因而导游员也应从这六个方面提高自己的工作技巧和艺术。"吃、住、行、游、购、娱"六个方面,密不可分,互为倚重。"吃"是首要的,中国人讲究"民以食为天",所以,"吃"是旅游的基础性条件,当然有时也是旅游的主要目的之一;"住"是旅游的保障,没有舒适的住宿条件,旅游难以进行;"行"是关键,没有"行"就没有"旅",更何谈"游";"游"是核心,这点毋庸多言;"购"是游中乐趣,不仅购买时有快乐,日后欣赏起来,更是其乐无穷;"娱"是游中的消闲,娱乐好,才使旅游更完美、更有生气。

二、提高导游水平的方法

目前,全国有近20万名导游员,其中15万人为正规军,持有国家颁发的导游证书;另外5万名持各地、各景区所发,只有在本区域有效的临时导游证。在15万名正规导游员中,按其业务水平分为四级,依次为特级、高级、中级和初级。现在全国有24名特级导游、1139名高级导游、4002名中级导游,绝大多数导游员也就是说14.4万多人为见习和初级导游。这种局面不迅速改善,导游水平将成为旅游业发展的滞后因素,进入WTO后更显得迫切。我们曾受国家旅游局委托,对导游员状况进行评估。评估认为:考导游证书的人多,考导游等级的人少;拿导游当饭碗的人多,拿导游做学问的人少;以导游为职业的人多,真正敬业的人少;钻营回扣、小费的人多,钻研导游业务、艺术的人少;混导游的人多,懂导游的人少。笔者既为导游的模范行为及其所创造的业绩所感动,也为很多人不专心提高业务水平而不安和担忧。当前糟糕的导游现状与迅猛发展的旅游市场严重背离,导游员水平亟待提高。那么,导游员应当如何提高自己的导游技巧和艺术呢?

(一)更新观念,锐意创新

导游员一定不要墨守成规,只满足于考导游时学会的那点基础知识,要与时俱进,赶上时代潮流,学习新思想、新观念。当前,导游员必须树立市场观念、诚信观念和游客主导观念;进入WTO后,我国导游员必须按照国际标准要求自己。世界导游员协会会长简·奥德女士曾说:"你若没有具体数据,你若没有生动案例,你就不可能令人信服地谈论导游和生动地进行导游。"这位权威人士的话,应当记取。导游工作是项综合性的艺术工作,亟须创新提高,创新是项非常艰巨的思维活动,创新就是在学习前人的基础上,进行再创造、再提高,就是在导游方法上想前人未曾想,做前人未曾做,要标新立异,要人无我有,人有我新,人新我特,人特我精……要在战略上高人一等,战术上招招领先。"导游,是旅游的灵魂,没有导游的旅游是没有灵魂的旅游",进一步讲,"创新是导游的灵魂,没有创新,导游艺术就不会发展、提高"。

(二)千锤百炼,提高口才

"导游一片嘴,调动游客两条腿",这就是导游的作用。"江山之美,全靠导游之嘴","看景不如听景",这是人们对导游"嘴皮子功夫"的溢美之词。导游就是用我们的嘴"引导游客去探索美、发现美、享受美",去完成整个的游程。"嘴"是导游员的"生产工具",是"饭碗",没有"嘴"就没有导游工作,没有一张好"嘴",导游就像没有枪的战士,无法尽职。有时少说几句话,就可能被游客批评为"哑巴"导游。基于此,导游必须练好这张"嘴"。"一年拳,两年腿,十年才练一张嘴",可见,吃得苦中苦,方见真功夫。导游员要努力向姐妹艺术学习,向老一辈艺术家学习,多听评书,多听相声,多看话剧,从中学习艺德,学习艺术技巧。

(三)口笔并重,能说能写

在全国近十次导游员大赛中,都有笔试和口试项目,评委对口试格外重视,占分比例也较多,口试平均约80分,笔试约60分。然而,最后评出来的"十佳"导游,都是口才好、笔头也好的"双好"选手。在长期实践和调查当中发现,"嘴皮子"是导游水平展示的外在形式,而"笔杆子"展示的则是导游基本功底,没有深厚的文字水平、文学水平,导游"嘴皮子"水平是缺乏基础的。因此,导游要同时在"嘴"和"笔"上下工夫。笔者曾是全国特级导游的评委,审评过一篇篇论文佳作,上面的话是有感而发的。我深信,"笔杆子"功夫是能促进"嘴皮子"功夫的,"文才"是能提高"口才"的。

(四) 善于总结，扬长避短

在导游队伍中，经常发生这样的情况：两个学生毕业于同一学校，分配到同一旅行社，可经过二三年后，一位成为出色的导游，一位却流于平庸。究其原因，凡是进步快、出色的，必是善于总结和反思及从他人身上汲取经验教训的人，这是规律，也是必然。真正成功的导游，应当有这样的信念：同样一个问题，不允许自己有两次都答不出来；同样一个疏忽，不允许发生两次。唯有如此，才会不断进步。

(五) 注重细节，学会自查

在西方导游界流传这样四句话："小事是重要的事"(Small is important)；"小事是漂亮的事"(Small is beautiful)；"小事办不好，麻烦就不少"(Small means a lots)；"导游无小事"(Tour guide has no small)。中国的导游员应引以为戒，记住这四句话，时时刻刻办好"小事"。中国饭店服务业还总结出这样一个"公式"：$100-1 \neq 99=0$。这个公式告诉我们，导游要注意各个环节、各个程序，细节不能含糊。如在接待过程中，吃、住、行、游以及导游讲解、服务、语言、艺术……样样都好，每个游客都称道，每个人都满意，但当游客怀着愉快的心情，准备在机场与可爱的导游告别时，意外发生了，导游不好意思地说："对不起，返程机票没给大家办好！"这时全团再也没有称赞，代之出现的是愤怒，甚至谩骂。就因为订票这项工作没办好，导致前功尽弃，最后得到的是投诉和批评，这就叫 $100-1 \neq 99=0$！因此，导游要学会自查，最好常备个录音机，录下自己的导游词。接团后自己仔细听听，检查是否很好地运用了导游语言，是否遗漏了某个细节。"不听不知道，一听吓一跳"，可能会发现不少毛病，需要改进。

(六) 做到"五勤"，全面提高

导游在游客心目中是"学者"，是"万事通"，是"活字典"。要想不令游客失望，必须养成严谨的作风，以治学的态度对待导游工作，提高导游艺术。为此，必须养成"五勤"的习惯："勤动腿"，迈开双腿，求教于一切有学问、有经验的学者和导游；"勤动口"，不耻下问，向民间学习，向所有人学习；"勤动眼"，开卷有益，结合导游工作，读有关风光风情之书，读任何书；"勤动手"，学会随时做记录，将同行好的导游词、表达方式和句子都记下来；"勤动脑"，将动腿、动口、动眼、动手收集到的信息、知识、经验进行分析、归纳和研究，丰富自己的知识，改进自己的作风，形成自己的风格，从而全面提高导游水平、技巧、艺术，这涵盖"吃、住、行、游、购、娱"的各个环节和细节。

常用导游讲解方法

（讲座）

如今，在旅游业飞速发展的同时，作为旅游重要环节的旅游讲解也有了长足的进步。国内外导游界的前辈们在实践中总结出了许多行之有效的导游方法和导游技巧。近几年，这些方法和技巧得到越来越多的优秀导游人员的补充、丰富和完善，导游讲解方法渐成体系，这对导游工作具有极其重要的指导意义。现着重介绍八种导游讲解方法。

一、分段讲解法

"分段讲解法"，是指将一处大景点分为前后衔接的若干部分来分段讲解。对景点比较小的、景区次要的景点可采用平铺直叙法进行导游讲解，但对规模大的重要景点就不宜平铺直叙地介绍，而应采用分段讲解的方法。

二、突出重点法

"突出重点法"，是指在导游讲解时不是面面俱到，而是突出某一方面的讲解方法。

①突出大景点中具有代表性的景观。例如：去秦始皇兵马俑博物馆游览，要突出对一号坑和二号坑的讲解。

②突出景点的特征及与众不同之处。

③突出旅游者感兴趣的内容。

④突出"……之最"。例如：介绍某一景点时，导游人员可根据实际情况，介

绍这是世界（中国、某省、某市、某地）最大（最长、最古老、最高，甚至可以说是最小）的……因为这也是说明景点特征的要素之一，能引起游客的兴致。

三、触景生情法

"触景生情法"，是指介绍景点、景区时触景生情、借题发挥的导游讲解方法。触景生情法贵在发挥，要自然、正确、切题地发挥。

四、虚实结合法

"虚实结合法"，是指在导游讲解中将典故、传说与景物介绍有机结合，组织故事情节的导游手法。要求导游讲解要故事化，以求产生艺术感染力，努力避免平淡的、枯燥乏味的、就事论事的讲解方法。

五、问答法

"问答法"，是指在导游讲解时，导游人员向游客提问或启发游客提问的导游方法。问答法形式丰富，主要包括：
①自问自答法（为了吸引游客的注意力）。
②我问客答法（引导游客回答）。
③客问我答法（满足游客的好奇心）。

六、制造悬念法

"制造悬念法"，是指导游人员在导游讲解时提出令人感兴趣的话题，但故意引而不发，激起游客急于知道答案的欲望，使其产生悬念的方法，俗称"吊胃口"、"卖关子"。

七、类比法

"类比法",是指以熟喻生、以近比远,达到触类旁通效果的导游手法。主要有:
①相似类比,即将相似的两物进行比较,便于游客理解并产生亲切感。
②相异类比,即将相似的两物比出规模、质量、风格、水平、价值等方面的不同。
③时代类比,例如:将处于同一时期的不同国家的帝王作类比,将年号、帝号纪年转换为公元纪年等。

八、画龙点睛法

"画龙点睛法",是指用凝练的词句概括所游览景点的独特之处,并给旅游者留下深刻印象的导游手法。例如:旅游团游览西安后,导游人员可用早(历史年代早)、长(建都时间长)、全(文物门类全)、高(艺术水平高)、大(气势规模大)这五个字来总结陕西文化的基本特征。

另外,除上述八种导游讲解方法外,我国的导游人员还总结出"简述法"、"详述法"、"引而不发法"、"引人入胜法"、"由此及彼法"、"联想法"等,这里不再一一介绍。

导游讲解方法很多,但在具体工作中,各种导游讲解方法和讲解技巧并不是孤立的,而是相互渗透、相互依存、互相联系的。导游人员在学习众家之长的同时,必须结合自己的特点融会贯通、举一反三,在实践中形成自己的导游讲解风格和导游讲解方法,并视具体的时空条件和讲解对象,灵活、熟练地运用。只有这样,才能获得不同凡响的导游效果。

导游应该注意的问题

（讲座）

一、如何对待讲解中的失误

导游讲解应该意真辞切，理当气蕴，品贵神运，一字不易。但是，"智者千虑，必有一失。"导游在讲解过程中难免会发生口误，或者忘词，滴水不漏者毕竟是少数。

口误既出，不能置之不理，应按正确的讲法重复一遍，避免谬误流传，确保讲解内容的可信度。

导游讲解都是脱稿讲解，随时都有中途忘词的可能。中途忘词会影响讲解的连贯性和全面性，有损讲解质量。要避免中途忘词的尴尬场面，最要紧的是熟记讲解内容，尤其是那些格言警句等精彩部分，都必须花时间谙熟于胸；对于那些临场想不起来的，可以省略不讲，或者干脆设置悬念，顺延至下次讲解；也可以转移视角，"嫁祸"于游客，提出某个问题，请游客为"代言人"，帮助自己摆脱困境。

二、如何防止讲解超限逆反

"超限逆反"，是指冗长的讲解超出游客心理承受能力，或是导游因为游客赞成自己的观点，就滔滔不绝，讲个没完。这样都会使游客的反应由原来的兴奋状态转为抑制状态，产生超限逆反的心理。

为防止出现超限逆反现象，导游讲解的内容即使是游客感兴趣的，也要做到适可而止。要考虑不同层次游客的信息承受能力，包括信息内容与信息数量。信息传递过少，讲解内容偏少或单薄，都不是优质服务；信息传递过多，讲个没完，也未必是为所有游客称道的优质服务。两种方法，虽出发点不同，然结果都一样。

大家都感兴趣的话题是不会引起游客逆反心理的。美国伯克利加州大学格赖斯教授认为，人与人之间的谈话之所以得以顺利进行，是因为谈话的双方都能够遵守"四个准则"，即：谈话内容涉及的信息充分却不多余；谈话内容真实可靠；话语与话题有关；表述清楚，简洁明了。导游在景观讲解中，只要把握好上述"四个准则"，就能有效地避免超限逆反情况的发生。

三、如何合理安排讲解时间

现场讲解应该遵守预先编排的时间表，在设定的时间内完成对某个景观的介绍。一旦某个景观讲解超出规定时间，就会影响下一游程的正常安排，讲解内容就会超出时间许可范围。这时，导游必须对所讲内容进行技术处理，调整讲解策略，在基本上保持完整的讲解体系下，删除部分内容，尤其是无关紧要的传闻、故事、闲聊等，或将详叙改为概述。需注意的是，万万不能采取"虎头蛇尾"、"拦腰一刀"等不适合的做法。

四、如何确保讲解的得体性

"得体性"，是指语言形式上的恰如其分，既要合乎讲解内容和场合，又要反映导游的讲解风格。首先，导游语言要有整体的和谐性。导游作为一个特殊的讲演者，其讲解的和谐性主要体现在：语言严谨而不呆滞、活泼而不轻佻、幽默而不油滑、亲切而不低俗、明白而不肤浅。其次，导游语言要有具体的适应性，正所谓"到什么山上唱什么歌"。针对不同的景观，运用不同的修辞词汇，采用不同的基调。例如：自然山水导游语言要轻快，园林建筑要斯文，文物古迹要凝重，革命史迹要庄重，主题公园要高亢。要因景而文，各有相宜。第三，导游语言要有个体的独特性。这主要是指导游个体的讲解风格，即语言风格应与导游员个体气质、修养相吻合，或平和舒展，或朴实简洁，或严谨翔实，或情真意切，或激情昂扬。

五、如何开导游说明会

说明会是导游工作的重要环节。其作用：一是把有关事项告知客人；二是与客人认识并让客人之间相互认识和接触，这样便于之后的团队组织工作。说明会具体内容如下：

(一)欢迎词

感谢大家对本旅行社的信任,选择参加我们的团队。

(二)领队自我介绍

表明为大家服务的工作态度,并请大家对领队的工作予以配合和监督。

(三)对每位客人提出要求

注意统一活动,强化时间观念,相互之间团结友爱。

(四)行程说明

按行程表逐一介绍,但必须强调行程上的游览顺序有可能因交通等原因发生的变化。同时说明哪些活动属于自费项目,客人可以选择,也可以不参加。

(五)通知集合时间及地点

通常要比航班离港时间提前2小时,在机场或港口指定位置集合;如乘火车或汽车,也要在发车时间1小时前到达指定位置集合。

(六)提醒客人带好有关物品

如洗漱用品和拖鞋(在境外最好不要用酒店提供的)、衣物、常用药品等。

(七)货币的携带与兑换

中国海关规定每位出国旅游人员可携带人民币20 000元,可兑换美元5 000元。

(八)卫生检疫

通常在开说明会时由旅行社联系检疫局人员来打防疫针并发给黄皮书,也可在出境时领取黄皮书。

(九)人身安全

告诫客人在境外要注意安全,特别是在海滨或自由活动时。

(十)财物保管

告诫客人不要把财物放在旅游车上,并向客人讲解在酒店客房如何保管贵重物品,如何使用酒店提供的保险箱,以及在旅途中托运行李时如何保管贵重和易损物品等基本旅游知识。

(十一)出入国境时注意事项

告知有关国家的法律和海关规定,说明过关程序及有关手续。

(十二)关注首次出境的客人

对首次出境旅游的客人,最好将旅游中的其他有关事项逐一介绍。

(十三)说明会上应落实的事项

分房;国内段返程机票是否已订或是否交款;是否有单项服务等特殊要求;是否有回民素食。

六、如何应用肢体语言

美国著名心理学家艾帕尔·梅拉利思曾经说过:"信息的总效果＝7%的文字＋38%的音调＋55%的面部表情。"由此看来,肢体语言是丰富多彩的,无声的语言使得人们在交往中变得更加有声有色。有人得出结论:人们交往时,65%的"社会意义"是用非语言符号传递的。

自信的人昂首挺胸,热情的人脚步轻盈。游客的不同体语能体现其地位和性格,导游在带团中决不可把体语视为小事,而应恰当地运用体语,通过"表演"艺术来传情达意。

(一)注意面部表情

眼睛是心灵的窗户,导游的目光应该是善意和友好的。其他的身体部位也不可忽视:"嗤之以鼻"表示轻视,"咬牙切齿"表示对个别"刁民"的痛恨,困惑时"瞠目结舌",高兴时"龇牙咧嘴"……这些动作都要进行控制。

(二)注意体态手势

罗马有位大雄辩家说过:"没有手,就不能雄辩。"手能起到很强的传递信息作用。不是吗?握手表示友好,挥手表示告别。对于导游来说,高兴时切忌拍大腿,急躁时不要抓耳挠腮。当年,列宁在演讲时的手势,能把"听众俘虏得一个不剩"。

（三）注意语调口气

俗话说："锣鼓听音，说话听声。"语调的高低快慢要符合说话的内容，导游要学会运用不同的语调来传情达意。

意大利的著名影星罗西在这方面可谓大师。有一次，外宾要求他表演一段悲剧。只见罗西用意大利语表演起来，在场的客人虽然听不懂，但听到罗西语调时而悲伤，时而痛苦，许多客人被他感动得流下眼泪。这时，一位意大利人捂着脸走出宴会厅，在走廊里放声大笑。原来，罗西根本不是在演什么悲剧，他是在念宴会菜单。由此，我们可以得到启发，导游是"靠嘴吃饭"的人，理应更注重说话的技巧和艺术。

导游词创作与再创作

导游词是导游引导游客观光游览时的讲解词，是导游向游客传播旅游知识、引导其旅游体验并与之互动的重要手段，是旅游景区向游客传递景观信息及旅游接待所有信息的基础。随着智慧旅游时代的到来，导游词可能借助导览机、导讲机、无线讲解、电子导游系统、同声传译系统等智能导游平台传送给游客，智能导游与一般导游相比在一定程度上是规范了，但在定制旅游情况下，却少了些个性化、人性化和亲近感，所以，无论如何导游词是不可或缺的。从形式上说，导游词有书面和现场口语两种形式，通常意义上所说的导游词创作主要指前者。书面导游词是基于景观实际情况、按照一定的游览线路、模拟游览活动而创作的，是旅游这一特殊产品的说明书。口语化导游词是导游基于书面导游词的再创作，须以书面导游词为基础和脚本，因而导游词的再创作具有个性化色彩。

一、导游词创作存在的问题与破解方式

中国旅游业经过20多年的快速发展，景区环境和质量随着市场的需求有了大幅度的提升，特别是国家旅游局推出《A级景区评定标准》和实施《旅游法》后，更是得到质的提高，从3A到4A，从4A到5A，可谓日新月异。但作为景观推介的导游词却没有适应景区、游客旅游心理和旅游外部环境的变化，仍停留在"三老四性"的层面，即：老模式、老腔调、老版本，及严格执行所谓的景观的保真性、知识的辅导性、套路的范文性和内容的政治性，不能够与时俱进。导游词创作经年不变的原因及改进思路主要有三点。

（一）创作与实践脱节，导游词创作人员与导游应走向融合

一线导游对景区和顾客最为了解，但大多导游却不具备一定的写作基础，不能创作高水平的导游词。而专业创作者往往又没有实地导游经验和感受，既不能深入了解景区，又缺乏接触游客的条件。这就造成了导游词创作与实践的脱节，其结果

是：书面导游词干瘪无味，书面语色彩太浓，口语化不强，不能处理好"景"与"事"的关系，故事或事理往往游离于景观内涵之外，无法契合景观实际。事实上，导游最有条件、最有资格写出优秀的导游词，这就要求强化导游培训机制，催生出一批创作型的导游；另一方面专业导游词创作人员应深入景区调查研究，多接地气，在实践和体验中进行创作。总之，导游与导游创作人员应逐步走向融合。

（二）流于"填鸭式"说教，休闲旅游时代需要导游词与时俱进

导游词创作习惯于平铺直叙，泛泛而谈，不能使游客窥一斑而略知全豹，更不能使之在轻松活泼的互动中，对景区的人文和自然产生立体的感悟和体验，其结果是：刻板的"填鸭式"的说教，缺乏鲜明的主题和观点，内容单薄，结构层次不清楚，逻辑性不强，条理不清晰。随着休闲旅游时代的到来，国家适时出台了《2013—2020国民旅游休闲纲要》，各种新型旅游方式不断涌现，游客需求以及景区旅游环境、项目和设施在发生改变，其共有特点是讲究旅游的体验性、参与性和个性化。因此，导游词创作应适应市场需求、游客的旅游取向和旅游项目的改变，逐步实现从公众化导游词向定制化、专一化、动态化导游词的转变，以最大限度地调动游客的激情，使其享受旅游过程，在旅游中有所体悟，身心得到愉悦。

（三）缺乏智能化演进，智慧旅游需要智能型导游词

"智慧旅游"概念的提出使得旅游业找到新的发展点，智慧管理、智慧服务和智慧营销作为主要内容日渐融入到旅游业态中。旅游业作为服务业的龙头产业，必然会因为"大数据"时代的到来以及游客自主旅游的更多需求发生革命性的变化。导游词是智慧营销的重要方面，导游作为旅游最前台、最直接面对游客的工作人员应积极适应这一变革。智能导游要求提供权威、全面、及时、准确、个性化的旅游信息，并在游前、游中、游后提供全方位的资讯保障，实现360度全景体验、景区导览、二维码验证等功能，游客手持客户端就相当于跟随着讲解员游览，并能听到播音级的讲解。因此，导游词创作面临着智能化、高端化、规范化的升级，以融入涵盖旅游体验、旅游互动、和旅游消费的导航、导游、导览、导购等一系列服务功能的景区智能导游系统，让游客的旅游过程更顺畅。

二、导游词在旅游中的作用

导游词翻拍了景区的景象，透视了景区的文化内涵，对于景区游览具有先导性

作用，对游客具有特殊的吸引力、感召力和引领力，影响着景区形象品牌的推广，以及一个地区旅游资源的质量评价。对于旅游经济而言，导游词就是生产力。好的景区只有匹配优秀的导游词，才能锦上添花，活色生香。导游词一般有四方面的作用。

（一）引导游客鉴赏，感受风物

通过对旅游景观绘声绘色的讲解、指点、评说，帮助旅游者欣赏景观，使旅游者用眼睛透视风物内涵，用耳朵聆听物声天籁，用双手续写文明史卷，用双腿延长历史足迹，用心体会人与自然和谐，达到游览的最佳效果。

（二）传播文化知识，感悟生活

旅游不仅是对政治、历史、军事、地理、地质、文化、生态和自然的探索与研讨，更是认知感悟生活。导游词应达到向游客介绍有关旅游胜地的历史典故、地理风貌、风土人情、传说故事、民族习俗、古迹名胜、风景特色，使游客增长知识的目的。

（三）陶冶游客情操，愉悦身心

导游词应言之有理、言之有物、言之有情、言之有神，通过语言艺术和技巧，给游客勾勒出一幅幅立体的图画，构成生动的视觉形象，把游客引入一种特定的意境，从而达到陶冶情操、愉悦身心的目的。

（四）指导游客体验，放松心情

随着休闲旅游和智慧旅游的到来，导游词更偏重于吸引游客参与旅游项目，指导操作或体验方式，让游客享受智能化的旅游，轻轻松松地度假休闲，在休闲中品味人生，感悟生活，放松心情。

三、导游词创作的准备

导游词的功能非常实用，且在应用过程中要面对来自游客的最直接的验证。其主要应用有两方面：一是作为导游实际讲解的参考；二是作为游客了解某一景点或某一旅游目的地的资料，或用于书面介绍资料，或用于智能化旅游平台。在创作导游词前我们必须全面翔实地占有景观或旅游目的地的资料，深刻领会旅游区的文化主题和景观价值，调查了解游客来源及其需求。主要做足以下准备：

(一)搜集资料

确定目标景区后,必须进行实地调查和体验,广泛收集材料,挖掘景点的特色,搜集景点背后的故事、典故、趣闻、神话传说、名言警句、乡俗俚语等。

1. 搜集信息

通过图书馆和互联网查阅景区所在地历史、地理、风俗、交通、经济等各类信息以及景区自身信息,要求景区提供有关介绍资料,了解当地史志以及自然、人文等知识,收集相关史书和影视、戏曲资料,为实地介入做准备。

2. 实地采风

考察景区和景区所在地及周边50公里半径的山川河流、历史人文,通过录音、录像熟悉城市交通和景区线路及景点实际情况。走访当地老人、土专家,请他们讲故事和传说,搜集当地民俗风物、乡言俚语、名人名言、名人逸事、典故、诗词、雅事等资料,感受当地文化。

3. 导游亲历

参阅已经有的导游词,因为原有导游词的很多信息是权威的,也是经过反复实践验证可行的,可资借鉴。请熟练的导游陪同游览讲解,感同身受地了解旅游路线和景点。搜集游客关注焦点和感兴趣的问题,便于在创作中吸取精华,剔除糟粕,进一步提高。

4. 细分市场

了解景区主要市场及游客群体的情况,以及在不同季节景点对不同游客群体的特有吸引力。

(二)提炼主题

立足于已有的纷繁复杂的素材,围绕景区文化主题选择材料,认真阅读、分析和比较,经过去粗存精,去伪存真,确定景观闪光点和游客兴奋点,深刻挖掘文化内涵,形成通篇导游词的中心与线索。

(三)版本升级

导游词不是一成不变的,在导游实践中有一个版本演化和提升的过程。所谓演化,即在一个核心导游词版本的基础上,适应不同游客群体,分化出不同版本的导游词;所谓提升,即同一版本的导游词,随着对景观的深入理解、旅游景观的逐步演化和游客需求的不断变化,有一个文化主题进一步升华和内涵不断挖掘的过程,这就涉及导游词的再创作和智能化导游平台的建立问题(后有详述)。

四、导游词的主题要求

创作导游词首先要确定景区主题，这就要求重视主题的提炼。通过一篇导游词的讲解，可以表现作者和导游对景观的基本认识、理解和评价，并向旅游者表达一种思想和意图，进而帮助旅游者生发情感、促进认识、正确评价，从而发挥导游词的应有作用。

（一）导游词主题的决定因素

资源特色是决定景观旅游主题的决定性因素。景观资源主要有自然资源和人文资源，旅游活动主要有观光型、鉴赏型、知识型、体验型、修学型、康乐型等，可以说资源特色决定了旅游性质，适应了不同旅游消费群体和目标市场的多元化需求，决定了旅游景观的文化主题，进而决定了导游词的文化主题。

地文景观、水域风光、生物景观、气候与天象景观等自然景观资源适宜于避暑、避寒、疗养等，具有游览、观光、休养、娱乐、健身等吸引力。历史遗迹、建筑遗址、石窟石刻等历史文物古迹可供参观求知；特殊民俗礼仪、习俗风情、节日庆典、民族艺术和工艺及其载体具有可视、可感、可参与性。现代旅游者已经开始专为求神拜佛而光顾宗教寺庙道观，因而寺庙道观景观资源对于有宗教信仰的人日益有吸引力。具有内涵的历史文化名城、独具特色的现代都市风光，以及清新质朴的田园风光、古镇村落等，让人寻古探幽、返璞归真，适宜于现代休闲旅游。富有特色、具有规模、有某种特殊意义和影响力的大型工程及文化设施，有影响的国际性体育和文化事件以及各种富有特色的地方风味美食、特产名品、特色市场与著名店铺等都可给人以独特的感受，适于观光、娱乐、休学、健身等。总之，旅游主题纷繁多样，从资源上看有观光型、度假型、生态型等，从游客取向上看有祈福、休闲、宗教、猎奇、美食、修学、爱情、寻古、风水、购物、赏花、寻祖、度假、养生、滑雪、登山、探险、狩猎、茶文化、红色旅游等，这些不同的旅游主题决定了不同的导游词主题。

（二）导游词主题的提炼标准

导游词涉及对景观的历史文化价值、艺术鉴赏价值和科学研究价值的评价，也反映了景观的审美情趣。导游词的主题有深浅、新旧、正误之别，导游词本身的价值会影响景观的价值。有的景观本身价值很高，但由于没有深刻发掘其主题，可能使景区变得平淡无奇；而有的景观，原本看来平平淡淡，但经过发掘其深刻的内涵，并精准地进行推介，可能会红火起来，成为知名景观。如河南洛阳白马寺堪称华夏第一名寺，但由于文化主题单调，不能适应旅游市场的变化，导致导游词刻板呆滞，不能推陈出新，进而导致景区多年来不温不火，远远落后于同为佛教文化的同省的少林寺景区；山顶洞北京人遗址是华夏文明的渊薮，被称为中国考古重大发现，但也存在类似问题。相反，河南伏羲庙就因为导游词在古柏上一个看似不起眼的瘿瘤"伏羲耳"上的演绎，而使当地旅游红红火火，并一举打破了祈福游当日参拜人数的吉尼斯世界纪录。可见导游词就像一枚硬币的正反面具有两重性，正能量很大，负效应也不容忽视。提炼导游词主题一般有3个标准。

1. 准确性

准确性是对主题的思想性、科学性或审美价值的要求。导游词的主题要符合景观的真实情况，充分揭示景观文化内涵，帮助旅游者去认识和欣赏其深层价值，满足游客旅游消费心理，培养人们积极健康的情感和对生活、大自然的热爱，从而激发生活情趣，提高道德情操。如泰山的主题文化是平安，"泰山安则天下安"，千百年来，从帝王将相到文人骚客、从达官显贵到平民百姓登临泰山无不与祈福有关，大则"封禅"，祈求福佑天下，是为"国泰"；小则祈求多子多福、祛病消灾，是为"民安"。再如山西珏山是"中国赏月名山"，主题文化是赏月，由这一自然景观而延伸出的人文内涵丰富，寺、观、殿、门形成了丰厚的道教文化积淀；以赏月为雅事的饱学之士，如唐代诗人杜牧，明代尚书王国光、文学家董绪，清代阁老陈廷敬等在此留下了遗迹；为赏月，历朝在珏山双峰间建起玄帝殿、真武宫、灵官顶及一、二、三天门和过月亭等，使游人于登山中感受大自然的美妙，体验"无限风光在险峰"的意蕴。所以，一切的景观与文化解说都应把握导游词的主题，从而确定一条贯穿线索，这就是其准确性。

2. 集中性

集中性主要指主题的简明和单一，这样会使问题明朗化，便于说深说透，增强主题的表达效果。一般景区的主题文化是比较集中的，即使有一些分散性，但肯定有一些关联。创作导游词必须像目的地景区一样把握一个主题，不宜同时存在两个或两个以上的中心，否则就会枝乱叶蔓，扰乱导游词的主题，妨碍对主题景观的准确把握。如果景区的主题文化比较散乱，导游词要注意详略得当，设法将重点性的景观文化进行衔接和粘连，这样的导游词对景区文化是一个弥补，创作这样的导游词甚至是导游词创作人员的职责。如安徽肥西三河古镇，作为中原地区与江南政治、经济、文化相融合的重要节点，最突出的是饮食文化，但古镇还有近现代许多重要的政治、军事、科技界的名人，如淮军将领刘秉璋、周盛波、潘鼎新，太平天国英王陈玉成，民国民主人士董寅初，著名将军孙立人，现代物理学家杨振宁等。作为导游词当然要尽量容纳所有文化元素和景点，但必须重点突出，而且要注意文化的粘连与衔接。三河古镇的文化总体与近代传承的士族文化是一脉相承的，因为士族文化而衍生出士族名人，进而衍生出绚丽多姿的饮食文化。如果我们把饮食与名人结合在一起，则名人、饮食、古城之关系呼之欲出。这除了通过景区文化元素的形象化硬件塑造外，还需要导游词软件去融合、贯穿和包装。这就是导游词的主题提炼，相对集中的导游词主题使景区主题文化凸显，并进一步彰显了景区的文化特色。

3. 深刻性

深刻性反映主题的深度。导游词不能停留在景观表面现象的罗列和说明上，而应该揭示景观深层本质的内涵。当然，主题的深刻性不是抽象推论或思想的凭空拔高，而是寄寓于个性鲜明的具体材料之中。作为直观性的景观毕竟是呆板的、静态的和枯燥的，有时对一个景区的文化主题不容易阐释，况且不同游客对景区文化的感受也是有差别的，而导游词却是生动化、个性化和情感化的，因此深刻挖掘文化内涵、提升文化主题是导游词创作者的职责。例如：

被誉为"华夏民居第一宅"的山西灵石王家大院是我国最大的民居古建筑群，是晋商大院的典范，其建筑艺术和文化价值都堪称中华一绝。我国著名建筑学家郑孝燮不顾年迈，两次专程到王家大院考察研究，他称王家大院是"国宝、人类之宝、无价之宝"。高家崖、红门堡两组建筑群东西对峙，一桥相连，皆为黄土高坡上的城堡式建筑。其特点是，依山就势，错落有致，层楼叠院，鳞次栉比，气势宏伟，功能齐备。高家崖建筑群继承了我国西周时即已形成的前堂后室的庭院风格；红门堡建筑群顺应地理条件，一部分为前园后屋的总体设计，再加上匠心独具的砖雕、木雕、石雕，装饰典雅，内涵丰富，实用而又美观，兼融南北情调，具有很高的文化品位。坐落在灵石县静升镇的王家大院是静升王氏家族耗费半个世纪（1762年至1811年）修建而成的豪华住宅，总面积达15万平方米，目前4.5万平方米被列为国家级文物保护单位，共有院落54幢，房屋1052间。

近年来，大批建筑学、历史学、社会学、伦理学等方面的专家学者前来考察研究，均从不同角度给予较高评价。王家大院除了独特的建筑艺术和文化韵味之外，静升王氏家族的发家历史也非常具有传奇色彩。静升王氏，源出太原。元朝皇庆年间一位名叫王实的人定居静升，在事耕的同时，兼做豆腐，由于技高一等，加之为人敦厚，生意渐兴。王实被尊为静升王姓始祖。至清初，王家有两位老人先后参加过清政府的"千叟宴"，受封典的二品至五品官达42人，足以看出王家的显赫。民国初年，王家店铺仍然覆盖晋、冀、京、津。"卢沟桥事变"之后，举家南迁，人去楼空。王家大院经整理自数年前对外开放后，迄今已接待了国内外游人近千万人，成为我国一大旅游热点。

以上是王家大院的导游词片段。除了说明王家大院的诸多景点以外，导游词针对建筑艺术进行了重点讲解，这就在传播文化知识的同时解开了游客心中迫切想了解王家大院精华的一个结，这样的讲解是独到的，会给游客一个深刻印象。

（三）导游词主题决定创作内容和形式

1. 主题决定材料的取舍提炼

一个景区或景点存在着大量的材料，它们往往是散乱的，有时甚至是互相矛盾的；有重要的或次要的、真实的或虚构的、高雅的或庸俗的，最后要分为有用的和无用的两大类。在选材时，不能把这些材料原封不动地搬进导游词中，而要去伪存真、去芜取精。只有根据主题表达的需要进行提炼和取舍，才能使杂乱无章的材料变成典型的、富有生命的、互相联系的素材，最后融合加工为一个有机整体，成为一篇优秀的导游词。

2. 主题支配导游词的谋篇布局

导游词要按照景区旅游线路先后有序和景点主次层次分明地安排布局，疏密有致，跌宕起伏。只有明确写作主题，才能做到详略得当、重点突出、谋篇严谨、布局合理。

3. 主题决定导游词的表达手法

不同的主题总要寻找最适合的表达手法，如：自然风光要以描写和抒情为主，文物古迹要以说明和论述为主，风俗民情要以叙述和展示为主，红色旅游要以记叙和颂扬为主，体验式旅游则注重讲解安全和操作知识，激发兴趣，营造氛围，给游客足够空间和时间想象与体悟。总之，不同主题的导游词有不同的表达手法，就是同一景观，由于面对不同区域的游客、同一区域游客的不同群体、同一群体的不同个体以及同一个体游客不同时期的不同需求，也要采用不同的表达方法。

五、导游词的内容要求

从一定意义上讲，有了正确和明确的文化主题、深刻的内涵和贯穿全篇统一的相关知识，然后用完美的结构和优美生动、风趣幽默的语言将以上内容贯穿融会成一个整体，这即是导游词。可以这样说，导游词的创作需要有文学家的功底、诗人的激情、学者的博学、史学家的冷静、营销专家的煽情和理论家的逻辑性；另外，还要有相声演员的谈吐与幽默，导游词创作人员的素质应是全方位的。导游词的内容除决定于景观主题外,游客需求也对导游词内容有决定性的影响。导游词内容有十大要求。

(一) 特色性

导游词必须突出景观的个性,即充分揭示其本身独有的、排他性的、差异化的特色。个性越鲜明,旅游资源的价值就越高。诗有"诗眼"之说,画有"点睛"之笔,导游词中最精彩、最有价值、最独特的东西就是通篇导游词的闪光点,只有将景观独特的地方准确地表达出来,才能吸引旅游者。如:山岳形胜各有特色,泰山的雄、华山的险、黄山的奇、峨眉的秀,等等;我国喀斯特地貌丰富,岩洞众多,各有千秋。对此,必须挖掘所要描写对象本身拥有的个性,而不能停留在泛泛的描述上,诸如风景秀丽、气候宜人、四季如春、别有洞天之类的表述太泛、太滥,落入俗套。对于历史文化遗产类的人文资源,特别是古建筑与古园林,则应在介绍其风貌的基础上,着重挖掘其审美价值和历史价值,反映古人的审美意识与生活情趣,如:寺庙不必过多描述山门、大雄宝殿、四大天王等,这些都是雷同的,虽有细小差别,但对于研究佛教艺术的专家来说,显然过于肤浅;而对于一般旅游者来说,又不感兴趣。所以,应着力去发掘它与其他寺院不同的、在宗教史上和艺术史上独具特色的地方。再如石窟造像,甘肃麦积山石窟小沙弥造像"东方的微笑"是一个特别的亮点,我们就要重点介绍和渲染。总之,要让旅游者把握游览对象的独特神韵。

(二) 创新性

创新性是指善于选取新颖、独特的视角,探求景观的新意。新视角能提供新的场面,发掘新的含义。如果总沿着前人的老路走下去,只能看到老生常谈的旧景。只有独辟蹊径,才能领略到前人所未见的奇观。"横看成岭侧成峰,远近高低各不同"就在于从不同的角度寻找到新的突破口,发现新的意境,由此,苏轼发现了庐山独特的魅力。这就要求所选主题有新内容、新见解、新角度。不论是自然景观,还是人文景观,都有悠久的历史以及大量的民间故事或文学素材,必须在丰富的材料中筛选出优秀的、科学的、符合时代精神的、富有艺术性的精华,而去掉荒诞的、毫无意义的糟粕,尤其重要的是,从新的角度去思考和观察客观世界的对象,或前人虽已有涉猎但尚未充分表现的东西,从中获取新意。例如:由于社会进步和时代变迁,现今史学界对太平天国、李鸿章的评价出现了重大分歧,对此,要一分为二地分析,对于与太平天国、李鸿章相关的历史景观的介绍,客观即可,多留予游客去思考,而不能像以前那样简单地或颂或贬,那样既不客观,也容易产生思想瑕疵。东陵孝庄太后墓在围墙之外,以前都传说她下嫁多尔衮,不守妇道,是个风流皇后,被逐出家门,现在则要还原历史本来面目,表现她对稳定清初政治局面、扶助康熙帝治理国家的功绩。许多溶洞都被附会成"大闹天宫"、"八仙过海"、"天女散花"等场景,处处雷同,平淡无奇;现在要适应游客口味和现代时尚,展现新的意蕴,如:河南栾川鸡冠洞的"一吻千年,千年一吻"的钟乳石景观解说就具有一鸣惊人的效果。

(三)突出性

所谓突出性,指导游词除了突出亮点外,还要突出重点。导游词是一种特殊文体,不同于小说、散文、诗歌、论文等,它要求文字优美,朗朗上口,听来顺耳,既可以读,又可以结合场景实地讲解,最重要的是要让读者或游客获得对景观的鲜明印象。因此,把握导游词写作的重点,一是要把最能体现景观本质特征的内容介绍出来。如:对园林胜迹的导游,应着重于它的特色和主要景点;对历史文物的介绍,应着重于它的文化价值和历史意义;对历史人物的介绍,应着重介绍其主要经历与功过得失。二是介绍旅游者最想要了解的内容。面对如诗如画的自然景观和底蕴深厚的人文景观,游客在有限的时间内和空间内,不可能"一日看遍长安花",游客所看到的只能是景区的冰山一角,更多的精彩、更多的文化内涵和厚重历史只能是浮光掠影,走马观花。对于这种不足,导游词恰恰可以进行弥补,因为导游词必须要让旅游者见微知著、闻一知十。三是把景区景观分成重点、次重点、一般景点依次布局。每个景区都有代表性的景观,每个景观又从不同角度反映出它的特色内容。导游词必须在照应全面的情况下突出重点,在平淡之中显突兀,在亮点安排上有起有伏,让游客渐入佳境,高潮迭起,情绪始终处于亢奋状态,5分钟一个兴奋点,10分钟一个高潮。

(四)统一性

统一性是指在关注重点之外,还要顾及全局性的东西,因为景区是一个统一的整体。任何一个优秀的景观,不论是自然风光还是名胜古迹,都有其广阔的社会背景和深厚的历史文化内涵,它往往是众多景点中最具有特色的珍品。它之所以优秀,绝不是孤立的,一定具有其"众星捧月"的原因。因此,在创作导游词时,不能"就景写景",不顾其余,而孤零零地描述单个的景点,这不但显得单调肤浅,而且也失去由此及彼、以点带面的整体性。例如:有一篇介绍苏州寒山寺的导游词,沿着旅游车前进的线路,由古桥—古镇—古寺—古钟,重点写寒山寺及其撞钟活动,晨钟暮鼓,同时也写出古桥、古镇、枫桥夜泊。这里的寒山寺不是孤独的一个寺院,而是有许多相关景点烘托的大旅游区。再如:清明上河园的导游词不能仅仅介绍这个点,而应从宋朝当时的社会背景、经济发展、商业开放,到开封城市地理位置、历史渊源、气候条件、著名景点、水陆交通等,作一个全景式的说明。

（五）针对性

俗话说"量体裁衣"，导游词也要根据景观的旅游目标市场的不同而创作。每一个旅游目的地都有其不同的目标市场，即不同的旅游群，导游词创作要选准自己的目标市场，只有有的放矢，才能达到导游词创作的本来目的。导游词不能以不变应万变，而应针对不同场合、不同游客设计不同的内容，正如同演员要体验角色的情感经历一样，要根据游客人群的不同而变换讲解的内容、重点与方法，提供游客需要的知识与信息，这样才能满足游客了解旅游目的地的需求，这就需要导游词具有不同的版本。对专家团队游客和普通团队游客、对中老年游客和青少年游客、对以男士为主的团队和以女士为主的团队，都必须用不同的导游词版本。总之，编写导游词应该有假设对象，这样才能有针对性，具体包括国籍、居住地、籍贯、民族、年龄、职业、文化程度、社会地位、兴趣好恶以及旅游动机等，这些资料可从旅行社获得。如周口店猿人遗址，既是青少年的爱国主义教育阵地，又是考古学家、人类学家的科研场所，对这两种不同的旅游群体就要有不同的导游词。另外，还要掌握不同民族的文化习俗和文化背景，如：中国人喜欢红色，泰国人忌红色，日本人忌黄色，土耳其人忌花色，比利时人忌蓝色，巴西人忌绿色，欧美等国人忌黑色。文化背景不同的人对一些具体事物，如花鸟鱼虫、飞禽走兽、文物古玩、园林建筑以至坟墓样式等，也都有不同的文化心理偏向，在导游词中都应加以注意，并进行妥当处理，以使解说收到最佳效果。

从风格上说，导游词"十话十说"，即对领导说官话，对老人说神话，对小孩说童话，对男人说大话，对女人说美话，对恋人说情话，对学者说实话，对商人说财话，对军人说行话，对众人说笑话。导游词具有不同的创作风格，或通俗平易，或广博深入，或平铺直叙，或跌宕起伏，或大力渲染，或一带而过，或委婉避讳，或直接显明，目的都是引起游客的共鸣。

（六）品位性

语言品位是导游词的内在要求，导游词应该做到语言规范，文字准确，结构严谨，层次紧密，务求内容深刻，使游客在体悟中产生有益的思考，而不能只满足于一般性介绍。如：可穿插对文物的鉴赏、对事物的类举与延伸、诗词的点缀、名家的评论等，以提高导游词的品位、档次和水准。北京故宫导游词在介绍保和殿时写道："清朝时常在这里举行宴会，每年正月初一和十五宴请蒙古和新疆的王公大臣，公主下嫁时皇帝也在这里宴请驸马。"然后就旁征博引，将封建时代的科举制度叙说一番，从汉代萌芽说到武则天推陈出新，再到1905年废止，直说到最后一位状元，这样就很有知识性、趣味性和品位性。这种手法，在每篇导游词中都是经常使用的，问题是用得是否恰当。作为导游词创作者，务必深入探讨景区内容的实质，把丰富的内涵挖掘出来，讲深讲透，并适当引经据典，得体地运用诗词名句和名人警句，以提升导游词的品位和层次。

（七）话题性

话题性的切入点即话题的关注度。要善于观察游客关心的、游客感兴趣的方面，并围绕这些方面展开话题。例如：在哈尔滨要说穿衣时尚，在大连要说城市的绿化和城市建设，在长城要说好汉情结，在西双版纳要说傣族文化，在西安要说大唐文化，在世博园要说花卉文化，在三河古镇要说饮食，等等，唯有如此，导游词才能激发游客话题，满足游客的求知欲、优越感和好奇心。

（八）时尚性

导游词的创作要不断创新，具有鲜明的时代精神和色彩，符合社会潮流。应站在时代的高度去发掘景观的本质意义，而不能囿于写作对象的具体范围，不顾及社会生活的发展和变化，忽视旅游者的需要。因为随着社会生活的变化和市场经济的发展，现代旅游者的旅游需要和旅游动机也不断变化，使旅游资源随时都面临着入时与过时、扩大或丧失吸引力的可能性。例如，温泉风头正劲时，突然又火了海水和阳光，于是海滨胜地出现了；20世纪90年代时兴文化旅游，观光旅游开始降温；现代旅游新产品更是层出不穷，什么度假、休闲、探险、修学、养生旅游等；随着《旅游法》的出台，团体旅游风光不再，自驾游兴盛；时下，"背包客"、定制旅游又日趋红火。总之，导游词创作要与时俱进，适应市场，要随着市场的变化而选择重点目标和题材，对已不入时的资源作出正确评价，发掘其时代精神，永葆其吸引力。

（九）知识性

导游词具有极强的实用性，涉及的知识十分广泛，而导游讲解的主要目的之一就是传播知识与文化。导游词又是综合性的，在一篇导游词中，会讲到自然科学知识，如地质成因、动植物学知识、力学原理等；还会讲到社会科学知识，如宗教常识、哲学和美学知识、诗词歌赋、中外文学等；另外，建筑、园林、书法、绘画等，都会有所涉猎。一篇优秀的导游词往往综合了各个学科门类，多角度、多层面对景点加以叙述，给阅读者和旅游者以全方位的信息，引人入胜。

（十）娱乐性

游客对知识、消费、健身等有不同的需求，但对愉悦的需求是相同的。苹果公司的营销理念是"让客户在愉悦中赚走客户的钱"。导游词创作应秉承这种理念，这就需要体现"玩"的元素，现代人出门旅游以"玩"为主，享受"玩"的乐趣，追求"玩"的层次与品位。在知识的选取和传播上，要注意寓教于乐，在"玩"中传播知识与文化。讲解一个景点，要不失时机地穿插趣味盎然的坊间传说和民间故事，以激起游客的兴趣和好奇心。但是，选用的传说故事必须是健康的，并与景观密切相关。

六、导游词的结构特点

导游词的结构由标题、正文两部分组成。标题有三种写法：一是直接以被介绍的地点、景观和古迹为标题，如《清明上河园》、《苏州吴中环太湖旅游区》。二是在被介绍的地点、景观和古迹后加"简介"、"介绍"作为标题，如《清明上河园简介》、《苏州吴中环太湖旅游区介绍》。三是文章标题法，如《中华文化瑰宝——乔家大院》。一篇完整的导游词由标题、导游线路、正文三部分构成，正文由引言、总述、分述和结束语四部分组成。

（一）引言

引言即欢迎词，是导游在陪同游客参观、游览前，向大家表示问候、欢迎和自我介绍的话。每一篇导游词或每一次导游开始，都应该有框架式的引言。引言中常见的内容有问候、介绍及要求，实质上是一个开场白，既简短、亲切，又有引出下文的作用。

开场白的技巧包括两个方面：一是第一次与游客接触时的一般开场白；二是在讲解每一个具体景点时的开场白。一般开场白常常是在第一次接待游客时开始的，而这种开场白也叫欢迎词。欢迎词的主要内容包括向游客问好，代表旅行社向游客表示欢迎，向客人介绍司机和车牌号，自我介绍，介绍当地气候等情况，下榻饭店概况，游览活动安排，必要的卫生、饮食、安全、购物等注意事项以及其他必要的内容，等等。原则上说，这不应该属于导游词的内容，而应该算作导游在导游词主体之外，根据游客实际情况、景区具体情况即兴发挥式的再创作。但是，由于这些内容基本是固定的和共用的，为了更好地规范导游词的应用，一般情况下还是将这部分内容融入导游词中。

导游词开场白从结构的角度划分,可以分为完整式和简略式两类。简略式开场白从游览过程的角度划分,有现场开场白和预设开场白两种;从表达的角度划分,有叙述式开场白和抒情式开场白两类。

1. 现场叙述式开场白

在现场采用叙述的方法介绍下面的游览活动,平铺直叙,开门见山,着重强调了将要游览的主要内容和景点,清晰明了,目的明确,重点突出。

(1) 比较完整的现场叙述式开场白

包含问候、欢迎、自我介绍、祝愿、游览目的等诸多内容。例如:

女士们、先生们,你们好!欢迎大家光临天坛。我是……非常高兴能有机会陪同各位一道欣赏领略这雄伟壮丽、庄严肃穆的古坛神韵。让我们共览"管仲故里"的风采,共度一段美好的时光。(《八里河导游词》)

(2) 比较简略的现场叙述式开场白

省略问候、欢迎、自我介绍等内容,直接切入景区主题。例如:

女士们、先生们:大家好!首先,我对各位的到来致以最诚挚的欢迎!各位在来昆明旅游之前,想必已经对昆明有所了解了吧?那么您认为中国改革开放以来最著名的景区是哪里呢?对,毫无疑问是昆明世博园,那么昆明世博园最令人震撼的景点又是什么呢?就是我们将要看到的中国第一条鲜花迎宾大道。好,现在咱们就一块到鲜花盛开的地方去看看。(导游词《昆明世博园》)

这段开场白简单明了,有声有色,情趣盎然。

2. 现场抒情式开场白

在进入风景区以前,通过抒情的方式介绍旅游目的地。

例如:

各位团友,大家好,很高兴能够成为大家的导游。今天我们来游览一下乔家大院,领略自古有名的晋商风范。山西素有"中国古代建筑博物馆"之称。全省现存有大量明清时期的民居建筑,它们大都集中在晋中的祁县、平遥、太谷、介休一带,这些深宅大院不仅是当时富商大贾的宅第,也是显赫一时的晋商的历史见证。那我们今天参观的乔家大院就是它们其中的一个代表。

乔家大院位于祁县东观镇乔家堡村,距太原54公里,乘车大约一小时就可以到达。乔家大院是一所民居建筑,是我国保存下来的最完整的一座民居建筑。占地 8 725 m^2,建筑面积 3 870 m^2,共6个大院,20个小院,313间房屋。1985年乔家大院被开辟成为晋中民俗博物馆,一部《大红灯笼高高挂》电影使得乔家大院名扬海外,2005年拍摄的电视剧《乔家大院》更是让许多人了解了乔家大院,了解了晋商。我们现在就来到了乔家大院的大门口了,让我们稍作停留。

我们看到乔家大院的门前并没有旗杆和石狮子，但是高大的院墙，足以显示出主人的威严气派。院内房屋设计得十分完美，错落有致，体现了我国清代北方民居建筑的独特风格，具有相当高的观赏、科研和历史价值。专家学者赞誉其为"北方民居建筑的一颗明珠"。因此人们常说"皇家有故宫，民间看乔家"。我们看到大门正对的这个照壁，它叫作"百寿图"，是由100个寿字构成的。在百寿图的两边有一副对联"损人欲以覆天理，蓄道德而能文章"，这是当时左宗棠写的，体现了主人淡泊的心态。百寿图的上方有"履和"二字，是从"端详步履由中道，怡然胸襟养太和"一句中意化出来的，体现了乔家主人的中庸思想。

大门上有一副对联"子孙贤，族将大；兄弟睦，家之肥"。可以看出乔家主人的追求，就是人丁兴旺，家庭和睦，这既是致富的前提，也是富贵的归宿。进入大门后我们首先来看一下大院的简单构造图，我们面前的这条长80米的甬道，将乔家大院的六个大院分为南北两院，北院房屋大都高大，是长辈居住的地方；南面的房屋相对较低，是晚辈居住的地方。大门是朝东开的，所谓"紫气东来"，这个大门就是吸纳阳气的。那我们逐个大院来参观。（导游词《山西乔家大院民俗博物馆》）

3. 预设式开场白

预设式开场白即预设悬念，实地游览后再作进一步说明。例如：

女士们、先生们，随着美国大型动画片《花木兰》的上映，花木兰在全世界尽人皆知。那么花木兰生在哪里？长在哪里？又归隐在哪里呢？到了木兰故里武汉黄陂，我们就不能不去探寻一番。今天我就请各位游览黄陂木兰文化园区的木兰山、木兰天池、木兰草原、木兰云雾山，这四个景区为什么用"木兰"两字冠名呢？等会儿到了我再作解释。现在我利用路上的时间向各位介绍一点花木兰与黄陂的历史渊源。（《武汉黄陂木兰文化园区导游词》）

这段在到达木兰文化园区之前表达的预设式开场白，简洁明快，以重重的悬念引起游客极大的兴趣。

上述各种开场白，虽然可以从不同的角度进行不同的归类，但是其基本内容大同小异。开场白并没有一成不变的定规，重要的是能够体现对游客的尊敬之情、关切之意以及突出游览目的的要义。切忌故弄玄虚，否则不仅会使开场白显得多余，也可能会使游客反感。

（二）总述

总述是对游览景区的总体介绍，是对将要参观游览的景点用精练的词句先作整体介绍，让游客对景点有个初步了解，以便让游客有一种"见树先见林"的感觉。随后，再对行进路线作介绍，不能漏掉精品景点和景观，避免在游览中发生游客走失等事故。最后对游览时间作出安排，这样有助于游客合理调配体力，保持游兴。例如：

木兰山坐落在木兰故里——武汉市黄陂区北部山乡，距武汉港50公里。它东拥木兰湖，南瞰木兰川，西挽滠水河，北枕大别山，海拔582.1米，方圆78平方公里，自古就有"木兰耸翠"之美誉，被明代著名诗人屠达誉为"西陵最胜，盖三楚之极观"。木兰山因木兰将军生葬于此而闻名，是木兰文化之源，也是佛教、道教的活动中心之一。山上曾有七宫八观三十六殿，建筑面积3万多平方米，风格奇特。晚唐会昌二年（842），时任黄州刺史的诗人杜牧登临木兰山，拜谒木兰庙，睹物生情，留下一首七言绝句："弯弓征战作男儿，梦里曾经与画眉。几度思归还把酒，拂云堆上祝明妃。"成为咏叹木兰的不朽佳作。

木兰山上完好保存着距今年代最久远、规模最宏大、结构最独特、历史文化价值和建筑艺术价值最高的木兰将军祭祀建筑群。1800多级凿石古阶，串联着佛道两教20余座古建筑，精巧而和谐，承载着千百年来人们对于木兰精神的崇敬。唐木兰将军坊，千年石坊，古拙凝重；木兰殿雄踞绝壁，气势恢宏；大雄宝殿、观音殿、法藏寺、千手观音殿等佛教建筑，两侧排开，威严壮观；文昌宫、斗姥宫、朝天宫、玉皇阁等道教宫观，因形就势，踞峰摩天。这些建筑全部就地取材，用石块交错嵌压到顶，石结构不用泥浆，木结构不用钉契，依然披风沐雨千百年，堪称建筑史上的奇葩。这种独特的建筑形式也被称为"木兰干砌"。木兰山还有一条以山名命名的地质构造——"木兰山蓝片岩带"，它是世界上最完整、最典型的高压、超高压变质带之一，近20个国家的地质专家学者考察后认为它是"解决中国中央造山带的金钥匙"，为木兰山赢得了"国家地质公园"的荣誉。可以说，在木兰山，每一次触摸，都打磨成岁月；每一步登临，都镌刻成历史，无愧于"西陵最胜，盖三楚之极观"的美誉。

木兰山还是千年香火鼎盛的宗教圣地，其宗教活动始于隋唐，盛于明清，其佛道两教共处一山，独具特色。特别是每年农历八月初一，香客云集，热闹非凡。木兰山也是著名的革命摇篮。"黄麻起义"失败后，副总指挥吴光浩率领72名战士转战木兰山，创建了中国工农红军第七军。新中国成立后，胡耀邦、李先念、徐向前等党和国家领导人及全国百余名书法家都为木兰山题了词。木兰山景区已经成为革命传统教育的重要基地。木兰山以自然生态为载体，以木兰文化为特色，依托丰富的旅游资源和神秘的宗教理念，分别建成了四大旅游功能区即木兰文化区、宗教朝圣区、避暑休闲区、森林越野区，建设了木兰山索道、木兰山迷宫、木兰花苑、风洞、古庙区和石景公园、木兰文化城等著名景点。（《黄陂木兰文化园区——木兰山导游词》）

（三）分述

分述是针对一个个景观，按游览顺序，逐一进行生动、具体的解说，这是导游词的重点。

每一个游览目的地的景观要素组合都较为复杂，每一个大景点会由很多小景点组成，但都存在主次之分。当一个景点同时具有多个重点时，导游词创作必须充分考虑游客的旅游动机和文化层次，与游客的兴趣需要相吻合。分述要做到突出重点，详略得当。要舍得放弃一些非主流景观，利用有限的时间重点讲解介绍景区中最具有代表性的景点和景观，即对主要游览内容进行详细讲述，这也是导游词最重要、最精彩的组成部分，而不可能面面俱到。例如：

——大雄宝殿：拾级而上，首先映入眼帘的是寺庙的大雄宝殿。"大雄"原是对佛祖乔达摩·悉达多的一种尊称，原意为像大勇士一样无畏。大雄宝殿里供奉的是西方三圣，中间的一尊是阿弥陀佛，旁边是观音和大势至菩萨。木兰山的佛教属大乘派净土宗，净土宗所信奉的就是阿弥陀佛，认为只要一心向佛，日久不歇地称念阿弥陀佛的名号，多做善事，死后就会受到佛法的接引，升往西方极乐世界。

——木兰殿：沿着台阶而上，我们便来到了南天门，道经上说"南天门"指上天、升天、成仙的意思。连接南天门的古寨墙全长2 500米，现在作为佛道两教的分界线，寨墙以上为道教区，寨墙以下为佛教区。穿过南天门，便到了木兰山的重点殿宇——木兰殿，大家先看这块牌坊吧，它是唐朝时立的，叫唐木兰将军坊，"文革"时幸存下来，上面还有"忠孝勇节"四个大字，用这四个大字来概括木兰将军的一生是最恰当不过了。牌坊上面还雕刻有《双凤朝阳》，下有《二龙戏珠》，这种"凤上龙下"的建筑风格与中国传统建筑习惯相反，充分体现了人们对木兰将军的敬仰之情。木兰殿雄峙在绝壁之上，朝晖夕映，金光灿灿。东西两面的山墙，条石干砌到顶，前檐墙下半部为石壁，上半部为木楼，四廊戏彩凤，朱柱走龙蛇，青瓦映碧宇，飞檐指云霄，呈现出明代建筑的古朴风味。殿门上方一块青石匾额，上书"木兰殿"三个大字。匾周围，精雕细镂的木兰花，蕊黄、瓣赤、叶翠，栩栩如生。

——玉皇阁：离开木兰殿，沿台阶继续向上攀登，便可直达第一高峰——玉皇阁。相传这里是当年朝廷为木兰将军赐冠之所。据说，木兰代父从军12年，英勇善战，屡建奇功。她不受朝禄，解甲归田，后来朝廷派遣文武大臣专程来木兰的家乡——木兰山赐冠木兰。为表明木兰"功悬日月"，赐冠之所便定在可触日揽月的最高峰。玉皇阁内还供奉着玉皇大帝的圣像，在民间传说中，玉皇大帝统管天神、人鬼和地祇，是天上、人间和地下的皇帝，所以来朝拜的香客也特别多。离开玉皇阁我们再去领略一下风景奇妙的石景公园。

——棋盘石：往西拐，见一巨石，状若太极，横断欲崩，好险的断石，仿佛要从头顶倾倒下来，实在是叫人毛骨悚然！这就是棋盘石。游者不免发问，千百年来，这摇摇欲坠的险石，何以能牢牢悬在峭壁之巅，纹丝不动呢？这里有段神奇的传说：木兰将军解甲归田后，常到石上同道人对弈。祖师爷得知后，心想，人人都说木兰用兵如神，屡战屡胜，我倒要看看她的棋艺。这天，他找到木兰将军比试。二人在棋盘石上摆开了阵势，祖师爷先跳"马"，再调"炮"；木兰将军棋高一着，先飞"象"，再出"车"。好一个调虎离山、声东击西之计，直逼祖师爷之"帅"。祖师爷眼看要输，慌了手脚，站起来猛蹬一脚，顿时，山石轰鸣，棋盘石上裂开了一条两尺宽的大口子，往下倾倒。木兰将军失声大喊："哎呀，不好！"这时，祖师爷才从棋局中醒悟过来，忙乱之中，随手擤了两把鼻涕甩进裂缝，黏住了崩溃的山石。祖师爷当年蹬石留下的那只脚印、石缝里的那两摊黏液，至今尚依稀可见。

——龙尾石：站在棋盘石下，回首北望，玉皇阁前天工巧成的龙尾石特别引人注目。5尺余长的龙尾，从峭壁顶端平伸出来，在云雾中时隐时现，似乎正在左摇右摆呢！传说木兰将军与祖师爷对弈的当天傍晚，有一蛟龙云游到此，肆意行凶作恶，正在晚练的木兰将军见势不妙，抽出利剑，"沙"的一声，斩断了龙尾。可是龙头"呼"地一下窜到东泉庵，木兰将军怒不可遏，抓起一块巨石猛掷过去压住了龙身。我们在东泉庵附近见到的龙头石，正口吐泉水，喘着粗气哩！（《黄陂木兰文化园区——木兰山导游词》）

（四）结束语

做事要善始善终，导游词也要有开头有结尾。结束语是游览结束时的欢送词，包括总结、回顾、感谢和美好祝愿等。例如：

好了，朋友们，我们的行程到这里就要结束了，非常开心与大家在一起相处的日子，虽然现存的一切都会成为过去，但是过去了的一切又会成为美好的回忆。希望大家相处的这段日子能够成为我们共同美好的回忆。感谢大家对我工作的支持与配合，工作中的不足还请多多批评。最后预祝大家在以后的人生旅途中心想事成，万事如意。谢谢大家！（导游词《乔家大院民俗博物馆》）

七、导游词的表达方法

导游词是应用性和实践性极强的一种文体,由于需要导游在现场直接面对游客宣讲,因而在连贯性、层次性、现场性、情景化、参与化、多样化等方面都有很高的要求。

(一)线索的渐进性原则

旅游活动本身是有层次的,每个景区(点)都有其代表性的景观,每个景观又都从不同角度反映出它的特色内容,游览一个景点也是循序渐进的。因此导游词要求层次分明,路线清楚,结构匀称,布局合理。在创作导游词时,所选素材要紧扣中心思想,表达内容要渐入佳境,层层深入。一个优秀的景区一般都具备生态主题和文化主题,这些主题由点到线、由线到面,既要有生态和文化主题的明线,又要有非文化主题的暗线,这就要求导游词能够引导游客跟着这些线索跌宕起伏,高潮迭起。应有一根主线贯穿整个讲解,这样才能给游客一个鲜明的印象,并牢牢抓住游客的心,使之从游览活动中获得知识和留下美好深刻的记忆。例如:

> 各位团友,请听今天峨眉开心之旅的第4题:峨眉山有许多著名的景点,古代和现代各有十景,在听了嫦娥一番讲解后,请说出古新十景各包括哪些景点……现在我们进入峨眉山"十全十美"开心之旅的第9单元,即9个中国之最之一的"故事最多的神话园"。我国古典戏曲《白蛇传》改编为电视连续剧《新白娘子传奇》播出后,更是家喻户晓,妇孺皆知,该剧的主要情节多次提到峨眉山,如:白蛇修炼、白蛇下山、白蛇盗灵芝,等等。那么,白蛇和峨眉山究竟有着什么样的关联呢?容小女子慢慢道来。(导游词《峨眉山》)

这段峨眉山导游词,除了紧紧抓住"古今二十景"的景观转换主线和遍布全山的道教文化主线,还从头到尾贯穿了白娘子命运变化这一民间传说副线,两明一暗,巧妙结合,互为衬托,极好地突出了峨眉山的文化主题,让游客欣喜不断,惊叹连连。

巧设悬念法是线索渐进性原则的主要表现方法。巧设悬念是指在导游讲解的开头或中间提出问题、造成悬念、摆出矛盾,引起游人关注。在讲到关键的地方故意留下使游者感兴趣的问题,激发好奇心。其特点是先将疑问悬在那里,然后顾左右而言他,故意不予理会,或作出种种猜想,蕴蓄较长时间后,再解悬念,回答提出的问题。例如:

> 这块是赝品,是一个知县仿制的,真迹在二楼上。要问这是怎么回事,请上二楼便知。

游客在游完岳阳楼主楼一层后,导游指着墙上的一块《岳阳楼记》大型屏雕故意抛出悬念。及至二楼,导游词是这样说的:

  原来清乾隆年间大修岳阳楼,当时知府请著名书法家张照手书范公《岳阳楼记》大匾,但这一珍品被一知县盗去,他将另一伪品挂还。恰逢"阴风怒号,浊浪排空",知县船沉人没。以后这块匾被一渔人所获并献出。

这一悬念设得巧妙,欲扬还抑,引人入胜,运用得非常自然,使游客急于了解后事,游兴大增。

(二)情景的模拟化原则

  导游词的情景模拟化原则与旅游规划的情景规划原则是相对应的。虽然书面导游词没有直接面对游客及景观,但它必须模拟现场导游的场景,创作者要把自己比作导游,设想正带领游客游览。因此导游词除循游览线路层层展开之外,还必须增加现场感,多以第一人称的方式写作。在修辞方面,多用设问、反问等手法,调动情绪,仿佛游客就在眼前,这样就可以造成很强烈的临场效果,触景生情,情景交融。

  例如,见到建筑前有"紫气东来"、"赤城霞起"等题词,导游可以借机讲解老子过函谷关的故事:

  据说古代函谷关的官员登上城楼时看到东方有紫色的云气,认为要有圣人由此经过。果然老子骑着青牛缓缓地来到此地。今天有没有圣人来呢?我想大家从他乡而来,都是贵客,一定会看到吉祥的云彩吧!愿吉祥降福大家。

(三)项目的参与化原则

  在导游词创作中,如果能把握住游客的微妙心理,真真假假,假假真真,把游客与被游览项目直接巧妙地联系在一起,使二者水乳交融,浑然一体,就可营造出一种十分轻松愉快的气氛,从而极大地激起游客的兴趣,有效地缩短游客与被游览地的心理距离。例如:

  进山门之前,让我们来看一看这些像筒一样的器具。这叫嘛呢经筒,在藏传佛教寺庙里是最常见的。筒用木头或金属做成,中间是空的,里面装满了经书。筒的侧面雕刻有观世音菩萨的六字真言。藏传佛教徒普遍认为常念这六个字,可以消灾免祸,死后可以升入天堂,免下地狱。信徒和僧众们用手按顺时针方向转动经筒,口中默念着六字真言,这样等于既念了经书又求得了佛祖的保佑。藏族地区的很多牧民从小没有受教育的机会,很难诵读经文,这对他们来说真是一举两得的办法。各位朋友不妨转一转经筒,念一下吉祥的六字真言。但请注意一定要按顺时针方向转噢,千万不要转错了方向。

这是藏族地区某景点的一段导游词，这种使游客参与体验并亲身感悟的导游方法对游客有着极大的吸引力。

（四）表述的多样性原则

导游词的表述可遵循多样性原则，或直白地描述，或引用传说典故，或结合诗、词、歌、赋的文学形式，使导游词生动化、形象化，展现音律美和节奏美。

1. 陈述法

陈述法即对旅游区或游览点的历史、现状进行讲解和说明的方法。陈述的内容必须属实，可以借用数据说明。例如：

在中国的西北边陲，有一个被人称作鸡尾的地方，在山岭如海的阿尔泰山地区以美丽和富饶享誉天下，它就是新疆富蕴县境内的可可托海。可可托海，哈萨克语的意思是蓝色丛林。它距离富蕴县53公里，是中国境内唯一一条流向北冰洋的河流——额尔齐斯河的发源地之一，可可托海镇因此也被人称为额河源头第一镇。（导游词《新疆可可托海》）

2. 引用法

在导游词中巧妙地引用一些典故、诗句、名人名言等，更能增加旅游的内涵，为游览增添光彩。游览颐和园内的谐趣园时，可以用"山重水复疑无路，柳暗花明又一村"的诗句来形容这一奇特的"园中之园"，以助游兴，使人回味无穷。在实际创作中，也可以根据客观现实，自己"制造"一些具有说明性的故事，借此来说明一些晦涩的问题。例如：

各位游客，我们现在来到了极具长江三峡奇观的"北方三峡"。长江三峡的雄、奇、险、秀，在这里尽可观赏。在这里您虽然听不到猿声，却可以体会到"轻舟已过万重山"的美妙感觉。（导游词《焦作青天河》）

3. 情景法

情景法是使导游词中表达的情和景观达到和谐统一，使游客感到景中有情、情中有景的方法。为此，必须尽可能地发掘景观中所隐含的深层文化，培养自己对景观的情感，与历史对话，与自然对话，达到情景交融；同时，善于观察、了解和分析游客的经历和情感世界，想游客之所想，感游客之所感。例如：

野鸭湖，四面环山，地势空旷，是一块风光优美的天然牧场。每到春天来临，山巅挂着白雪，水鸟在湖中嬉戏，湖边绿草如茵，山花盛开，牛羊成群，哈萨克牧民的座座毡房沐浴在霞光里，炊烟袅袅，宛如一幅边塞牧歌图；到了冬季，湖面结冰，白雪茫茫，寒风凛冽，哈萨克牧民的马拉雪橇成了便捷实用的交通工具，奔驰在茫茫雪原上，穿梭在崎岖山路间，勾画出阿勒泰山区特有的一道

风景线。(导游词《新疆可可托海》)

这段导游词不但描写细腻,而且倾注了创作者的感情,这种感情的融入牵动了游客的情感,从而渲染了整个旅游情境和氛围。再如:

走过春华秋实,走进石桥金色的秋天,踏着银杏叶片跌落的声响,用心去感受古银杏之乡的韵味与豁达。秋色掩映下的石桥镇在千年古银杏的环围中,飘逸出自然的古朴、悠远与宁静,和谐地编织了一幅美景长画。看,在两山之间,一片渐渐舒坦的田野,一条南北蜿蜒流过的小河,别具匠心地将田地切割成东西两块。一孔古老而小巧的石拱桥横跨小河,而生长在桥头的两棵古银杏树,也慈祥地将根系穿过桥面,根根相连,心心相印。河上有桥,桥上有银杏树根,周围是农家住户,多么精美的一幅"小桥·流水·人家"画面。(导游词《贵州盘县妥乐古银杏景区》)

4. 设问法

设问法即以对话的方式讲解和介绍资源与文化的方法。具体方法:一是适用于性格活泼的游客,采用群问群答的形式,即客问我答或我问客答;二是适用于性格内向的游客,采用一问一答的形式,可以让游客将问题写在纸条上,收集起来,导游根据问题一一回答;三是针对游客可能提出的问题加以引申发挥,主动全面地介绍与有关问题相关的知识。例如:

那么中国历史上长城有几条?万里长城到底有多长呢?真有一万里吗?其实,万里长城可不止一条,其长度也不一样。最早的长城出现在春秋战国时期的齐国,称齐长城。紧接着,出现了楚长城。后来燕、赵、秦等国也纷纷建起长城,防御北方的少数民族。但这些长城的长度都没有超过一万里,所以不能被称为"万里长城"。中国历史上真正的万里长城出现在秦始皇统一中国以后。公元前221年,秦灭六国,统一天下,将各国的长城连接、加固,并加以延长,从而形成了中国历史上第一条名副其实的"万里长城"。它绵延一万余里,史称秦长城。到了汉代,不但加固了原有的秦长城,又在原秦长城以北筑了一条外长城,使得长城的长度达到近2万里。汉长城是我国历史上最长的长城。(导游词《金山岭长城》)

5. 虚实法

风景是可以直接看到的,而景点名称的由来,风景背后的典故、神话、传说、民间故事、名人逸事、奇闻趣事等,却需要口耳相传,这些话题虚虚实实,真真假假,往往含有一些人生哲理。虚实结合就是把"虚"和"实"两个方面有机地穿插在一起,这种手法一般多用于名胜古迹、园林景观等游览点的导游词创作,可以收到烘托气氛、增添情趣、引起共鸣和思考的效果。虚实结合要以"实"为主,"虚"

只是加深"实"的存在意义、强调其价值的一种手段。如参观名胜古迹时，应先把名胜古迹的建筑年代、历史背景、建筑特点、规模及价值、布局等一一向游客介绍清楚，在此基础上，再适当地穿插一些"虚"的内容。例如：

> 云龙湖真山真水，山清水秀，湖光山色，相映生辉。一条玉带般的湖中路把湖面分为东湖和西湖，环湖路依山顺堤，宽阔平坦，绿柳如茵，锁绕一湖碧水。湖上景景相望，星罗棋布，各有千秋。我想大家游览完云龙湖，会自然地发出这样的赞叹："堤边尽是垂杨柳，不比杭州少一湖。"（《徐州云龙湖导游词》）

6. 引申法

导游词通常紧扣景观进行讲解，但在介绍某一事物时，往往需要从内容上加以扩充和增补，帮助旅游者更深入地理解场面和实物本身难以直接表达的含义。

例如，电视片《泰山》中，当画面出现挑山工登十八盘时，解说词写道：

> 十八盘是考验意志和耐力的路，十八盘是砥砺恒心和韧性的路。在人生的道路上总是会遇到这样那样的困难，往往困难越大，离胜利也就越近了。登过泰山十八盘的人，可以形象地体会到这个道理。

这段解说词借题发挥，揭示了场面以外的深刻含义，给人们以某种启迪。

引申手法很多，实际运用中，应该注意以下几点：一是要紧扣景观和实物，以真实的场景为基础加以延伸和升华，而不能随意发挥，信口开河。二是引用的史料知识必须是真实的、科学的，而不是杜撰的、瞎编的；民间传说要如实注明，不能以假乱真。三是抒发的感情应该是积极的、健康的、催人奋进的，而不是消极的、颓废的、厌世的。四是发挥的内容要简洁，文字要精练，做到收放自如，而不要漫无边际，离题万里。

7. 结合法

导游词由面到点渐次展开，在交代景观主题文化以前，先交代景观所在大的文化区域，说明一个产生、演进的过程，做到点、线、面的有机结合，这样有利于游客深入了解相关背景，显得合情合理而不突兀。例如：

> 唐尧文化园坐落在唐县城东北5公里处的高昌镇庆都山上，是一个"靠山不进山，近城不进城，山水风光好，人文景观多"的好去处。唐县，是中华民族始祖之一唐尧的祖籍，是唐尧文化的发祥地。为纪念唐尧，建县名"唐县"，改河名为"唐河"，取山名为"尧山"，修尧庙、挖尧井多处。至今，"古唐侯国碑"、"唐帝碑"仍竖立在县城。庆都山，是一座三面高山环绕、东临大平原的凸出高地，唐尧的童年随母庆都在这里度过。现在，山上古柏苍翠，尧泉常年流水，"供奉帝誉皇后庆都之灵位"的唐朝灵源寺殿基还在，"大唐天后供养"的巨型佛经碑犹存。唐尧文化园的主体部分设在山顶东半部，约20万平方米，

所有景点突出表现尧文化、龙文化、石文化和唐县历史悠久、人杰地灵的先进文化。建陆泽湖、尧母洞、尧母祠，表现唐尧在唐县的出生、成长；建尧像、尧都、"唐侯国"，表现唐尧在古唐国受封侯、合万国、治尧天、践帝位、建帝都的伟业；建观象台、图腾柱、制陶、制衣、制酒作坊、洞穴宾馆、陶屋和茅草房，表现唐尧时期的文化特色；建碑林、群雕、认祖堂，以融合古今，增强游人的爱乡爱国情感。（导游词《河北唐县唐尧文化园》）

八、导游词的语言特点

（一）通俗性原则

导游词是供游客听的，导游语言是一种具有丰富表现力、生动形象的口头语言。这就是说，在导游词的创作中要注意多用口语词汇和浅显易懂的书面语词汇，切忌文白夹杂，佶屈聱牙。导游词要把被介绍的对象解说清楚，就不能不使用说明的表达方法，帮助游客在观看实物过程中加深印象，让之不仅知其然而且又知其所以然。

1. 多用浅显易懂的书面语词汇

避免难懂的书面语词汇和音节拗口的词汇，减少华丽的书面文学辞藻的堆砌，以便讲起来顺口，听起来轻松。

2. 多用口语化语言

导游词的用语应该规范，应该使用普通话，避免地方方言。即便为了增加幽默感而需要运用地方方言，也应该加以解释，让各地的游客都能听懂。

3. 多用友好和富有人情味的语言

应言之有情，让游客倍感亲切温暖，减少刻意的主观煽情。

（二）生动性原则

导游词语言要生动、形象、富有感染力，把静止的景观转化为生动鲜活的画面，揭示出事物的内在美，使游客沉浸陶醉于其中。一是多用短句子，避免使用拗口、冗长的句子。二是多用动态化语言，把静态的景观变成动态，赋予景观以生命。三是在尊重景观景点客观性的基础上，恰当地运用抒情、描写和议论的手法。四是语言要流畅，用词丰富多变。五是注重韵律美，导游词虽然以说明为主，但要抑扬顿挫，富有节奏感和韵律美，令人赏心悦目。六是恰当地运用比喻、比拟、夸张、象征等手法。

1. 渲染法

这种导游词的特点是句子短，抑扬顿挫，句式整散结合，为造成气势，可用排比句、反问句等抒情色彩较浓的句式。例如：

> 额尔齐斯河谷的风光是迷人的。走进河谷，便走进了梦幻般的绿色世界。整个山谷，水是绿的，山是绿的，大地是绿的，就连空气也是绿色的。河谷里生长着郁郁葱葱的原始森林，有银白杨、额河杨、欧洲黑杨、银灰杨、白桦树以及各种灌木丛，枝叶茂密，形态多姿。在河岸陡峭山崖的岩缝中，竟也生长着一些松树、白桦树，随风轻摇，舞姿优雅，尽显额河山谷的地域特色。到了秋天，整个河谷变得五彩缤纷，浓妆艳抹，在蓝天白云的映衬下，翠绿的青松、金色的白桦、银灰的杨树、靓丽的红叶树争奇斗艳，还有那林中小溪的潺潺流水和落叶飘洒的金色"地毯"……大自然太慷慨了，和谐地奏响了一曲《生命颂歌》！（导游词《新疆可可托海》）

这是一段解说新疆可可托海的导游词，以抒情味极浓的语句列数额尔齐斯河谷的胜迹，最后一个感叹句，声情并茂，热情奔放。

2. 比喻法

比喻是创作导游词的一种重要的形象描写方法。运用比喻，可以把抽象复杂的事物介绍得具体生动、浅显易懂，把陌生的事物解释得形象清晰、简明通俗，易于认识和了解。

（1）形象化的比喻

例如：

> 这儿的姑娘们都爱唱歌，她们的歌声就像百灵鸟的声音一样清脆动听。

"歌声"为抽象的，而"百灵鸟的声音"是形象化的。

（2）生动化的比喻

例如：

> 各位游客，请回过头来看这块岩石，高高的额头，咧着大大的嘴巴，多像一位慈眉善目的老寿星，它笑哈哈地迎接您——祝朋友们健康长寿、万事如意。这座小山峰上的鹰展翅欲飞，鱼虾是不敢停留的，它们害怕山上的雄鹰会下来将它们吃掉。请看对面上面有一巧石，多像一个调皮的小猴猁。大家往右看，玉峰下有几座山峰形似骆驼，或卧或立，或昂着头，形态各异，这就是群驼戏水，在这里长年陪伴着形单影只的"玉女"，看它们的神态多么安详而悠然自得。

这是河南青天河旅游区的一段导游词，运用多种比喻来讲解景观形态，栩栩如生，生动有趣。

（3）个性化的比喻

例如曲阜导游词片段：

> 孔子的理论从修身、齐家，到治国、平天下，政治、经济、军事、伦理、

教育、饮食几乎无所不包。千百年来，数不清的中外名人给予了孔子许许多多至高无上的评价，孔子被封为"大成至圣文宣王"和"万世师表"、"千古圣人"。中外游客来到曲阜不仅是参观游览，更多的是怀着一种崇敬的心情来朝圣。

这里将孔子比喻为千古圣人，说曲阜引来千千万万的朝圣者，使孔子的形象更加鲜明、突出。

（4）简洁化的比喻

导游词中经常把起伏的松涛比喻为"绿色的海洋"，将"冬雪覆盖的大地"比喻为"广寒仙境"。这样可以省略大量的形容，使导游词显得简洁、精练。

（5）虚幻化的比喻

游客游览景点的时间是有限的，而且是特定的。而人们所观赏的景观或参与的活动往往具有季节性和特定时段性。因此在导游讲解中，导游需要通过具有激发游客想象力的导游词，结合生动的解说，让游客具有身临其境之感，同时引起游客的无限遐想。在实际导游词创作中，还可以借用文学创作中的明喻、借喻、暗喻等方法。例如：

颍上县八里河和清凉寺，两处各有一眼歪嘴井。一提起歪嘴井，人们都能侃得云天雾地，神乎其神。虽带有传奇色彩，但也确有其事。井歪了是事实，不仅民间有传说，而且还有好多人亲眼目睹过。据说这两眼井都与朱元璋有关。

现在单说八里河这眼歪嘴井吧。1964年，天大旱，庄稼干得点火便着，八里河底滴水难找，裂纹纵横。农民们为了找水源，到处打井，当村民黄继先发现一眼歪嘴井时，感到十分欣慰，掘开浮土，井水清澈，汩汩上冒，再挖更是清泉上涌，他并不知此井的来历。直到老年人叙述了井的传说，方知底细。

歪嘴井位于胜天圩内，白雀寺的东边，即现在的渔民新村的西北角。建于东汉末年。它的构造是八卦形，全由花纹汉砖扣合而成，上有石条压过，构造讲究，外形美观，并有井绳磨的深沟，井水很浅，人们也不便拆卸。它的原始面貌，是堂堂正正、规规矩矩的一眼古井。后来成为歪嘴井了，这就有一段神奇的传说。

幼年的朱元璋出家为僧云游四方，这年夏日炎炎，朱元璋甚感劳累口渴，当走到柳沟镇东头发现一口古井，就取来麻叶，系麻叶打水解渴，但因井水很深，打水困难。朱元璋口渴难忍，于是就敲响钵盂，口念："阿弥陀佛，井王爷恩典，井水浅些，给我喝口水吧。"不一会儿，井水果然徐徐上升，朱元璋喝到了甘甜可口的井水。

元至正十一年（1351），朱元璋无处栖身，就离开了皇觉寺，结束了僧人生活，投奔了郭子兴的起义队伍。在军旅生涯中，他勇猛善战，颇得郭子兴器重。后来命他为总兵官，指挥作战，进入颍上地界时人困马乏，朱元璋欲解决人吃马喂问题时却到处找不到水源。忽然，3年前在此饮水的趣事又浮现在眼前，于是，便骑马至井边探视，刚到井边战马"咴咴"叫了两声，然后，前蹄乱扒，执意饮水。朱元璋无奈，只好念起佛语并说："井王爷！徒儿和战马为了解救百姓危难，路过此地。战马执意饮水，请井王爷将井歪一下，让战马饮水，等到胜利后一定供奉。"说罢，此井果然徐徐倾斜，战马喝到了清冽的井水，从此，这井就成了歪嘴井了。朱元璋两次路过此井饮水，给后人留下了难以忘怀的传奇故事。

这是八里河导游词中的一段，用"歪井"比喻"神井"，尽显梦幻般的魅惑。

3. 映衬法

在介绍眼前景观时，先简叙天下有名景点中的同类景观或游客较为熟悉的景观，以引起游客的联想，唤起美好的回忆，同时又对眼前景观烘托映衬，激起游客的游览兴趣和欲望，于是出现了"东方的夏威夷"、"东方的金字塔"、"北方水城"之类的比喻。当然这种对比要以不贬低其他景点为前提。烘托类比在导游词创作中可以加强语言的表达效果，激发游客的情趣；还可以使语言表达方式多样化。

例如导游讲解中常常涉及我国的历史年代，这对外国游客来说是陌生的。这时可用游客所熟悉的历史年代进行类比。在讲解故宫的建筑年代时，对美国游客可用哥伦布发现新大陆的时间来加以类比，指出这一宏伟建筑在哥伦布发现美洲之前70年就已落成；对英国游客，则可以告诉他们故宫远在莎士比亚出世前140年就建成了。这样，外国游客就会从中体会出中国文化的悠久，并激发游兴，拉近感情。

4. 夸张法

夸张作为导游词常用的一种修辞手法，可以激发游客的想象力，加强语言的表达效果。运用夸张饰美法时，首先要注意运用色彩词；同时要注意以客观实际为基础，使夸饰具有真实感，语言要简明，让游客一听就明白。例如：

> 桂江水，如情似梦。泛舟桂江，宛若到了神仙境界。船至九龙山，请看前面这座山，那九座山峰，山石颜色各异，有黄、白、灰褐色……五彩缤纷，好像九匹凌空欲飞的骏马，人们叫它"九龙山"……大家看那座山，它那样娇媚，那样洁净，大家叫她"昭平峰"。清清的江水从山脚下流过，把它洗得俊美俏丽，亭亭玉立。你看现在正是晚霞满天，山尖染红一片，正像一朵盛开的莲花。

（导游词《昭平山水》）

这样的讲解把描绘和意象熔为一炉，其色彩语言精练，把景观说活了，形神兼备的夸喻使导游词熠熠生辉。品味这般解说，使人如痴如醉。这段导游词采用拟人化的语言，把"昭平峰"的美丽形象展示在游客面前，具有极强的感染力。

九、导游词创作应注意的问题

导游词作为具有讲解功能的应用文,有自身特有的原则;同时,在创作中也需要规避一些消极的因素,以追求导游的最佳效果。

(一)创作原则

1. 示强原则

《孙子兵法》云:"以强示弱。"这启示导游词对景点特色宜扬长避短,多讲游客感兴趣的话题,多讲文化厚重的话题,不跟比自己强的景区攀比。如国内有许多皇帝文化、三国文化、西游文化等雷同的景区,大多过于牵强和单薄,导游要心里明白。在导游词中只讲比其他景区强的方面,回避不如人家的方面。

2. 避新原则

修旧如旧时以旧为主。导游词中应尽量避免"原址不详"、"近几年刚刚新建"、"赝品"、"复制品"等令游客扫兴的词汇。

3. 务虚原则

《孙子兵法》云:"虚则实之,实则虚之。"纵观历史,此类战法无不令人回味无穷,也令现代的企业精英不断对其探究,灵活运用。在旅游中,人们更喜欢在亦真亦幻中领略奥妙。故在对景区曾经有过的设施或发生过的事件无法考证时,尽量避免"已遭破坏"、"已丢失"等词汇。导游词中尽量避免"据说"、"可能是"等不定词。

4. 趋吉原则

游客大都喜欢讨口彩,于是出现了很多"压石求子"、"连心锁"、"拴红绳"类的景点。因此,应趋吉避凶,尽量回避影响游客身心健康和心情的景点,如"断魂崖"、"短命石";避免说不吉利词汇,如"亏本"、"无财源",等等。

5. 求和原则

在导游词设计中,不贬低别的景区,不诋毁别的宗教,不歧视别的民族,构建和谐的外部经营环境。

6. 求异原则

同质化的景区景点很多,尤其同一地域、同一文化的情况下更容易产生大体相同的景观主题。为此,必须创作特色化的导游词。当然,这与排他性的景观价值是相辅相成的。导游词要有迥然不同的内容。

（二）创作禁忌

1. 传奇而不传谣

一篇故事性强、富有传奇色彩的导游词的确会让游客听得津津有味。但导游词写作如果以地摊文学为蓝本，编造一些稀奇古怪、子虚乌有的故事，就会降低其可信度，给人以上当受骗之感。

2. 幽默而不油滑

一篇幽默风趣的导游词能给游客带来欢声笑语，创造一种其乐融融的美好氛围。但值得注意的是，当前一些导游为了博取游客的欢心，一味地为幽默而幽默、为笑话而笑话、为滑稽而滑稽，结果自然就滑进了油滑的泥潭。

3. 通俗而不庸俗

一般而言，导游词应该通俗易懂，追求口语化。但是当前一些导游词就像白开水一样淡而无味，苍白肤浅，给人以俗不可耐之感。导游词应该通俗化，但通俗不等于庸俗。

4. 创新而不媚俗

到什么山唱什么歌，见什么人说什么话，这是导游词的基本要求，也就是说导游词必须创新，突出景区的特色，而不要人云亦云。导游词最忌"拿来主义"，用别人俗不可耐的东西来生搬硬套。

十、导游词的再创作

导游词的再创作是指导游在实际工作中，要将书面导游词转化为口语化导游词。为此，一是注意游客的文化传统及与旅游目的地的文化差异，避开一些对游客敏感的问题，增加游客感兴趣的东西；二是根据个人性格和讲解风格，掺杂个性化的东西，并注意临场发挥；三是注意充分发挥导游词的多种功能，提高导游服务质量；四是通过调遣各种语言和非语言因素来缩短导游与游客以及游客与被游览客体之间的心理距离，营造一种亲切、融洽的气氛。导游在讲解时必须对现有的导游词进行深加工和再创作，使之真正成为充满个性的、适合自己讲解的导游词。

导游词再创作有以下基本原则：

（一）缩距原则

"缩距"是指通过调遣各种语言和非语言因素来缩短导游与游客以及游客与被

游览客体之间的心理距离的方法,在导游过程中营造一种亲切、融洽的气氛。缩距原则主要包含两个内容:一是缩短导游与游客之间的心理距离;二是缩短游客与被游览客体(旅游资源)之间的心理距离。

1. 用词要准确

以语言因素为例,用人称代词作称呼运用就很讲究。在导游这种语境中,用第二人称称呼游客,往往显得生硬冷淡,而用第一人称复数"我们"或没有特定人称标志的"大家"则比较合适,也可以连用为"我们大家"。这种用法,能营造出一种亲切友好的气氛,从而有效地缩短导游与游客之间的心理距离。

2. 多用肢体语言

在导游这种语境中,巧妙地调遣表情、眼神、手势等体态语因素,不仅能使导游词更加通俗、直观、传神,并且可以弥补言语表达的不足,增加导游人员自身的吸引力,通过与游客的多方沟通,有效地缩短双方之间的心理距离。比如,眼神,对游客或环顾或专注或虚视,要根据言语表达的需要而加以灵活把握,从而调整交际气氛。再如各种巧妙和恰到好处的手势,更是一个导游业务熟练和修养高的标志,因此在讲解中,手势要讲究明确、精练、自然、活泼和个性化。再如,笑容的魅力也是绝不可忽视的。这种具有强烈感染力的体态语,是能在导游中营造融洽气氛的润滑剂。一个熟练的导游,总是会在自己和游客交融的笑声中进行工作的。如果这样,导游与游客之间的关系必然会是亲切自然、轻松愉快的。

3. 要个性化

要根据自己的特点创作。创作导游词,有的人言语幽默,有的人喜欢引经据典,有的喜欢描写细节,任何人的特点都不一样,创作的导游词主要是自己使用,所以应该在创作之初对自己的特点有一个了解,只有这样,才能打上自己的烙印,创作出精彩的属于自己的口语导游词。

(二)幽默原则

幽默是人们表达思想感情的一种手段。幽默是一种机智、风趣、凝练的语言,是借助多种修辞手法进行的一种艺术表达。运用幽默法可以使导游词富有感染力和趣味性,在轻松愉快中给人知事明理的启迪。在导游词创作中,可以把景观和游客巧妙地联系起来,用幽默的导游语言变困境为顺境、变紧张为缓和、变扫兴为高兴。运用幽默性原则要注意"四宜四不宜",即:宜高雅,不宜粗俗媚俗;宜经典,不宜哗众取宠;宜诙谐,不宜附庸风雅;宜有余韵,不宜肤浅滑稽。幽默原则的运用可以使导游词达到以下效果:一是表现力强。常借助象征、比喻、夸张、双关、谐音、谐意、反语等修辞方法增强表现力。二是感染力强。幽默的导游词具有强烈的感染力，能引起游客的会心一笑，甚至大笑。三是耐人寻味。适当的语言调侃和幽默能耐人寻味，但不轻浮、浅薄。幽默的语言往往在轻松中蕴含深沉。

例如：桂林有一座月亮山，正面看，山峰顶部高悬着一个镂空的大圆洞，犹如一轮满月。随着旅游车行进角度的变化，"月亮"先是变成弯弯的上弦月，后又变成圆圆的满月，最后变成一钩下弦月。在绕月亮山之前，导游先作了一番介绍。绕了一周之后，又说：

都说地上的一年才是天上的一天，可我们几分钟就过了一个月，说起来比天上的神仙还神呢！

把现实景观与仙境相比，这就是一种幽默的语言，它能获得游客喝彩，客观效果极好。

导游语言的幽默艺术技巧，在很大程度上是语言修辞手法的综合运用，它不同于一般意义上的修辞，而是以造成幽默意境为目的。幽默意境主要由语言的反常组合来体现，即语言组合技巧上的违背常理与对其常理性的解读，二者碰撞会激起智慧的火花和奇趣，超乎预料，出其不意。这里重点介绍几种幽默导游语言的艺术技巧。

1. 歧义法

歧义法指语义交叉，就是用巧妙的比喻、比拟等手法使表面意义和其所暗示的带有一定双关性的内在意义构成交叉，使人在领悟真正含义后发出会心的微笑。例如：

各位明天就要回家了，在离别之前，我将带各位去昆明世博园拍个纪念照，和昆明亲吻一下，不知各位意下如何？

用"亲吻"一词将昆明人格化了，也就有了几分幽默。再如：

我们的新疆葡萄沟对客人历来就非常热情，火辣辣的爱，火辣辣的情，尤其是中午，保证热得大家汗流浃背，穿不住西装外套……

用人的"热"情和天气的炎"热"形成交叉，造成了幽默意境。

2. 嫁接法

嫁接法指移花接木，就是把某种场合中显得十分自然的词语移至另一种迥然不同的场合中，使之与新环境构成超过人正常设想和合理预想的种种矛盾，从而产生幽默效果。

例如，一位导游在带游客参观四川丰都"鬼城"时解说道：

亡魂进入鬼国幽都必须持有"护照"，国籍、身份不明的亡魂是不准入境的。不过，这"护照"是阳间的叫法，在阴间则叫"路引"，以保证在黄泉路上畅通无阻……

将"护照"和"入境"这些现代名词移植进来，增添了讲解的幽默情趣。

3. 歪解法

歪解法指正题歪解，是以一种轻松、调侃的态度，对一个问题故意进行主观臆断或歪曲的解释，使之妙趣横生。

例如，一批游客在游览宜阳花果山时，有游客问花果山是孙悟空带猴群的地方，现在为什么没有猴子，导游是这样说的：

> 主要原因是这里的猴子都随齐天大圣成仙了。

这既幽默化地诠释了《西游记》文化的吉祥寓意，又俏皮地揭示了"花果山无猴子"的原因，这种因果关系的错位在逻辑思维中产生了幽默感。再如，一批游客在游览贺州昭平的黄姚古镇时，见到沿途参天大树的树枝上挂有许多胡须，就问那是什么，导游员幽默地说：

> 这是一棵龙树，那些是龙须和龙爪。这龙爪是天下最大的一把手。

值得注意的是，这种"歪解"调和一下气氛是可以的，但不能作正式回答客人提问的方法，不然就容易显得油滑而敷衍塞责，使游客产生不悦。

4. 双关法

双关法指一语双关，就是利用词语的谐音和多义性，有意使话语构成双重意义，使字面含义和实际含义产生不搭。双关又分谐音双关和语义双关。谐音双关是利用词语的同音或近音条件构成双重意义，使字面意义和实际意义产生不协调。语义双关是利用词语的多义性，使语句所表达的内容出现两种不同的解释，彼此之间产生双关。

例如，在介绍故宫的午门时，导游这样说：

> 皇帝是了不起的"爷们儿"，这中间的门也是了不起的"爷门儿"。每当皇帝经过这午门时，都要敲响大钟、大鼓伴奏才行……

"爷们儿"和"爷门儿"的谐音双关，以语言为纽带，将两个不同的词义联系在一起，使人通过联想产生幽默感。再如，在台湾客人去工艺品商店购物途中，导游词是：

> 那里有许多古代美人的画。如果哪位先生看中了"西施"、"杨贵妃"或"林黛玉"，就大胆地说，不要不好意思，她们都会毫不犹豫地"嫁"给你。不过，已经有夫人的可要谨慎一点呀！

"嫁"是语义双关。表面语义是"嫁"，其实质意义是"卖"。此时，故意将双重意义混为一谈，使人忍俊不禁。

5. 插科法

插科法指插科打诨，就是指为了活跃气氛，增加情趣，故意借题发挥把正经话说成俏皮话。

例如，在提醒即将离境的日本游客勿忘物品时说：

> 请大家不要忘记所携带的行李物品，如果忘记的话，我得拎着送到日本去，

不需感谢,只向你报销交通费就行了。交通费够贵的啊!

客人大笑之余,格外注意。

6. 自嘲法

自嘲法指自我解嘲,是指在遇到无可奈何的情况时,以乐观的态度进行自我解嘲,使人获得精神上的满足。如自嘲式语言:

> 相信人民相信党,相信导游不上当;跟着导游走,吃喝啥都有,问啥啥都会,走着还不累。

例如,旅行车在一段坑坑洼洼的道路上行驶,游客中有人抱怨。这时,导游说:

> 请大家稍微放松一下,我们的汽车正在给大家做身体按摩运动,按摩时间大约为10分钟,不另收费。

引得游客哄然大笑起来。这位导游以苦中求乐的口吻把一件本来烦恼的事说得轻松愉快,抱怨情绪遽然化解。

7. 套用法

套用法指模仿套用,是指将现成的词语改动个别词或字,制造一种新的词语,以造成不谐调的矛盾。

例如,一位导游在接待一批港澳游客时说:

> 前几天,我接待了一批日本客人,他们说我是"民间外交家"。今天,我接待的你们都是中国人,看来我又成了"民间内交家"了。

这位导游仿"民间外交家"造出"民间内交家",使正、反词互相映衬,给人新鲜、风趣之感。

8. 颠倒法

颠倒法指颠倒语句,是针对游客熟悉的某句格言、口号、定理或概念,用词序颠倒的反常手法,创造出耐人寻味的幽默意味。

例如,一个旅行团要去参观河北承德金山岭长城,但因大雪封山,道路不畅通。为了使游客不气馁,导游一路鼓气,费尽周折后,终于来到长城脚下。他在导游词中说:

> 有句名言说"不到长城非好汉",好汉非得到长城。今天,我们来到了长城,是真正的英雄好汉!

此段导游词不仅幽默风趣,而且还透着铮铮铁骨,使游客倍感鼓舞,感受到挑战自我的勇气和豪气,感觉到这次旅游虽然艰辛,但磨炼了意志,有了另一种收获。

9. 夸饰法

夸饰法指故意夸饰,是指以事实为基础,为了畅发情意,故意言过其实,使人得到鲜明的印象,而又感到真切。例如:

> 很荣幸能够为各位服务,在此,请允许我代表旅行社对大家的到来表示诚

挚的欢迎。我身边的这位呢，就是我们的司机王师傅，王师傅不但人长得英俊潇洒，说话风趣幽默，驾车技术也是相当的高，历年被咱们的旅行社评为"游客最满意的安全大使"。佛曰："前世500次的回眸换来今生的擦肩而过；前世1000次的回眸换来今生的相视而笑。"今天，大家有缘在这里，并要相伴度过这美好的时光。(《世界恐龙谷景区导游词》)

再如，在一个旅行团即将结束在浙江长屿洞天的旅游时，导游说：

你们即将离开温岭，离开长屿洞天，温岭留给你们一样难忘的东西，它不在你的拎包里和口袋中，而在你们身上。请想一想，它是什么？

导游停顿了一下，接着说：

它就是你们被温岭的阳光和海风熏晒黑了的皮肤，你们留下了友情，而把长屿洞天的夏天带走了！

话音刚落，他就赢得了热烈的笑声和掌声。照理说，"夏天"是不可能带走的，但夏天的阳光把游客的皮肤晒黑了，所以这位导游故意强调事物的特征，夸张地说游客"把夏天带走了"，在富有诗意的想象中产生了幽默感。

十一、智能化导游词

智慧旅游基于物联网、无线技术、定位和监控技术，实现信息的传递和实时交换，让游客的旅游过程更顺畅，提升旅游的舒适度和满意度，为游客带来更好的旅游安全保障和旅游品质保障。智慧旅游从游客出发，通过信息技术提升旅游体验和旅游品质，游客在旅游信息获取、旅游计划决策、旅游产品预订支付、享受旅游和回顾评价旅游的整个过程中，都能感受到智慧旅游带来的全新服务体验。从智能化平台的服务出发，智慧旅游主要包括导航、导游、导览和导购四个基本功能。导游词被移植到智能化平台上后，导游词创作必然有一个适应、改变和提升的过程，这个智能化的过程要求导游词创作者的素质有一个全面的智能化的提高。这势必推动导游方式的转变，传统的导游词也随之向现代的导游词转变，并引导游客产生新的旅游习惯，创造新的导游文化。

导游词策划篇

峨眉山导游词策划方案

俗话说："看景不如听景"，面对如诗如画的自然景观和底蕴深厚的人文景观，游客在有限的时间内和空间内，不可能"一日看遍长安花"，只能"窥一斑而略知全豹"。然而，如何能见微知著、闻一知十呢？这就只能靠导游员的功力了，而导游员的功夫在于是否掌握"独家秘籍"，这种秘籍就是特定景区的导游词。由此可见，导游词之于旅游具有特殊的吸引力、感召力和引领力，对于旅游经济而言，导游词就是生产力。毛泽东曾说"长征是宣言书，长征是宣传队，长征是播种机"，对于旅游，导游词具有同样功效，是导游员通过导游词向游客翻拍了景区的美丽景象，注解了景区的主题定位，诠释了景区的文化内涵。总之，导游员对于游客具有先入性的作用，导游词对于景区具有先导性的作用。

一、峨眉山导游词革新的必要性

中国旅游业经过20多年的快速发展，景区环境发生了天翻地覆的变化，品牌也从3A到4A，再从4A到5A，可谓是一步一个台阶，一年一个品级。但是，与景区共生共存的导游词却老生常谈，要么经年不变，要么千篇一律，即便名优景区的导游词也是陈词滥调、俗不可耐。在这一大的导游思维定式下，导游员习惯于连篇累牍地满堂灌，却只能让游客在内容上了解到景区的冰山一角，没重点，少韵律，缺节奏；在效果上让游客不胜其烦，不胜其扰，无法在欢歌笑语的互动中得到立体的感悟和体验。这种现状着实可惜、可悲、可叹！可惜的是，呆板生涩的导游词令活色生香的自然景观黯然失色，索然无味；可悲的是，人云亦云的导游词令文化厚重的景区单薄肤浅，名不副实；可叹的是，中国导游词革命仍未引起业界领导的足够重视，导游词不能与景区发展与时俱进，导游词革新已然成为被人遗忘的角落。

在"2009中国旅游发展研讨会"上，旅游专家团疾呼：导游词革命迫在眉睫，时不我待。专家预测，导游词的革命必将使一批先驱景区旧词谱新曲，老树发新枝。

小导游词胜过大投入，必将换来大效益。

二、峨眉山导游词革新的理念

旅游部门的领导者，应首先是旅游文化的倡导者和创造者，而导游词恰恰是旅游文化的重要组成部分。要创造优秀的导游词，首先要搞清楚旅游的概念。这一看似浅显的问题，实际上多年来我们都忽视了，没有一个实质性的理解。旅游是什么？旅游不是对政治、历史、军事、考古、地理、地质、科研、文化、生态、自然等地单纯观瞻，更不是科学研究，而是让游客在度假休闲中透过这些事物探索自然，认识世界，在谈笑风生中品味人生，在津津乐道中消费金钱与时间，从而换来一个好心情、好体魄、好憧憬。在此目标下，导游词应跳出对景点政治、历史、军事、考古、地理、地质、科研、文化、生态、自然的宣讲之误区，丢开书本看书，跳出景外讲景，这样才能事半功倍。

三、峨眉山导游词改编思路

（一）多样化

针对不同场合、不同游客用不同内容的导游词，而绝非一成不变、千篇一律。如对主管部门报的和对游客讲的不能用同一版本，对专家团队和普通团队、对中老年团队和青少年团队，对以男士为主的团队和以女士为主的团队必须用不同的版本。

（二）专业化

导游词革命应从导游队伍的建设入手，遵循宁缺毋滥的原则，从外貌到内涵，从讲解到娱乐，都令游客无可挑剔，体现出专业素质和专业水平，而绝非滥竽充数。一是具备渊博的知识，包括语言知识、史地文化知识、政策法规知识、心理学和美学知识、经济和社会知识、旅行知识、国际知识。二是具备激发游客情趣的能力，激活话题，包括满足求知欲话题、刺激好奇心话题、决定行动话题、满足优越感话题、娱乐性话题等。

（三）特色化

优秀的景区是具备特色的景区。景区特不特，导游分秋色。导游是游客感受到的活生生的第一道风景线,其素质代表了景区的档次。让游客因导游员爱景、爱屋及乌,是景区导游员价值和水平的体现。再者,特色导游离不开特色的软硬件设施,其硬件无外乎特色的服装、特色的外貌,其软件则需要特色的导游词、特色的名字和特色的服务。

对于特色的名字,峨眉山导游词可采用真实的导游编号、特色的导游艺名。女导游可用嫦娥、小峨、大峨、花峨、红峨、绿峨、彩峨、张峨、李峨……美眉、喜眉、乐眉、长眉、细眉、舒眉、红眉、张眉、李眉……男导游可用大山、中山、绿山、洪山、长山、远山、张山、王山、李山……围绕峨眉山文化,每个导游都要根据自己的特色名字演绎一个特色感人的故事。

(四)娱乐化

旅游景区一定要搞清楚游客需要什么。游客在旅游过程中对知识、消费、健身等有不同的需求,但对愉悦的需求是相同的。因此,不论哪个导游词版本都离不开娱乐元素,其娱乐元素对整个行程的成败至关重要。这就要求导游具备察言观色、因人而异、能说会道、能歌善舞的素质。

(五)多线化

一个高品质的景区必须具备文化主题、生态主题。要把这些主题从点到线、从线到面加以梳理和总结,既要有生态主题、文化主题的明线,又要有非文化主题的暗线,从而引导游客随着这些线索起伏有序、高潮迭起、悲喜交加。峨眉山景区除了从山下到山顶的"一山走四季"、金顶天下奇观等"十全十美"的主线外,还有一条"白娘子传奇"的副线和游客期待获奖的暗线。

(六)原则化

导游词撰写应坚持以新代旧、以高代低、以吉避凶、以长避短、和谐、舍得、考核七项原则。

四、增加互动景点和设施

根据中国旅游联盟旅行社会员的反映,因旅行社只考虑自身的既得利益,而使不明真相的峨眉山游客大都选择半山旅游,这样的结果使峨眉山的门票收入减少了一半。基于此,峨眉山应加大导游词的"煽动力",引导游客游全山。为配合导游词的"诱敌深入"策略,激发游客登山情趣,建议峨眉山管理部门在硬件上增加一些辅助性设施,做好山上山下的联动;同时,让游客一进入景区,便通过导游词产生对整个峨眉山的憧憬和向往。可以针对不同层次、不同职业、不同信仰的游客灌输不同的理念,如:根据不同人群灌输"峨眉游不全,人生有缺憾"、"游而不尽,难称一游"、"不拜万佛非好汉"、"日登金顶,日进斗金"的概念,同时改变对旅行社的政策,让其有积极性促成游客游全山。

(一)"仙"字石景点

位置:牌坊内300米左右,依山而立。

特色:名人所书,特大隶书"仙"字。

(二)"白娘子传奇"故事链景点与相关设施

1. 放生湖(白娘子、许仙前生缘地)

地点:山下某湖(原放生池离山门过远,不利于游客互动)。

硬件要求:面积不小于1 000平方米,适宜乌龟和当地常见鱼种生存,能与内河或外河相通最好。生态绿化好,便于游客观赏。周边300米内有乌龟和鱼类出售,便于游客购买放生。

软件要求:生动、时尚的导游词。(见导游词《放生湖》章节)

产品主题:白娘子、许仙前生缘,许仙放生白蛇地。

2. 化蝶谷

地点:万年景区白龙寺附近小山沟。

硬件要求:沟中有红色的石头和土壤(若无,人工打造亦可)。树木、花草不够茂盛,少有大树。

软件要求:生动、时尚的导游词。(见导游词《蝴蝶谷》章节)

产品主题:白蛇在此蜕变为美女。

3. 金刚嘴灵芝园

位置:金顶。

面积:300平方米。

硬件:人工种植高品质灵芝。

软件要求:设立标示牌,夸张介绍峨眉灵芝的神奇和据实介绍峨眉灵芝的药用价值。生动、时尚的导游词。(见导游词《金刚嘴灵芝园》章节)

产品主题:

A. 该园金、银、铜灵芝为白娘子从二峨山、三峨山、四峨山采来培育种植。

B. 白娘子盗此园灵芝，救活许仙。

4. 解签处

邀请一位在佛教界有一定影响力，有高水平易经理论、测算水平的大师在一个便于游客踏足却又不影响行政检查的地方设立解签处，形成全景区祈福活动的互动。

5. 礼品部

地点：在出口附近。

为实现游客和导游以及景区、景点的互动，应增加礼品部。礼品部的礼品价值从几元到几千元不等，既可以作为奖品，也可以作为商品出售。低价的最好选择一些具备特色含义的，比如峨眉灵猴玩具、峨眉熊猫玩具、峨眉灵芝、玉佩、峨眉各小景点门票、温泉优惠券，等等；高价位的最好选择一些游客拿不准价格的、文化和含金量极高的，且进价极低的工艺品，如：佛像、工艺品、人身保险单、玉制品、钧瓷，等等。

6. 特色产品销售部

地点：在出口附近。

商品：除原有商品峨眉灵猴玩具、峨眉雪芽等以外，增加跟峨眉山导游词关联的产品，如：峨眉灵芝、峨眉兰花、楹联王国楹联，等等。

五、景点更名

为实现峨眉山旅游的"静+动"，挖掘景点在中国旅游层面上的独有性，适应峨眉山特色化、娱乐化的要求，有必要对一些景点名称进行更改。

（一）"赤龙洞"更名为"白娘子拜师处"

此策划可增加景区的厚重文化，增添神秘色彩和浪漫色彩，激活游客的好奇心，暗埋文化副主线，循循善诱，渐入佳境，延长游程，逐步消除"半山游"的现象。

（二）"洪椿坪"更名为"楹联王国"

将"洪椿坪"更名为"楹联王国"，可从一定层面上提升峨眉山的品位，打造峨眉山在全国景区中又一独一无二的文化品牌，将峨眉山中一个普普通通的"洪椿坪"景区营造成"旅游巨星"，吸引更多的文人骚客情系峨眉，前往峨眉。

(三)"天河桥"更名为"长寿桥"

天河桥在全国数不胜数,且和峨眉山文化无太大的瓜葛。长寿是现代人的最大追求,更此名可迎合人们的祈福心理,而且契合峨眉山的"祈福文化"。

六、开发新旅游项目和活动

(一)认养大圣获大胜(峨眉灵猴)

为填补国内旅游项目空白,加强人们对动物的保护意识,顺应人们的祈福心理,可通过游客在峨眉山挑选猴子,并为猴子起名,选祈福语,在猴子的特殊部位挂牌以及为猴子剪耳、剪毛、文身、染毛等方式,做特殊标记,建立猴子和认养人的网上联系。认养价格可定在每年 5 000~10 000 元。导游词可以融进认养猴子可获大胜的祈福文化。

(二)峨眉山楹联王国

国内首创楹联文化乐园,进一步提高峨眉山景区现代文化的品质。结合洪椿坪古代遗留楹联多的优势,开展有奖征集楹联活动,对优秀作品可发奖金或奖品,价值从 100 元到 10 万元不等;同时通过互联网吸引更多的游客到此研讨古楹联,创造新对联,掀起中国对联第一次大赛风暴。

(三)遇仙寺常青洞美容

根据传说故事,针对蔬菜保鲜的现象,顺应游客养颜、养生的风尚和潮流,让"仙人指路"进一步演绎延年益寿文化,让好奇游客在此感受"生命之洞常青",实现 VIP 顶级收费。

七、实施策略

为顺利实施新项目,在策划中要"虚实结合",以顺应人们的跟风习惯。所谓"实"就是让游客得到实惠的奖品,所谓"虚"就是让游客得到一些优惠,如打折消费券、门票等,以小"舍"换大"得"。

（一）认养峨眉灵猴

在全国尚属首创，前期需要邀请某些名人合作，用他们的名声，不让他们出钱，扩大此策划的影响力，形成轰动效应，展现开发前景。通过导游词和票牌的策划宣传，融入祈福文化及保护动物的情节和案例。

（二）峨眉山楹联王国

可围绕此活动举办中国文联大家参与的笔会开幕式。前期请一些名人写若干副对联，挂贴在洪椿坪适当地点。奖品可以是价低质高的商品，如玉器、钧瓷、奇石、字画，等等。

（三）常青洞美容

通过导游词和票牌的策划，宣传常青洞返老还童的神奇和名人在此美容效果不凡的案例。

到寺庙的游客多是有宗教信仰的游客，在导游词中尽可能地多讲一些神奇的、灵验的、鲜为人知的古今故事和案例，尽量避免对天王、菩萨等千篇一律的讲解。要求同存异，在相同的神像或佛像前讲出不相同的故事，才能令游客满意。

峨眉山导游词

导游线路：山道—万年寺—金顶—万佛顶
导游对象：中青年游客
导游时间：一日游

一、开篇

各位团友：大家好。欢迎大家来到世界名山——峨眉山。

我是峨眉山××号导游嫦娥。"蜀国多仙山，峨眉邈难匹。"好景引得仙客来。

今天小仙为各位大仙指路，小女子将尽心竭力、鞠躬尽瘁、死而后已，百折不挠、"上蹿下跳"（笑后立正、敬礼，同时大声说）"为人民服务"。

亲爱的团友：您在峨眉山的开心、快乐、健康、增寿是嫦娥最大的心愿，您在峨眉的烦恼、不开心是嫦娥最大的过错，若有不周之处敬请批评指正，（小声说）希望大家跟灶王爷一样，"上天言好事，回地降福祥"，嫦娥有何差池，请多担待。不过不可对嫦娥责罚过重，那样嫦娥会被逐出月宫的。来，我们握握手（逐一跟游客握手，嬉笑），沾沾仙气。一握嫦娥手，永远是朋友。今生今世，嫦娥永远是你在峨眉山和乐山的办事处主任，您在乐山、峨眉山的事就是嫦娥的事，嫦娥有求必应。我的电话是××××××××，请各位储存，以便今后到中央和国务院找我。支持我的朋友请给点掌声和呐喊（掌声、呐喊声），让我们向着快乐、好运、健康出发。

好了，一段开场白之后，嫦娥带您开始具有知识性、趣味性、娱乐版的峨眉山开心之旅、发财之旅。

这位团友问了："开心之旅，我们喜欢。发财之旅是何意呢？"看来这位朋友还真懂得抓经济。发财之旅，就是送礼，因为广告说得好："今年过年不收礼，收礼就收女儿心。"嫦娥今天要把"爱心"送给大家。大家注意了（变小声说），我告诉大家一个小秘密，大家今天是幸运的，因为我们这个团队中有贵人，刚才大家入门时我看到大家头上有团紫气东来，《易经》中说紫气东来，必有贵人出现。托贵人的福，大家今天最少有四大幸运之事出现。这第一个幸运就是大家今天遇到了本人——峨眉山最好的导游，同时也是最不能保密的导游，最爱发奖券的导游，最好说话的导游。用东北话说就是"虎儿吧唧"的导游。许多我带过的团队都说，在我这儿发现了许多峨眉山鲜为人知的秘密，挖掘到了做人、做事的深奥知识，这些仅是嫦娥送给你的小礼，还有大礼呢！大礼是什么呢？"知识就是财富"，在今天的峨眉山财富之旅中，您可以回答、抢答嫦娥提出的知识性问答50题，答对50个问题、拿到50个礼品券的可得到价值10万元以上的奖励。

说到知识性，团友们从现在开始就要留神了，一不小心钞票就会钻进您的兜里的。马上开始峨眉山"十全十美"的开心之旅。有团友问：这"十全十美"开心之旅是什么呢？嫦娥向您播报（以电视主持人的口气）：各位观众，CCTV在峨眉山为您播报，现在嫦娥所带的是来自多个国家的总统、夫人、公主、殿下、保镖和秘书组成的峨眉山旅游团，今天他们要在峨眉山进行"十全十美"的游览、参观、体验，这"十全十美"可简称为一领袖、二遗产、三美眉、四奇观、五名胜、六特色、七互动、八大寺、九之最、十面佛。其具体内容是：一座领袖之山，二个世界遗产，三峨秀甲天下，四大华夏奇观（日出、云海、佛光、圣灯），五名生态人文（名洞、名水、名景、名茶、名书），六大圣山特色（雄、秀、险、神、奇、幻），七项互动体验（一天四季、高山滑雪、观光列车、生态戏猴、民族风情、康乐狂欢、露天氡温泉），八大著名寺庙（报国寺、伏虎寺、清音阁、万年寺、洪椿坪、仙峰寺、洗象池、华藏寺），九个中国之最（最大的山野佛寺园林、最高的佛教名山、最大的佛教金属建筑群、最高紫铜塔、最大的隐形佛、最多故事的神话园、最大的大无梁砖殿、最贵重的金牌、最高荣誉的世界文化遗产示范景区），十方四面金佛（普贤金佛世界上最高的金佛，也是普贤菩萨的第一四面十方艺术造型）。

接下来开始我们的发财之旅，首先请团友们记住我刚刚说过的几个关键词，第一是"世界名山"，第二是"仙人"，第三是"嫦娥"。其含义是什么呢？请大家踊跃抢答，凡答对者都可以得到我手中的这一张礼品券（举手示意），凭此券可在景区入口处的礼品部领到一份丰厚的礼品。

二、山道弯弯

（一）名山广场

各位团友，这里是名山广场，也是今天第一个问题答案揭晓地。首先映入眼帘的这座仿古建筑的牌坊，正面为我国大文豪郭沫若手书大字"天下名山"，背面乃赵朴初手书"佛教圣地"。整座牌坊气势恢宏，古朴典雅，在全国旅游胜地的牌坊中，当数第一。在牌坊左侧有自然形成的3块巨石，石上刻有临摹自苏东坡字帖的3个大字"峨眉山"。

峨眉山位于四川省西南边缘向青藏高原过渡地带，北距四川省省会成都120公里，东距历史文化名城乐山38公里。最高峰万佛顶海拔3 099米。核心景区面积154平方公里，由高、中、低三大游览区组成。峨眉山系国家5A级旅游景区，1996年被联合国教科文组织列入《世界自然和文化遗产名录》，并评为全球优秀生态旅游景区的样板。

各位元首，下面嫦娥为您播报峨眉"十全十美"之旅的第1单元一座领袖之山。峨眉山素有"中国第一山"、"山之领袖"、"佛之长子"、"峨眉天下秀"、"震旦第一山"、"神州第一山"、"仙山佛国"、"天下名山"、"佛教圣地"、"动物乐园"、"植物王国"、"地质博物馆"等美称。早在公元4世纪，印度僧人宝掌和尚游历峨眉山后赞叹："高出五岳，秀甲九州，震旦第一山也。""震旦"是古印度对中国的尊称，指太阳升起的地方。峨眉山比五岳中最高的华山（海拔2 200米）还要高出近1 000米，各朝代均以"中国第一山"称之。明万历年间，妙峰禅师修建金殿时所铸金顶铜碑，刻有傅光宅所撰《峨眉山普贤金殿碑》，云："普贤者，佛之长子；峨眉者，山之领袖。山起脉自昆仑，度葱岭而来也。结为峨眉，而后分为五岳。"一直以来，古人均用"神州第一山"、"震旦第一山"、"山之领袖"、"伯仲昆仑"来赞美峨眉山、礼颂峨眉山，并传承至今。

各位元首，下面嫦娥想考考您，峨眉"十全十美"之旅的第2单元两个世界遗产是什么呢？（在游客中找一位回答者）游客朋友们，他说得对不对？大家说对，好！我就把第一份礼品送给您，请出门时在礼品部领取。朋友们让我们祝贺这位朋友获奖。（带头鼓掌）

各位元首，CCTV为您播报峨眉"十全十美"之旅的第3单元三峨秀甲天下。峨眉之名取自北魏郦道元的《水经注》："平乡江东径峨眉山，在南安县（今乐山）界，去成都南千里，然秋日清澄，望见三重两山相峙如峨眉焉。""峨眉"为古时美丽女子的代称，这里形容两山相望对峙如同美女的眉毛。真可谓现代时尚词"美眉"的发源地。（自嘲地笑）

峨眉山位于北纬30度，东经103度，属亚热带区域，气候垂直分布明显，有"一山有四季，十里不同天"之说，山麓平均气温为17.2℃，山顶和山麓平均气温相差14℃。古今中外名人将峨眉称为"山之领袖"，联合国教科文组织将峨眉评为"全球优秀生态旅游景区"，继古开今，峨眉被称为"天下名山"是否当之无愧呢？

这就是嫦娥对今天第一个问题的诠释,亲爱的朋友,此时此刻你知道峨眉山被称为"天下名山"的理由了吗?请抢答。

(在游客中找一位答辩者),游客朋友们,他说得对不对?大家说对,好!正确。我就把第二份礼品送给您,请出门时在礼品部领取。朋友们让我们祝贺这位朋友获奖(带头鼓掌)。

(二)仙字石前(进入山门后)

各位仙家,请注意了!现在我们开始探讨第二个关键词"仙人",嫦娥在此称各位仙人,是何原因呢?(游客纷纷回答)大家说的都有些沾边,但是否完全准确呢?请朋友们听嫦娥娓娓道来,细细评判。

大家看看这个"仙"字,是不是在山旁有一个人呢?那么,我们现在是不是都站在山旁呢?那还不是仙吗?不言而喻了吧(打趣地笑)。更要强调的是,我们站在峨眉山这座世界名山旁,不仅是仙,而且是名仙。看来第三份奖品要发给这位(或:省下来送给下一位)朋友了。

各位名仙,让我们继续前行,进入今天的第三个关键词"嫦娥"。

(三)途中(仙字石——放生湖)

各位名仙,佛国无尘。峨眉山是联合国教科文组织树立的世界文化遗产管理样板单位,也许大家在步入峨眉山时已感受到了。大自然赋予的灵山秀水,需要我们共同关心和爱护。步入仙界,成了仙人,请大家爱护我们仙人自己的家园。为了表示谢意,嫦娥把一首《每个人脸上都笑开颜》送给大家:

    我们的峨眉似花园,
    花园里的花朵真鲜艳,
    和暖的阳光照耀着我们,
    每个人脸上都笑开颜。
    哇哈哈,哇哈哈,
    每个人脸上都笑开颜。
    大哥哥你呀快快来,
    小弟弟你也莫躲开,
    手拉着手儿上峨眉啊,
    我们的人生多愉快。
    哇哈哈,哇哈哈,
    我们的人生多愉快。(借用《我们的祖国是花园》曲调)

● 导游自身的故事

刚才有位团友问我了，你的名字为什么叫嫦娥呀？我好高兴呀！因为在这里嫦娥又见到了久别的粉丝，不过嫦娥希望这里的粉丝是我心中暗恋的帅哥吴刚，千万可别是那丑陋不堪的一天到晚色迷迷的猪八戒呀！

小女子原名叫常歌，系成都人士，性别：女。（游客笑）

别笑啊，我可是正宗的川妹子吆！

本人原在政府部门工作，只因3年前，小女的爷爷、奶奶相继得了疑难杂症，跑遍北京、上海各大著名医院，久治不愈。眼看着二老将不久于人世，危难中有朋友相告，他的亲戚曾患绝症，走访名医无数，身体每况愈下，在走投无路时来峨眉山求告普贤菩萨，拜过普贤菩萨后身体一天更比一天好，10年过去，老人家依然笑声朗朗、神采飞扬。小女听此金玉良言，来峨眉山虔诚地向普贤菩萨祈祷，普贤菩萨正如香客们传说的，有求必应，赐福我家，3天后爷爷全身一点也不疼了，奶奶五年来第一次下床了，至今二老红光满面，百病皆无，尽享天伦之乐。为了感谢峨眉山给我家带来的幸福，爷爷奶奶执意要我改名为嫦娥，以歌颂峨眉；父母支持我辞掉原在政府部门的工作，专门来峨眉山弘扬佛法，为天下众生服务。

此嫦娥虽非彼嫦娥，但不反对天蓬元帅以及吴刚等粉丝常来桂花树下叙叙友情。告诉大家一个小秘密，报国寺内最大的那棵桂花树下是我下班后常常抱着我心爱的小兔子散步的地方。各位朋友，欢迎您在桂花树下与嫦娥相聚。愿来约会者请报名。

报名的不够多，看来是缺乏勇气呀，接下来我为朋友们鼓鼓勇气，唱首加油的歌，会唱的朋友一起来：

> 高高的树上结槟榔，
> 谁先爬上谁先尝。
> 少年郎，采槟榔，
> 他又美，他又壮，
> 谁能比他强？
> 快快来叫一声我的郎呀！
> 太阳已斜，归鸟在唱，
> 让我俩赶快回家乡。

看得出来，一曲歌后，男士们都鼓足了勇气，请不必报名了，那样会令嫦娥应接不暇。谁能成为这个如意郎呢？待嫦娥给你送去"秋天的菠菜"后，我们相邀桂花树下。

● 峨眉古今二十景

各位团友，请听今天峨眉开心之旅的第4题：峨眉山有许多著名的景点，古代和现代各有十景,在听了嫦娥一番讲解后,请说出"古新十景"各包括哪些景点?

峨眉山高出五岳,秀甲九州,山势雄伟,景色秀丽,气象万千,素有"一山有四季,十里不同天"之妙喻,更有"古十景"和"新十景"之说。各位团友,请注意,清代诗人谭钟岳将峨眉山佳景概括为十景:"金顶祥光"、"象池月夜"、"九老仙府"、"洪椿晓雨"、"白水秋风"、"双桥清音"、"大坪霁雪"、"灵岩叠翠"、"罗峰晴云"、"圣积晚钟"。现在的人们发现并命名了"新十景":"名山起点"、"秀甲瀑布"、"摩崖石刻"、"第一山亭"、"红珠拥翠"、"虎溪听泉"、"龙江栈道"、"雷洞烟云"、"卧云浮舟"、"冷杉幽林",无不引人入胜。进入山中,层峦叠嶂,古木参天;峰回路转,云断桥连;涧深谷幽,天光一线;万壑飞流,水声潺潺;仙雀鸣唱,彩蝶翩翩;灵猴嬉戏,琴蛙奏弹;奇花铺径,别有洞天。春季万物萌动,郁郁葱葱;夏季百花争艳,姹紫嫣红;秋季红叶满山,五彩缤纷;冬季银装素裹,白雪皑皑。登临金顶极目远望,风光无限,景色壮丽。东观日出、云海、佛光、晚霞,令你心旷神怡;西眺皑皑雪峰,贡嘎山、瓦屋山,山连天际;南望万佛顶,云涛滚滚,气势恢宏;北瞰百里平川,如铺锦绣,大渡河、青衣江尽收眼底。置身峨眉之巅,真有"一览众山小"之感。各位团友在听了嫦娥啰啰唆唆的半天唠叨后,能否告诉小女,"古十景"和"新十景"各包括哪些景点?答出最多者获奖。好,这位团友答出的最多,嫦娥把今天第四份奖品送给他,请为他鼓掌祝贺。

● 佛教2000年,寺庙30座

各位团友,接下来嫦娥将提出今日峨眉开心之旅的第5题:峨眉的佛教发展多长时间?寺庙多少座?请在嫦娥下段讲述后回答。

峨眉山为普贤菩萨道场,是我国四大佛教圣地之一。相传佛教于公元1世纪传入峨眉山。近2000年的佛教发展历程,给峨眉山留下了丰富的佛教文化遗产,造就了许多高僧大德,使峨眉山逐步成为中国乃至世界影响甚深的佛教圣地。目前,全山共有僧尼约300人,寺庙近30座,其中著名的有报国寺、伏虎寺、清音阁、洪椿坪、仙峰寺、洗象池、金顶华藏寺、万年寺。寺庙中的佛教造像材质不同,有泥塑、木雕、玉刻、铜铁铸、瓷制、脱纱等,造型生动,工艺精湛。如万年寺的铜铸"普贤骑象",堪称中国一绝,为国家一级保护文物;阿弥陀佛铜像、三身佛铜像、脱纱七佛等,均为珍贵的佛教造像。还有贝叶经、华严铜塔、圣积晚钟、金顶铜碑、普贤金印,均为珍贵的佛教文物。峨眉山佛教音乐丰富多彩,独树一帜。峨眉山武术作为中国武术三大流派之一享誉海内外。这些丰富的佛教文化遗产是中华民族文化宝库中的瑰宝。

各位团友,现在请您回答今日峨眉开心之旅的第5个问题:峨眉的佛教发展有多长时间?寺庙多少座?恭喜您答对了,嫦娥把今天最珍贵的一份礼品送给您。

（或：很遗憾这位仙人，此时思想云游了，正确答案是佛教发展2 000年，寺庙30座。礼品只好留到下一关了。）

●峨眉动物2 300类，植物3 200种

各位团友，峨眉山被文人骚客称为"爱情山"，知道为什么吗？请团友回答。

很遗憾，奖品只好自己留着了。这几位朋友想象力很丰富，但都和峨眉山的爱情主题不符。原因是什么呢？听嫦娥慢慢道来。

秀甲天下的峨眉山，终年常绿，素有"植物王国"和"动物乐园"之美称。由于特殊的地形、充沛的雨量、多样的气候和复杂的土壤结构，为各类生物物种的生长繁衍创造了绝好的生态环境。因此，在方圆154平方公里的范围内生长着高等植物3 200多种，据统计，峨眉山植物种类的数量相当于整个欧洲植物种类的总和。在峨眉山生长的植物中，有被称为植物活化石的珙桐、桫椤，有著名的峨眉冷杉、桢楠、洪椿，有品种繁多的兰花、杜鹃花，还有许多名贵的药用植物和成片的竹林。这些植物为峨眉山披上秀色，还给各类动物创造了一个天然的乐园。

历史上不论何人凡遇到爱情难题，只要求助于峨眉山即可迎刃而解。话说当年猪八戒因戏嫦娥，被贬为猪态，本该潜心修佛，但其花心不改，只想博得姑娘的青睐，于是，想尽了各种办法，但屡屡失败，最后来峨眉山求助于月老，月老让猪八戒把峨眉山生长的一种叫兰花的花戴在身上，戴上它之后丑男立刻变帅哥。高家只要见了帅哥，必然愿意将猪八戒招为上门女婿。猪八戒依计而行，果不其然，将美丽的高秀兰骗入了自己的怀抱。只是后来，猪八戒觉得每天都戴着兰花麻烦，就不戴了，身无兰花，猪八戒原形毕露，吓坏了美女高秀兰，气坏了高员外，最后请求孙悟空将他拿了去。哪位团友若想采摘此花的话，请悄悄地告诉我，我悄悄地带你去，你的梦中情人，定会投向你的怀抱。（在出口附近设有兰花销售点）

峨眉山有2 300多种野生动物，其中有珍稀的大熊猫、黑鹳、小熊猫、短尾猴、白鹇鸡、枯叶蝶、弹琴蛙、环毛大蚯蚓等。特别是见人不惊、与人同乐的峨眉山猴群，已成为峨眉山中独具一格的"活景观"，闻名中外。各位团友你想在峨眉山有一只属于你的猴子吗？你想养大圣，得大胜吗？嫦娥让你美梦成真。

●放生湖

各位团友，现在我们进入峨眉山"十全十美"之旅的第9单元，即九个中国之最之一的"故事最多的神话园"。我国古典戏曲《白蛇传》改编为电视连续剧《白娘子传奇》播出后，更是家喻户晓，妇孺皆知，该剧的主要情节多次提到峨眉山，如：白蛇修炼、白蛇下山、白蛇盗灵芝，等等。那么，白蛇和峨眉山究竟有着什么样的关联呢？容小女子慢慢道来。

相传古代峨眉山是仙家云集、教徒传艺的地方，许多名神、名人、名将概出自

这座仙山，如：陈塘关总兵托塔天王李靖、蹬着风火轮大闹龙宫的哪吒、大唐名将撒豆成兵的樊梨花等，在当时相当于上世纪30年代中国的黄埔军校了。

书归正传，却说若干年前，峨眉一带是一片浩瀚的大海，而峨眉山呢，则是座巍峨秀丽的峨山岛，跟二峨山、三峨山、四峨山都是相邻的岛屿。东海有一显赫之家，海水退去的那个时辰，龙干活泼可爱、娇小伶俐的小龙女白瑕，正在峨山岛中第七十二洞天府里玩耍，滚玉环、翻金械、荡彩船、爬钱梯、逗灵猴、捉白鹇，玩得乐不思归。龙王几次派人寻找，甚至派了龙女海霞也没找到这个地方，气得昏睡了3天3夜。

白瑕姑娘玩到尽兴时，峨眉山一带已变成了宽广的陆地。她从未出过龙宫，从未见过广阔的大地。第一次受到强烈的阳光照射后，她昏迷过去了，不久，变成了一条小白龙。

后来，不断经受着阳光的照射，小白龙变成了一条小白蛇游弋在峨眉山山水水中。就是这条美丽奇特的小白蛇，在这驰名遐迩的峨眉山地区，演绎出一个传奇故事。

话说巍峨秀丽的峨眉山麓有个许家湾，这里三面背倚峨眉山，一面紧临峨眉河水，风景美丽迷人。许家湾住了一个姓许名端的员外，家大业大，别说大峨山（峨眉山）有他的万顷山地，就是二峨山、三峨山、四峨山三座山上也有他的祖传房产、山林、田庄。许员外乐善好施，方圆几十里的穷人没有一户不得到他家益处的，因而，穷人们称其为"许善人"。

许善人常说："人生最大的欣慰是布施。"因此尽管他施舍了许多钱、物后，良田渐渐稀少下来，可善心不改，一如既往。他不但乐施，而且乐于放生，经常将一些黄鳝、鱼鳅一笼一笼地从那些快要送餐馆的鱼贩子手中买下，然后拿到人们不易去的峨眉深山"放生沱"放生。

有一天许善人刚从那峨山"放生沱"放生归家，忽听屋后坡上人声鼎沸，喊声震天，便立刻走出大门，循声望去，只看到那山坡上围着好大一群人，倍觉稀奇，就直奔前去，想看个究竟。山坡上人围得里三层、外三层，有的拿扁担，有的拿木棍，只听得"打死它，打死它"的呐喊声。

"为何如此喧嚣？"许员外问。

"杖打白蟒蛇。"一个老妇答道。

"善哉，善哉，白蟒蛇也是一条生命，何故诛之？"许善人一听说杀生，面带忧色。

站立在老妇周围的人一听是许善人的声音，便都转身瞧他，自觉地让出一条道来。

不看则罢，一看吃惊不小。嘿，这哪里似一般的蟒蛇？它头似猴，角似鹿，眼似兔，耳似牛，项似蛇，腹似蜃，鳞似鲤，爪似鹰，掌似虎，完全像传说中的"九似"。可仔细一看，心立刻凉了。

原来,这蟒蛇吃了人们的庄稼,它的脚爪、耳朵都被打得不成样子了,像一根巨大的干黄鳝(地方语,即蛇)。这干黄鳝被打得悲惨,全身颤动,但两眼有光,仰头看着许善人,似有泪珠。许善人见此情景心疼得几乎要哭了,朝那些拿着棍棒的人喊道:

"行善积德,胜造七级浮屠,宽恕这条生命吧!"

"吃了我多少苕藤啊!""吃了我好多苞谷啊!""吃了我好多蔬菜啊!""吃了我好多黄豆啊!""吃了我好多爬山豆啊!"众人不依不饶。

"赔,我统统赔。阿弥陀佛!"说毕,他双手合十,连声祷告。(导游做出样子,惹笑)

许善人对干黄鳝说道:"去吧,回到湖里去吧,农家稼穑艰难,以后莫再伤农。"说也奇怪,这条干黄鳝好像懂话似的,不再颤抖,不再畏惧,蠕动着身子朝湖中爬去,还不时回头朝许善人望望,好像有话要说。但毕竟人蛇相隔,终不甚了了。

人们为生活所迫,大都要求按秋后收获的粮食折算。算来算去,赔里赔外,许员外的家产都赔光了。

各位仙家,这才演绎出一段人蛇相恋的千古佳话。

下集节目预告:白蛇遇恩师,赤龙训白龙。欲知详情,请听下回分解。咱们到赤龙洞前再说。

● 第一山亭

各位团友,这里是"中国第一山"铜亭。请注意,财神到!嫦娥要发奖了!请听题:此亭为什么叫第一山亭?(有观众回答)朋友,别忙,先听讲,后回答。

此亭通高 16.1 米,是目前全国最高的铜亭。整个铜亭飞檐翘壁,设计之巧、构筑之精、雕刻之美,实属罕见。请看上面的对联:昆仑伯仲高出五岳;震旦第一秀甲天下。此为沈鹏手书。横匾"第一山"是米芾手书。

右边对联"天真皇人论道之地,楚狂接舆隐逸之乡",此为一壶山人周德华所书。横匾"皇人之山"由涪翁黄庭坚所书。左则对联"不独峨眉幻银色,从教大地变黄金"为古岳山房华人德所书,横匾"大光明山"由赵朴初手书。后方对联"一峰插入三辰上,万里眺之五岳卑"由曹宝麟手书,横匾"峨眉山"为王羲之书法。全是大家,可谓名人荟萃,书法集锦。

亭中间屹立着一座全铜铸造的标志物,高 2.5 米,宽 2 米,为"水浮莲花托起的晶莹宝石"。整个标志物分上下三层:宝石、莲花和基座。宝石为水晶,内含铜铸"世界遗产"和"国家级风景名胜区"标志,晶莹透明,璀璨多姿。莲花与基座均为铜铸,6 个莲花瓣上雕有峨眉山著名的新旧景观,分别为生态灵猴、四面十方普贤、双桥清音、秀甲天下、九老仙府、万年寺。基座图案则以峨眉山的自然和人文为内容,凸起部分选取了海瑞开凿第一大佛、宋太宗赐金像普贤、轩辕受道天真皇人、蒲公追鹿显真身、宝掌点化造祖殿、李白歌咏峨眉月、楚狂接舆求仙迹7个人文故事。凹进部分则以峨眉山的自然资源为内容，主要有桫椤、灵猴、桢楠等。整个标志物标榜了大自然的恩赐和历代在峨眉山有影响的名人，从而造就了这颗"世界之星"。亭柱内四侧雕有生态猴区、象池夜月、九老仙府、洪椿晓雨、金顶祥光、双桥清音、白水秋风、瑜伽幽境著名景观图8幅。"第一山亭"对峨眉山的传统文化进行了诠释，对峨眉山的游山赏景进行了指点，文化内容丰富，寓意深远。

现在请回答：此亭为什么叫第一山亭？这几个朋友回答得都有些对，但都不够全面，正确答案有3点：一是目前全国最高的铜亭；二是此亭有汉代至今中国著名八大名家的书法；三是亭小文化大，此亭对峨眉山的传统文化进行了诠释，对峨眉山的游山赏景进行了指点，其文化内容丰富，寓意深远，全国独有。看来此份奖品嫦娥独享了。

穿过中国第一山铜亭，现在映入眼帘的是古今峨眉山图，宽8.5米，高7.5米，为纯铜铸造。左边是明代峨眉山图，右边是现在的峨眉山图，这也是目前为止全国最大的一个铜雕景区图。

● 儒释道文化长廊

徒步走过铜雕景区图，前边是峨眉山儒释道文化长廊，它从不同侧面来传承和弘扬中国的传统文化，并挖掘峨眉山的历史价值，彰显魅力，以突出其"中国第一山"的文化内涵。

儒释道文化长廊共分四部分：分别是三行道、儒释道、峨眉武术和山灵水秀。三行道指儒释道三教门人先后来山求道之逸事。儒释道则以三教融合、"天人和谐"的思想来展示峨眉山三教的历史与发展。峨眉山武术从武术和天地精气的角度凸显三教的文化。山灵水秀主要以摄影的形式展现峨眉山新老历史的进程。

● 峨眉山博物馆

地处峨眉山山麓的峨眉山博物馆是全国旅游风景区首屈一指的名山综合性博物馆，2003年申报"全国博物馆十大陈列展览精品"，以四川省第一名进入"全国十大陈列展览精品"参评行列。它是峨眉山文化与自然遗产的缩影。请各位朋友进入里面参观，有讲解员为大家提供专业的讲解。

● 凤堡钟亭

"凤堡钟亭"可以用"堡上一亭，亭下一钟"来概括。我身后这座小山是凤凰堡，它遥对凤凰坪，左挽来风亭，右倚凤凰湖，隐蔽在苍楠、翠柏、香樟、古榕丛中，与周围景色和谐地融为一体。亭子正面的檐上用汉白玉雕刻的"圣积晚钟"四字，为原中国人民解放军艺术学院院长魏传统的手书，书法遒劲有力。

佛教认为钟声可以"警醒顽愚"，听见钟声可以自我反省，检讨自己的过失，规正自己的行为。所以，寺里的钟颇有讲究。这口铜钟便是峨眉山的佼佼者，被誉为"巴蜀钟王"，谭钟岳在诗中深有感触地写道："晚钟轻撞一声声，古寺犹传圣积名。纵说仙凡殊品格，也应入耳觉清新。"

圣积晚钟最先是悬挂在峨眉县城南的圣积寺内。圣积寺创建于公元14世纪末，高僧宗宝、东明、鉴灯、卓锡曾为住持，声名远播。公元1535年，僧人别传拜宗宝为师，并于公元1564年在四川江阳（今富顺、泸州一带）等地募造此钟。钟重达12.5吨，通高2.6米，腹径2.2米，唇厚10厘米，唇似荷叶形，有十二瓣，向外微张，每瓣上分别刻有十二地支，故此钟又称"莲花钟"或"八卦钟"。钟体内外密密麻麻刻的是自公元281年到1555年的1 274年间，曾经支持佛教发展的帝王、文武官员和资助铸钟的高僧名讳及善男信女的名字，以及《阿含经》文和钟铭佛偈共6万余字，是研究中国佛教史的可贵物证，已列为乐山市级文物保护单位。

好了，欣赏完了"圣积晚钟"，我们要去参观的是具有"名山起点"之称的报国寺。

● 报国寺

各位元首，嫦娥现在向您播报峨眉"十全十美"之旅的第8个单元"八大著名寺庙"，我身后这座楠木蔽空、红墙围绕的寺庙便是被冯玉祥将军称为"名山起点"的报国寺。

（故作惊讶）报告总统，您说得对，峨眉"十全十美"的第4、5、6、7单元还没体验，怎么就到了第8个单元呢？因为呀第4单元的四大世界奇观（日出、云海、佛光、圣灯）在金顶，第5单元的五大生态亮点，第6单元的六大圣山特色，第7单元的七项旅游项目，均在后面的游程中，所以嫦娥就先让阁下体验第8个单元了。

报国寺系峨眉山八大寺庙之一，它的历史并不长，仅仅只有400年，创建时不叫"报国寺"，原址也不在这里，这是怎么回事呢？

团友们，请注意了！这正是今天财富之旅的又一次机遇。

这与一位号明光的道人有关。明光原是一介儒生，因不愿入仕，乃弃儒从道，在修道期，精研道学和佛学。大家都知道，峨眉山经历从儒至道至佛这么一段过程，当时，各教派之间为争夺峨眉山这块宝地经常发生冲突，几经械斗，这与儒释道的教理是违背的。于是明光道人为调解三教之间的矛盾，提出了"三教一宗，同归报国"，很得当朝赏识和教友支持，于明万历四十三年（1615），在伏虎寺右侧的狮子山麓创建"会宗堂"，取儒、释、道三教会宗之意。会宗堂非寺非观，殿宇三重，按山门、会宗堂、藏经楼为序，瑜伽河绕于前，虎溪河流于后。堂中供释迦牟尼大弟子普贤大士、道教创始人的化身广成子、被儒生尊崇为儒家代表的楚狂陆通的牌位，以符合三教原不塑像的教义。到了清顺治九年（1652），当时的住持闻达禅师见佛事日兴,想扩大寺庙,而原址地形狭隘不适宜扩建,于是便迁到今天所在的这个位置。这个地方选得真好,大家看,它坐西向东,后倚凤凰坪,前对凤凰堡,左濒凤凰湖,右挽来凤亭,朝迎旭日,晚送落霞,恰似一只展翅欲飞的金凤凰。寺周这些古老的楠树是当年闻达禅师建寺亲手栽种的,和这寺庙一样,也有400岁的年龄了,风采依旧,而当年的闻达禅师早已作古,唯有这古庙与老树无言相对,静静地体悟故人的悠悠情怀。

各位团友,请回答:报国寺名称的来由。

感谢这位朋友,您回答得完全正确,嫦娥把代表着智慧和财富的奖品送给您。

大家看,门前这对石狮,雕刻于明代,造型生动,威武地守护着这名山宝刹。两只狮子外表看似一样,其实有个不同之处,大家能看出来吗?对,这只狮子脚下踩着一个圆球,表示这是只雄狮;这身下伏着一只小狮子,当然是一只母狮了。以后大家要是看到哪座建筑门口蹲着两只威武的狮子,就知道它们的公母了。

这便是我刚才所说的"古慈佛院"的石碑,高3米,宽1.4米,是明代剑南道参议高任重题刻的碑铭。寺外墙壁上有"南无阿弥陀佛",其中"南无"二字是梵语,意思是"向……致敬","南无阿弥陀佛"就是"向阿弥陀佛致敬!"

山门上这3个金光闪闪的大字"报国寺"是康熙皇帝于康熙四十一年(1702)来峨眉山时,根据《释氏要览》四报中的"报国主恩"之意题写的,一直沿用至今。

横匾"普照禅林"和"普放光明"同是一个意思,佛教称峨眉山为"大光明山",昼有神奇的佛光出现,夜有万盏圣灯来朝,全峨眉山都被光明普照。右边"鹤驻云归",意为鹤停下了,云归山岫,喻指清凉境地,含有道家韵味。佛家和道家的横额挂在一起,佛道并存,可见古人早已步入和谐之境界,现在从中仍可以看出"会宗堂"当年的影子。峨眉山上还有许多道家的遗迹,纯阳殿、仙峰寺、九老洞等告诉我们道教在峨眉山曾有的辉煌。

报国寺的现有建筑是1866年重建的,是典型的庭院式建筑,整个寺院依山就势,逐级升高,依次是弥勒殿、大雄宝殿、七佛殿和普贤殿。

现在请大家跟随我的脚步跨进这不二法门,注意不要从中间走,那可是"空门"哦,我们不可能遁入空门吧!

进入山门,左边壁上这副百字长联是1982年刘君照撰写的,概述了"峨眉十景"及一些历史掌故,堪与洪椿坪那副著名的"双百字联"媲美;右侧是峨眉山导游图,系名画家赵蕴玉先生绘制。

迎面第一殿是弥勒殿。"宝相庄严"四字为已故的原佛教协会会长赵朴初于1983年所书,他在峨眉山留下了许多珍贵的墨宝,为佛教事业作出许多贡献。弥勒殿供奉的当然是弥勒菩萨。作为菩萨,他的地位仅次于佛,佛经上说,佛祖释迦牟尼佛灭度五十六亿七千万年后，弥勒才会重降人间，在龙华树下成佛，传经说法，普度众生，所以弥勒菩萨被称为"未来佛"。弥勒作为当事的菩萨和未来的佛，在我国佛教史上具有极大的影响力，弥勒的形象也多种多样，但最流行的当属汉化的布袋和尚形象。

在我们的印象中，佛像都是庄严肃穆的，为什么弥勒佛会是这样一副形象呢？相传五代后梁时期，浙江奉化出了一位奇怪的僧人，名契此，他常用竹杖挑着一个大布袋，四处化缘乞食以周济穷人。他身体肥胖，袒露胸腹，言行举止怪异，被人们称为"布袋和尚"，他的行为引起了人们的普遍关注和极大兴趣，由此名动一方。公元916年，他在浙江奉化岳林寺圆寂，圆寂前留下一首《辞世偈》"弥勒真弥勒，分身千百亿。时时示世人，世人自不识"。人们恍然大悟，于是认定布袋和尚就是弥勒菩萨的化身，以后就将他的形象塑像供奉于寺中，接受信徒的香火朝拜。所以今天我们看到的弥勒佛就是这种笑容可掬的形象。

各位团友，听了上面的讲解请回答：菩萨和佛谁的地位高些？

恭喜这位朋友，您回答得完全正确，佛比菩萨的地位高些。嫦娥把代表着智慧和财富的礼品券送给您。

看这副对联："看他蟠腹欢颜却原是菩萨化相，愿你清心涤滤好去睹金顶祥光。"此联系遍能大师所撰，四川书法家方滨生于1979年书。上联生动地描绘了弥勒佛的形象，下联的意思是愿所有游山的人放下心中一切顾虑，一心一意，登上金顶去看佛光。所以在这里我请大家不要辜负弥勒佛的期望。在寺庙建筑中有个讲究，寺庙的第一殿或大雄宝殿前一殿，一定供奉的是弥勒菩萨。为什么呢？意思是想告诉你：想学佛吗？要像我这样有宽大的胸怀、气度。这是小女最喜欢的一副对联："开口便笑，笑古笑今，凡事付诸一笑；大肚能容，容天容地，于人无所不容。"此联系1990年果春大师所书。我们从中受到了什么启示呢？

这后面供的是寺院的护法神韦驮站像，韦驮又叫韦琨、韦驮天，是南方增长天王手下的八将之一。他背对山门面向大雄宝殿，身着甲胄，手握金刚杵，全副武装，威风凛凛。佛教传说释迦牟尼佛灭度后，有个"捷疾鬼"突然偷走佛的两颗舍利子，韦驮发现后，拼命追赶，最终抓住窃贼，夺回了舍利子，从此韦驮从众多护法神中脱颖而出，担当起保护佛祖舍利的重任。因此，在佛寺禅院的布局中，只要有大雄宝殿，就一定有韦驮护法神，而且必定站在与之相对的地方，一般在大雄宝殿前一殿的殿后。另外，韦驮手拿金刚杵的姿势很有讲究，如果是双手合十，两手腕中横置金刚杵，表示此寺是接待游方僧众的寺庙；如果是手握金刚杵触地，另一只手叉腰，则表示此寺为不接待游方僧众的寺庙。其实这两种手势并没有什么经典依据，而是佛教徒的创造发明，拿来作为寺庙接待工作的一个标志也无伤大体。以后到其他寺庙参观时，大家可留意是不是如此。

见过弥勒佛和韦驮后，嫦娥要问两个问题，发两张奖券。

第一个问题：弥勒佛和韦驮的表情相同吗？差别在哪里？

标准答案：表情不相同，弥勒佛嬉笑，韦驮威严。

第二个问题：弥勒佛和韦驮在寺里各分管什么工作？

标准答案：弥勒佛迎客，韦驮管财务。

第三个问题：弥勒佛和韦驮原来在寺里各分管什么工作？

标准答案：韦驮迎客，弥勒佛管财务。

第四个问题：弥勒佛和韦驮的工作为什么互换了啊？

标准答案：因为原来的分工，不是人尽其才。弥勒佛爱笑，同情心强，原则性差，但不善理财。他管财务搞得入不敷出，账目搞得乱七八糟。韦驮原则性强，铁面无私，六亲不认，理财一清二楚，量入为出，但脸难看，事难办，前门迎客，令香客望而生畏。

佛祖释迦牟尼根据年终考评意见，根据他们的性格与特长将他们的工作予以对调。对调后，弥勒佛笑盈盈迎客，香客都愿意看、愿意来。韦驮把寺庙的财政管理得井井有条，坚决按照预算和领导的批示开源节流，所以出现了报国寺如今的欣欣向荣、神泰僧安。团友中的领导同志，此时此刻在人事安排的量才使用、人尽其才、物尽其用方面受到启迪了吗？

（对答对问题的游客发奖券，对未答对问题的游客安抚）

第二殿为大雄宝殿，"大雄宝殿"四字为光绪戊戌年的黄云鹄所书。"大雄"是唯大唯雄、大无畏的意思。佛教中认为只有佛祖才称得上是大无畏的圣人，因此寺庙里的大雄宝殿用来供奉佛祖释迦牟尼。殿内供奉的是释迦牟尼的"三身佛"铜佛像，彩绘金身，每尊通高3.85米，为明嘉靖甲午年（1534）别传和尚募化铸造。中间这尊当然是释迦牟尼佛，左为圆满报身佛，右为毗卢遮那佛。大家可能奇怪他们胸前怎么会有"卐"符号，是不是有些眼熟，像纳粹标志？不过方向不一样，纳粹标志是倾斜的，带给人们的是灾难与黑暗。这种标记，唐时的武则天将其定音为"万"，意思是太阳光芒四射或燃烧的火，后来作为佛教吉祥的标记，以表示吉祥万德。殿内左右壁龛内供有十八罗汉彩绘金身塑像，形象各异，神态生动，代表着我们的喜怒哀乐、悲欢离合。

我们来欣赏这副对联："秋月朗清空，五夜山风狮子吼；菩萨开觉路，千年花雨象王宫。"意思是说万籁俱寂的深夜，峨眉山月银光四溢，阵阵山风恰似佛祖发出的洪亮声音，普贤菩萨向四众弟子传经说法，讲得天花乱坠，妙不可言。释迦牟尼佛的左边供奉的是文殊菩萨，是智慧的化身；右边是地藏菩萨，是愿望的化身，其最大的愿望是"地狱不空，誓不成佛"。

殿后供的是"观世音菩萨"。"观世音"意为观照世间众生痛苦中称观音名号的慈悲之声，也就是说如果他听到有人因痛苦念其名号，就会立即循声去解救，他的道场在浙江普陀山。观音菩萨有时也被人们叫作"观世音菩萨"，两者没有多大区别，"观世音"是"观音"的全称，在唐朝以前一直叫"观世音"，后因避李世民的讳，人们在叫"观世音"时将"世"字去掉，一直叫到今天。讲到这里，也许有人要问："观音菩萨是女的还是男的？"这个问题问得好，其实观音菩萨是男身女相。在印度佛经中被称为"善男子"，印度和中国的早期造像中，他的形象都是长有胡须的男子像。观音菩萨慈悲为怀，救苦救难，人们喜欢把他请到家里供奉，但封建社会的传统礼教不允许女人整天面对一个男人叩拜，于是慢慢将观音菩萨塑成了女像。根据佛教的教理，菩萨法身大士，无所谓男性女性，但事实上无论是佛经还是世俗社会都喜欢让他随顺世间。所以今天我们所见到的观音菩萨都是女性形象，面目清秀，慈祥端庄，高贵典雅。现在嫦娥重复一下前面那位朋友提的问题："观音菩萨是女的还是男的？请抢答。"

请这位朋友回答。

（答对了发礼品券；答错了，导游说：看来这位朋友上学时纯属一个爱思索、不爱听讲的学生。正确答案是：观音菩萨是男身女相。）

这里有个话外题。在我们中国有一个伟人也是男身女相，请问他是谁？（正确答案：毛泽东。对答对问题的游客发奖券，对未答对问题的游客安抚。）

登上石阶便是第三殿七佛殿。我认为七佛殿是报国寺中最有价值、也是最有看头的一殿。这殿内有四个特别之处：

第一个特点，我们来看看这七尊大佛，中间的这一尊是释迦牟尼佛，其余六尊都是过去佛，各位猜得到七尊佛大约有多重吗？大家都猜错了！这些庞然大物，看似千斤，其实每尊只有十三公斤左右重，一个人用双手就能轻轻抱起，相信吗？不相信！我告诉大家这其中的奥秘吧！这种佛像的塑造工艺叫"脱纱塑造"，也就是先塑好坯模，在坯模上涂上漆，再用绸料一层层敷上，待干后脱去坯模，然后彩绘。这种造像方法具有体轻、防潮、防虫、不裂缝，且保存时间久的特点，反映了我国古代塑造艺术的精湛。

七尊佛皆盘腿，坐莲台，体态匀称，庄严肃穆，远看没什么区别。近看，细细审视表情各有变化，惟妙惟肖，从右往左依次为南无拘留孙佛、南无拘那含牟尼佛、南无迦叶佛、南无毗舍佛、南无尸弃佛、南无毗婆尸佛。注意每尊佛像的手势各不相同，佛教称为"印相"。看佛祖，右手举至胸前，拇指与中指相捻，其余三指自然舒展，这叫"说法印"；其余六尊佛的双手，仰放于腹前，右手置于左手上，两拇指的指端相接，这种手印表示"禅思"，使心安定，叫"法界定印"。体态、手势和面部表情，体现了佛主的智慧、人格、道德皆完美无缺、至高无上。

有朋友问，七佛莲座下的小鬼是什么意思？

有两种解释：其一，莲台又称"金刚座"或"须弥座"，意思是佛的法座像须弥山那样高大、坚实；座下塑造的"金刚力士"，肌肉发达，面部狰狞，对邪恶起震慑作用。其二，是释迦牟尼佛度"六道"时，拯救出来的饿鬼，为了报佛恩，都蹲在金刚座下，听经护座。

第二个特点，请各位抬头往上看，七佛顶上左右两匾"一合相，两足尊"，实际是一副对联，这是峨眉山中最早、最短的佛寺楹联，内容比较费解。这里的相是通假字，通"像"，佛家认为世界是由若干微尘聚合而成的一种现象，称之为一合相；"两足尊"中的"两足"，是指智足与慧足，佛家说，达到智慧两足的思想境界，即成为人们所敬仰的佛（圣人）。

第三个特点，请往左看，壁上挂有"七佛偈"木屏四条，是珍贵文物，乃我国北宋诗人、书法家黄庭坚所书。

第四个特点，请看左边，"吟翠楼"的门上方悬挂着（加重语气）蒋介石1935年在峨眉山办陆军军官训练团所题的"精忠报国"横匾。此处的"报国"是蒋中正先生的哪一种"报国"之心呢？不得而知。

七佛殿后，是一幅以观音为主的壁塑图，结合民间故事、民俗文化，塑造了一组群像。上有四大天王、金童玉女，两旁有赵子龙、关云长，还有罗汉伏虎、蒲公采药、唐僧师徒取经像、药师佛等，这一幅高大的组合图，称为《海岛观音壁塑图》。

回过头来往上看，我们一起去参观报国寺最后一殿普贤殿。普贤殿供奉普贤菩萨，普贤是普遍贤善的意思，因其广修"十大行愿"，又称"大行愿王"。"愿"是理想，"行"是实践。在中国四大佛教名山中，峨眉山是普贤菩萨的道场。什么是道场？道场就是佛或者菩萨固定说法的场所（地方），所以将他供奉于最后一殿。"朝拜峨眉山，全家保平安"、"事业有成，拜普贤"，普贤的含义为普及佛教所宣传的普遍行善德，他与文殊的智德、证德相对应，与释迦牟尼佛的左右胁侍合称"华严三圣"。

此时嫦娥要发奖品给智者，请问：什么是道场？（正确答案：道场就是佛或者菩萨固定说法的场所。对答对问题的游客发奖券，对未答对问题的游客安抚。）

好了！报国寺的四重殿我们游完了，怎么样？没被深奥难懂的佛教知识搞晕吧？俗话说：外行看热闹，内行看门道。如果不了解这些，这一座座寺庙对我们来说只是简单的一座建筑物而已，其实每一座都有它存在的缘由，每一尊佛像都有讲不完的故事，2 000多年的佛教史积淀了多少丰富的佛教文化，接近它、了解它、理解它，沐浴佛的慈悲，您会感到无穷的乐趣，不知不觉中烦恼与无奈统统离您而去。

下面，我们顺着右边的石阶出去。这是峨眉山佛教协会与峨眉山佛学院的所在地,门下一联"雪涛眉下涌,云海望中收",系郭沫若先生诗句,张爱萍将军书。这里有两棵国家一级保护植物"桫椤",是峨眉山最古老的蕨类植物,是距今约三亿八千多年前中生代侏罗纪时留存下来唯一木本蕨类,是与恐龙同时代的植物,被称为"活化石"。

现在我们看到的这个亭子是弄月亭,也称待月亭。弄月亭,取自李白诗句"归时还弄峨眉月"之意,亭旁有古梧数株,故有"梧亭待月"一景。原亭下有一池,名弄月池,记得小时候来报国寺,殿堂游完了,也累了,坐于这亭下,看着鱼儿在清澈的池中游来游去,自由自在,好不惬意。可惜,今天的弄月池已被这冰凉的水泥填筑,漂亮的花岗石却怎么也不能和一汪池水相比,弄月池死了,只留下这孤独的亭子还在寂寥地守候,昔日的美景哪里去寻找,只能在残留的记忆里体味"梧亭待月"的意境了。奖金来了,请问此亭名字的来由?(正确答案:取自李白"归时还弄峨眉月"诗意。对答对问题的游客发奖券并示庆贺,对未答对问题的游客安抚。)

在出报国寺前,请停留一下脚步,以免留遗憾,因为我们还有一件宝物没看。大家看寺庙的右面是钟楼,楼上悬一横额"金钟";与钟楼相对称的寺门左面是鼓楼,楼上悬一横额"法鼓"。一般来说,较大的寺庙于进门两边都设有钟楼、鼓楼,早晨先钟后鼓,晚上先鼓后钟,因此"晨钟暮鼓"也是寺庙的一大特色。好了!言归正传,我们来看鼓楼这通碑刻——《汉甘陵相尚府君之碑》,碑高1.6米,宽1米,正文刻隶书528字,碑额刻篆文"汉甘陵相尚府君之碑"9字。此碑1922年出土于河南洛阳城北张家羊村北陵,1942年,何遂以初拓本传刻于此。据章太炎、王国维等名家考证,原碑系汉建和二年(148)遗物,为汉隶之中佳品。此碑虽属传刻,但与原碑相比不损丝毫,仍不失其艺术价值。碑背面刻有"国家至上"4字,为(加重语气)白崇禧1944年书刻。

好了,出报国寺前嫦娥还要发奖品给智者,请问:报国寺内有两件国民党要员的文化作品,请问他们的名字分别是什么?(正确答案:蒋介石、白崇禧。对答对问题的游客发奖券,对未答对问题的游客安抚。)

我们终于可以没有遗憾地走出报国寺了。

● 珍稀植物园

各位元首,嫦娥现在向您播报的是峨眉山"十全十美"之旅的第5单元,五名生态人文之一的名花异草。

峨眉山终年常绿,从山麓到山顶可分为亚热带、温带及亚寒带气候,素有"一山有四季,十里不同天"的说法,山顶与山脚的平均温差为14℃,加之低云、多雾、雨量充沛,它既是琼花瑶草的王国,又是珍禽异兽的乐园,景区植被覆盖率达90%。全山有5 000多种植物,高等植物就有3 200多种,相当于欧洲植物种类的总和,占中国植物物种总数的 1/10，占四川省植物物种总数的 1/3，其中以"峨眉"为词头的物种多达 100 余种，是名副其实的"植物王国"。特别种属有距今 1 亿多年到 7 000 万年的孑遗植物，有著名的桫椤，大家都知道它是与恐龙同时代的植物；还有珙桐，又名鸽子树，每年 4 月花开时节，远望如群鸽栖树，非常漂亮。据说，美国白宫外的珙桐树便是从峨眉山移栽的，所以它又是和平的使者。另外还有洪椿、银杏、连香树等珍稀树种，大家可以在这座园中找到它们的身影。如此众多的植物不仅给峨眉山染上了秀色，而且还给各类野生动物提供了繁衍生息的乐园，全山共有 2 300 多种动物，其中珍稀特产物种和以峨眉山为模式产地的有 157 种，目前属首批国家列级保护的有 29 种，占全国保护动物总数的 12.08%，堪称当之无愧的"动物乐园"。

●来凤亭

在往报国寺、伏虎寺分岔路口挺立的这个亭子便是刚才讲到的"来凤亭"，因仰望凤凰坪、下临来凤桥而得名。横额"来凤亭"和两边的对联"亭空千霜月，水续万古流"，均为前全国人大副委员长胡厥文书。

●白蛇拜师地（原赤龙洞）

各位元首，上回说到放生湖许员外将遍体鳞伤的大蟒蛇放生。现在咱们接着往下说，3 天后，怪事出现了，突然刮起一阵猛烈的赤色狂风，将这巨大的白蛇从水里卷上了空中，那白蟒蛇不多时飘落在峨眉山中的一个大洞前。这个洞就是赤龙洞，也正是我们眼前的这一山洞。

大蟒蛇乃是昏昏沉沉地着地，抬头只见一赤发、赤眉、赤色美髯公伫立于洞中，朗声说道："自你落难之时，就是修炼之始。待我普度你来修炼，如何？"原来这赤色美髯公乃是峨眉山上的赤蛇大仙官。在凡间，一切生物，都可被他引去潜修成仙。

峨眉山上大大小小 108 个洞，好些洞内都有动物被他引去苦修精炼而成仙升天的。有的早已升天而去，有的正在苦修苦炼。有赤蛇大仙官荐度，何乐而不为！于是，大白蛇朝大仙官点头七下，虔诚应诺。

大仙官看它有诚意，便向它洒了七点魔水，拂尘一挥，大白蛇变小了，然后随仙官游进洞去，左转右转，被指定在第七十二仙床修炼。

这一炼炼出了一段正义与邪恶的辩证观，炼出了一段人蛇相爱，惊天地、泣鬼神，名扬华夏五千年的传奇故事。下集故事梗概：白青二蛇相斗，美女智胜色狼。详情如何，权且按下不表，咱们在清音湖再说。

●伏虎寺

各位元首，现在嫦娥向您播报的是峨眉山"十全十美"之旅的第 8 单元八大著名寺庙之一伏虎寺。

我们远远看见的这座木牌坊，坊上有"伏虎寺"3 字，穿过牌坊后，就表示我们已进入伏虎寺景区。这一路，蜿蜒曲折，让我们一起来感觉一下"曲径通幽处，禅房花木深"的意境。当连过"虎浴、虎溪、虎啸"三道廊桥后，我们就会看到第二座牌坊"布金林"。这是当年贯之和尚徒弟寂玩上人率徒栽植的树林，其按《法华经》字数，一字一株，年复一年，日复一日，经过十多年时间，共种植了195 048株杉、楠、柏树，苍楠翠柏，禽鸟和鸣，后世僧人誉之为"布金林"，后人为纪念他们的功德，修建了"布金林"坊，并用金粉将"布金林"三字书于木坊之上，非常醒目。它与牛心寺的"旃檀林"、白龙洞的"功德林"并称为峨眉山的三大园林。

布金有二意：一见《阿弥陀经》："彼佛国土，黄金为地"；二是引自佛经故事中祇陀太子与居士给孤共建祇园精舍的故事。相传在古代舍卫国，有位名叫给孤独的长者，他想请释迦牟尼讲法，但无清静禅院，便同祇陀王子商量，想借他的静林一用。王子欲不允，又恐长者不满，便为难他说："你只要用金子把林子布满，我便卖给你。"长者于是四处化缘，将化来的金子拿去布林，王子眼看林子快布满了，就有些后悔，便改变主意说："我也是行善信佛之人，不必再布，我把这片林子的土地捐赠给你。"给孤独长者欣然同意，就给此园取名为"给孤独园"。布金林的名字就是这么来的。

穿过布金林坊，便到伏虎寺。"伏虎寺"其实应叫"虎溪清舍"，它也和其他寺庙一样，几易其名，经历了几次起起伏伏。据史料记载，伏虎寺建于晚唐，最先叫"龙神堂"。到了宋代取名"伏虎寺"，有两个原因：一是因寺后山形像卧着的老虎，故名伏虎寺；二是这一带因山深林密，常有恶虎为患，宋代僧人士性乃建尊胜幢以镇之，虎患乃息，遂建寺取名"伏虎寺"。那座尊胜幢是石塔，上刻经咒，立于虎溪之畔，自成一景。可惜，不知爱惜文物的人，把它拆掉了。到了明代崇祯年间，僧人供药师佛改名"药师殿"。清代顺治八年（1651）蜀中高僧贯之来朝山时，见寺宇败毁，乃率弟子可闻等门人在药师殿废址上重新建寺，取名"虎溪精舍"，又名"虎溪禅林"，而当地人仍习惯叫它"伏虎寺"。此寺殿堂高朗，金碧辉煌，禅堂斋所，客寮仓库，无不具备，成为峨眉山第一大刹。

伏虎寺高大的山门上，悬挂黑底金字巨匾"虎溪精舍"，原匾为近代高僧太虚法师所书，现在新匾为近代文人林锴所书。大门两侧枋上楹联是："圣迹渺难稽传有行僧曾伏虎；名山今焕彩更无羽士再乘龙。"这副联语浓缩了伏虎寺的历史事件和传奇故事，行僧是宋代建尊胜幢伏虎僧人，羽士是指汉代在山中修道、乘龙还乡的瞿君武。该联融佛、道故事于一联，非常有趣，它是当代已故著名高僧遍能大师撰写的。遍能大师曾任宝光寺和乌尤寺方丈，中国佛协常务理事，精于佛学，工于诗文，为峨眉山各大寺庙撰写的楹联甚多，给峨眉山佛教文化添了色彩。遍能大师才思敏捷，年轻时代在四川佛教界就已有名气。

从山门进去，第一殿是弥勒殿。弥勒佛端坐正中，分坐两旁的是威风凛凛、不可一世的四大天王，令人敬畏。它们手持法器，像是在向群魔百怪显示自己的神威。那手持琵琶者为东方持国天王，是主乐神，表明他要用音乐来使众生皈依佛门；手按宝剑者为南方增长天王，手握宝剑是为降伏邪恶、保护佛法、增长善良之意；手中缠龙者为西方广目天王，看到有人不信佛教，就用索捉来，使其皈依佛门；右手持伞者为北方多闻天王，常右手拿宝伞，左手握鼠，用以制服魔众，保护人民财富。据说它们神通广大，专镇四方妖魔，保佑八方平安。四大天王中最得意的是北方多闻天王，在印度古神话中他既是北方的守护神，又是财富之神，是一位"大财神爷"，故在四大天王中信徒最多；同时，传说一次他与敌人作战时，兵败逃于塔旁，塔搭救了他的性命，于是又出现一种托塔形象，因此又称"托塔天王"。

第二殿是普贤殿，中供普贤骑象。过去，在普贤两旁恭立着二十四诸天之像。诸天之貌，各不相同，表情不一，但它们都有一个共同的心愿，望世人皈依佛祖，来世都能去到西方极乐世界。殿后供阿弥陀佛立像。

伏虎寺的普贤殿高檐外，悬挂一道金字巨匾，上书"离垢园"3字。这3字是康熙皇帝御题，故伏虎寺又称"离垢园"。康熙为何赐名"离垢园"呢？原来人们站在寺后坡上，俯视寺宇，虽在密林之中，瓦上却不积落叶，可以说是干干净净，一尘不染，似乎远离尘垢。这种奇特的景象的形成，是因为寺庙处在群山环抱之中，山风吹过这里，产生环形气流，在屋瓦上旋转吹拂，便把落叶都吹走了。因而康熙对伏虎寺特别垂青，除赐经书外，还派人送寺里住持照裕诗一首："宿世金身杰，初因社白莲。瞻依神八万，接引路三千。果结菩提树，池分阿耨泉。无生能自悟，雨似散花天。"

第三殿是接引殿，供阿弥陀佛像。

最后一殿是大雄宝殿，此殿高大宏敞，为楠木所构，俗称楠木殿。殿高20米，面阔57米，进深20米，建筑面积1 200平方米，为山中最大殿堂。殿门有联："圣泽与天地同流，咸沾荫庇；我辈来仙山共祝，永荐馨香。"为当代江南老书法家韩秋岩书。

此殿全山无与伦比。中供释迦佛，右供卢舍那佛，左供毗卢遮那佛，两旁立着十八罗汉像。殿中巨柱12根，直径都在90厘米以上；柱上挂的凸形楹联，黑底金字；宫灯垂吊，幡帘悬挂，整个殿堂显得庄严肃穆。三尊佛像和十八罗汉是近年才修复的。这里的十八罗汉，生动多姿，喜怒哀乐忧怨愁各种表情，无不惟妙惟肖。大雄宝殿前侧是客堂，宽洁明亮，是寺僧接待宾朋的地方。壁上挂着书画，其中当代著名高僧隆莲（比丘尼）法师题赠伏虎寺住持常清大师的诗幅最引人注目，诗曰："一溪流水洗尘炎，难得山窗半日闲。猛虎毒龙亦俯首，和风甘雨遍人间。"

从大雄宝殿左侧穿出，我们去看看五百罗汉堂。眼前的罗汉堂，是1996年重建的，建筑规模大，巍峨雄伟，气势不减当年。当年罗汉堂前堂供着丈六金身的四面观音像，8只眼里都流露出悲天悯人的神采，两旁恭立着八十八佛像，神态一个比一个庄严，似在沉思默祷。后堂是五百罗汉像，阵容雄壮，呈露各式各样的表情，可以这么说：凡是世人的表情，都可以在这里见到，感兴趣的朋友可以数数，看看本年运气如何，您首先默认一个罗汉，然后按顺时针，数到和您周岁相同的那个罗汉停下，那个罗汉的表情就代表着你今年的表情和运程（接近年底时可说明明年的表情和运程）。若你理解不透可带上您数定菩萨的法号到××处请中国著名的××法师为您解读。

好了，现在我们往回走，出寺庙，在回去的路上还有一件文物值得一看。这座高大的塔亭守护着的便是元代的华严铜塔。塔为紫铜铸造，通高6米，分17层，上刻小佛像4 700尊，以及《华严经》文，故取名华严塔。经文字体工整，明晰可读。立塔结构严谨，铸工精细，是罕见的文物珍品，以高大精细和年代之久远而论，它是全国之最。按前人所记，此塔是元代至正年间由永川居士万华轩邀众捐资铸造。原放圣积寺内，圣积寺毁后便迁移到此，并专门修建了这座高亭来存放它。明代游人王日曾有赞塔之诗曰："一塔凌霄会万灵，经传大藏又分身。劫来不碍无边法，各显慈悲度世人。"

此诗道出了居士们铸塔的良苦用心。在冶炼水平为手工操作的元代，竟然造出如此精良的塔来，确是奇迹，令人惊叹。

接下来，我们看一处自然景观。这个水池是虎泉，传说以前为群虎饮水之处，泉边生长着的植物大家还认得吗？对！是桫椤树。

在伏虎寺的右边，有一个清幽宁静的小院，从里面不时传出琅琅的读书声。峨眉山佛学院尼众班就设在这里。峨眉山办佛学院历史较久，由于佛学院的兴办，峨眉山高僧辈出，尤为突出的是培养出了一批诗僧，写出许多诗篇，丰富了佛教文化。这些诗在风格上，恬淡清逸，文词清丽，意境深远，饱含禅机妙道，在巴蜀诗坛上，占有一席之地，影响很大。有的诗被收入《国朝全蜀诗钞》和《峨眉山志》。游人读后，不仅会加深对峨眉山历史文化的认识，还会获得高雅的文化享受。可惜，到了清末，丛林消散。民国十九年，峨眉山接引殿方丈圣钦大师为振兴峨眉佛教，提高僧人素质，重办峨眉山佛学院。1980年以来，峨眉山佛教协会招收了一批考察生，并于1991年又办起了峨眉山佛学院，课程有佛学、文学、政治、历史。在这里求学的还有外地生源，分尼众班和比丘班。比丘班设在中峰寺。

● 萝峰晴云

各位元首，现在嫦娥向您播报的是峨眉山"十全十美"之旅的第6单元六大圣山特色（雄、秀、险、神、奇、幻）的萝峰岭。萝峰岭是伏虎寺右侧的一座山峰，山虽不高，但因是峨眉平原第一峰，显得异常高峻。古时，山上树木密布，山后群峰相连，峡深水富，土壤潮湿，因而不论晴阴，常是云雾封岭。即使是红日当空，他山无云，此岭也是白云笼罩，经日不散。在阳光照耀下，时而如白绢覆岭，时而如碎玉铺盖，时而如堆棉叠絮，时而如晒盐积雪。在夏秋二季，若是晴天，站在远处向萝峰岭一望，它披巾戴帽；其他群山空翠净明，唯独它是别具一格。蓝天、白云、青山在萝峰岭上组成了一幅秀丽的画面，令人心宁神爽。还有一个奇景是，如果空中云朵飘浮于萝峰岭上空，或附近山上有云团移动时，这萝峰岭上的云雾，自会膨胀扩大，向浮云伸展，直到同其他云团连成一片为止。于是人们把这种景象誉为"萝峰晴云"，列为"峨眉山十景"之一。

● 善觉寺

各位元首，现在嫦娥向您播报的是峨眉山"十全十美"之旅的第8单元八大著名寺庙之一的善觉寺。善觉寺位于与伏虎寺相对的二坪山顶上，是一座幽静的小庙。上公路后，沿一条小坡道而上，一路草木葱茏，鸟唱蝉鸣，风景独好。传为天皇在那里授道于轩辕黄帝，故又名授道台。善觉寺原名降龙院，明代万历年间道德禅师修建，与伏虎寺遥相呼应。康熙皇帝根据佛经中"善哉！觉哉！"的意思，亲笔写了"善觉寺"三字赐予住持元亨禅师。聪明的元亨恍然大悟，于是速制一道九龙镶边的"善觉寺"金匾，悬挂在山门上。

好了，出善觉寺前嫦娥还要发奖品给智者。请问：善觉寺的寺名系何人所赐？（正确答案：康熙。给答对问题的游客发奖券，对未答对问题的游客语言安抚。）

● 雷音寺

各位元首，现在嫦娥向您播报的是峨眉山"十全十美"之旅的第8单元八大著名寺庙之一的雷音寺。雷音寺明嘉靖六年（1527）由无瑕禅师创建，清光绪十年（1884）重建。取"佛音说法，声如雷震"的意思，起名雷音寺。寺无山门，第一殿为弥勒殿，第二殿为大雄殿，加上两边厢房，构成一个天井。大雄殿后是观音殿，供千手千眼观世音菩萨。这尊观音像，高4.8米，胸前双手合十，其余千手并伸，成法轮状，庄严肃穆，别具风格。

● 纯阳殿

此殿玲珑古雅，后倚赤城山，前瞻金顶，可观晴云雨雾。殿前古楠银杏，遮天蔽日，即使酷暑盛夏，亦无炎热之感。此殿旧名吕仙行祠。所谓"行祠"用今天的话说，就是行宫，也可说成"别墅"。明万历十三年（1585）四川御史卫赫瀛创建，崇祯六年（1633）四川监察御史刘宗祥增修，改名为纯阳吕祖殿，殿内供八仙之一的吕洞宾。清初，道士绝迹，道教的纯阳殿由佛教的僧人接管，不过名称仍叫"纯阳殿"。山门上那副联语"起大愿云周法界，如普贤行悟菩提"，便是赞颂普贤的。

● 圣水阁

总统阁下，嫦娥现在向您汇报峨眉"十全十美"之旅的第 5 单元五名生态人文的名水篇章之圣水阁。

该阁明万历年末为"神水庵"，清初为"圣水阁"，也称"神水阁"。因阁下有一小池，泉水从山谷中溢出，名为"神水"、"玉液"。传能治病，远近闻名。1982年经专家鉴定，水中含有多种对人体有益的微量元素。1984年国家体委选定为 23 届奥运会我国运动员专用饮料，被国外称为"魔水"。1991 年获国产精品奖，1992 年获香港食品博览会金奖，享誉全球。

● 响水桥

总统阁下，嫦娥现在向您汇报峨眉"十全十美"之旅的第 5 单元五名生态人文的名水篇章之响水桥。

响水桥有一种奇怪的自然现象：有时候走在桥上便听到一种似海水澎湃的声音，从上方山谷中"嘀嘀……"而下，起伏如潮涌，由远而近，似夹卷狂风暴雨而至。人们疑为山洪暴涨，其实天气并无变化，没有下雨，桥下仍是涓涓细流，哪来山洪呢？两三分钟后，声音由大渐小，逐步恢复平静，当地人称这种声音为"山潮"。农民有谚语说："大潮之后有晴天，小潮过后雨绵绵。久久不潮必干旱，三潮三息是丰年。"明代峨眉进士高光作有《山潮赋》。朋友，倘您有缘有幸，可能能听到这种奇特的"山潮"。

● 中峰寺

各位元首，现在嫦娥向您播报的是峨眉山"十全十美"之旅的第 8 单元八大著名寺庙之一的中峰寺。中峰寺晋时为乾明观，为道教场所。晋末道衰佛盛，观中道士迎请佛教的明果大师住持，改观为中峰寺。中峰寺在呼应峰下，左有宝掌峰，右有白云峰，故名中峰寺。唐慧通禅师更名集云寺，宋仁宗时高僧茂真重修寺宇，为山中规模较大的寺院。绍兴年间叙州太守黄庭坚也曾来此寺"习静"。清康熙四十三年（1704）毁于大火，后虽重建，但仍不及原有规模。今有普贤殿、大雄殿，佛像庄严，一片净土。峨眉山佛学院比丘班设在这里，游人到此，常闻诵经之声响彻庭院。

● 龙门洞

这里便是峨眉山的入口处"龙门洞"。这一带的岩体是极为宝贵的地质标本。路边这块石碑，便是四川省人民政府于 1964 年 7 月令峨眉县人民政府把这一带划为"地质剖面保护点"而立的。这里谷底潭深水碧，古代传有龙居，两峰对峙俨如山门，岸边古洞遗存幽幽深深，故名龙门洞。

● 普贤船

这里公路下面河中心的那块巨大的奇石，长约 35 米，宽约 2.5 米，其形状酷似一艘航船，它便是"普贤船"。我们当地人把它唤作"石船子"。别看它其貌不扬，可是大有来历。传说当年普贤菩萨撑着这条满载佛经的船来到此地时，这里还是汪洋一片，普贤菩萨搬书上岸后，为不让海浪把船卷走，于是施展佛法，将船点化成此巨石，从此它便停泊在这仙山脚下了。明朝时期，曾有人在山崖上刻有"藏舟于壑"四个大字，便是说的这件事情。朋友们在此留下一张照片吧，普贤之光会令你的财富船装车载。

● 清音平湖

清音平湖占地 3 万多平方米，山水相连，声色俱美，曾是千古爱情悲剧《白蛇传》中白蛇与青蛇相遇之后斗法的地方，当地人又称"斗龙坝"，现在昔日的斗龙坝已被二龙斗出的一片碧波荡漾、五彩斑斓的清水所湮没。

上回在赤龙洞说到赤龙大仙收白蛇为徒，引出一段：白青二蛇相斗，美女智胜色狼。现在待我从头道来。话说白蟒蛇经过 3 000 年修炼功德圆满，修成人形，师傅给她取名白素贞，在毕业典礼上白素珍本该高高兴兴的，可她突然有了一条心思，脸上掠过一朵愁云。师傅详问其原因，她才说是要去寻找许员外报恩，但又不知许员外在何处。

师傅很理解白素贞知恩必报的情感，后在网上发帖征集，八方土地神知道后都受感动，他们纷纷查寻，终于查出许端早已病死，只有一后裔许仙现在峨眉山麓开药房。白素贞听说后马上凭借仙力飘然而下，很快到了峨眉山麓。这仙山山麓地域那么大，如何找得到许仙呢？

为了行事方便，她化成村姑模样，走到村口桥头问一老翁："请问老人家，许仙在何处开药店？"

"不曾闻听此人。"老翁拨浪鼓似地摇头。

白素贞又往前走了很远，看到一青年从山上走来，便上前打听，可这青年看了她几眼后，魂都丢了，白素贞宛若天仙，非同凡人，他竟然一见钟情。聪明的白素贞觉得不对劲，便没再等对方答话，巧妙脱身。

原来这青年是青蛇变的，在黑龙潭修炼成精。因她道法还没有白娘子高深，没有看出白素贞跟他是同类。见对方不理会，只好暂时作罢。

晚间，白素贞请来当地的土地神。土地神说："明天是峨眉山的朝山会，你到报国寺山门外去看，那儿有看杂耍的，在那庶民之中个子最高的便是。"

第二天，白素贞按照神灵指点去山门寻许仙。只见众多山人里三层外三层地正观看玩杂耍的，有头顶碗的，有钻火圈的，有口中吐纸条的，有一只手举起两个人的，煞是热闹。可是，白素贞哪有心思观赏，只顾两眼滴溜溜地寻人。

白素贞看到那西南角有一位独一无二的高人。一问，此人果然名叫许仙，仔细一看，竟不禁粲然一笑。原来他用箩筐叠起，踩在筐底上面，当然比众人高。许仙见一个陌生女子向他打听名姓，很不好意思，跳下箩筐就走。

原来，许仙在高桥旁边开了一药店，这天本来要进城买药，顺道逛了一会儿庙会。白素贞一打听，似乎提醒了他，故迅速走上大道，朝城里赶去。

白素贞跟着许仙走了一段路，见许仙老是躲着她，就摇身一变，变成本来的面貌拦着许仙的去路。

许仙是本分人，虽常年行医在外，见过些世面，但天生腼腆，为人憨厚，愚钝木讷，今见一位如此漂亮的娘子来挡道，惊为天人，羞涩间走得更快了，可白素贞报恩心切，怎能错过机会，急切之间便将来由和盘托出，问许仙有何难处，愿鼎力相助，在所不辞。（导游画外音：这等好事，千年难遇，这是可遇不可求啊！）

"恩惠不敢当，只是眼下黄湾地区瘟疫流行，百姓受灾，十分惨然。"许仙见白素贞如此说，且略懂医道，脸上多云转晴，连忙这般说道，"我上峨眉山采了草药，又去城里买了些官药，瘟疫病人病情虽有好转，但根难除，得赶快救民于水火，防疾病蔓延。"

"好吧，明天我们一道上山采药。我识得好些草药可以治瘟疫。"白娘子喜形于色地说道。能够为百姓治病，一者报恩，二者积德，不枉自己千年造化；另外，她还真有点喜欢上这个傻傻的许郎了。

"那，明日就在此地相见。"见到这漂亮的娘子如此通情达理，许仙对她也颇有好感。（导游画外音：谁不喜欢美女啊！）

"一言为定。"白娘子喜不自禁。

许仙进城买药，按下不提。

却说白素贞一人朝峨眉山走去，此时，奔波了半日，有些倦怠，待想找个道观歇息。突然一英俊小生拦住去路，正眼看时，却又是那位青年。

"我乃青儿，自那日一睹芳容，便难以忘怀，日夜思念。"青年嬉皮笑脸地说道，说话间便往上扑，欲动手动脚。

"放尊重些！我与你素无瓜葛，何故一再纠缠！"白素贞不胜娇嗔。

青儿说道："姐姐别误会，我只是想跟你说说知心话，请到我潭府一叙。"

"我要上山采药，没空。"白娘子说完径直朝山上走去。

"我陪你！"青儿说话时，扯住了白素贞。

不料青儿如此莽撞，白娘子真有点生气了，怒道："你要动手脚，本小姐可以奉陪。"

"打不赢我，就做我的妻子！"青儿口吐狂言，玩无赖把戏。

"败我手下，你就做我的奴婢。"白娘子还以颜色。

"一言为定，峨眉山做证！"青儿道。白娘子随即将药锄、药篓往草丛中一撂，准备应战，可青儿趁她放东西之机，扯了一根笔杆草变成一根七节钢鞭向她打来。白娘子听着风声不对，顺手折了一节树枝变成一根九节金鞭一迎，把青儿那钢鞭挡在 3 里之外。青儿徒手还击，见不能近身，便摇身一变，变化成一只青猴，飞快地去捡那根七节钢鞭，青儿以为有钢鞭在手就可轻易将白素贞制伏。

取罢归来，二人再战。白素贞愈战愈勇，金鞭上下翻飞，青儿佯装退却，白素贞看在眼中，不去追击，青儿赚个无趣，复上前使一个"回马鞭"，白素贞翻转腾挪，那钢鞭击在一块大石上，偌大的石头竟然晃了几晃。青儿回手再击，白素贞早已立在右边高处，用金鞭晃一下，轻轻击到青儿手臂上。青儿也是聪明人儿，明知是对方忠告，却佯作不知，将钢鞭直往白素贞的头上击去，白素贞往树后一躲，小青的钢鞭竟将一棵碗口粗的大树连根拔起，卷到空中。二人龙飞虎跳，你来我往，只见金光耀眼，银光闪烁，一时飞沙走石，云卷土飞，斗得昏天黑地。俩人不知施了多少法力，青儿渐渐气力不支，看看日落黄昏，只好卖个破绽，朝山下退却。

白素贞本想得饶人处且饶人，不再追击，但想到青儿三番五次，胡搅蛮缠，若不分个胜负，他怎会善罢甘休？便一路穷追猛打。

青儿以为白素贞不会真的追去，退得较慢，没成想正犹豫间，白娘子从半空中跃下，一鞭击中青儿左手。白素贞想让他右手去护，认输作罢。岂知青儿性子倔强，竟抖擞精神，卷土重来，一根钢鞭又像一条青蛇一样颤颤悠悠地直插过来。

白素贞不料青儿到这地步还能负痛还击，差点儿被他的钢鞭击中右胸，不免心中无名火起，只见金鞭在空中左盘右旋，恰似一束闪电划过，又恰似一条白龙腾空而来，好一个"白龙戏水"，只见那根金鞭弯弯曲曲、曲曲弯弯地直刺青儿前胸，但又故意不近他身，惊得青儿虚汗直冒，脸色铁青。青儿哪里见过这阵势，心中早已发怯，只觉手心发麻，"当啷"一声，钢鞭早被击断，尖端一节飞往 5 里之外。

白娘子使一个"金线钓葫芦法"，将金鞭往空中一抛，纵身腾空接住，然后迅速往下一击，青儿闻风，头朝左偏，金鞭击在他右肩上；头朝右偏，那金鞭又狠狠地击在他左肩上。就这么左击右击，青儿双手抱住肩，疼痛难忍，蹲下去了。

白娘子满以为他该认输了，可是他却一个腾跃朝二峨山方向逃去。说时迟，那时快，白娘子从身上扯断一根白纱，吹了口仙气，那纱立即变成一根长长的铁链，从空中飞去，慢慢从云中落下将青儿缚住了。白素贞走上前去说道："怎么办？"

"自作自受。"青儿大声地说道。

"好！还有点男子骨气。"白素贞说。白素贞又道："说话作数？"

"说话作数！"青儿说完就地转了七下，一股青烟腾空，立刻现出一个女奴似的人，只是那双手粗粗的，白娘子摸了几下，才变得又白又细了，性情也变温和了。

于是，白娘子身边多了一个奴婢，小白素贞一岁，唤作青妹。有情人终成眷属，许仙、白素珍喜结连理。小青做了白娘子的随身丫头。

刚才有朋友问，白蛇是如何变成美女的？看来这位团友是不爱江山爱美人呀！你这一问才引出一段：吃得苦中苦，方为人上人，蛇变美女，确有其事。欲知原委，咱们白龙寺再说。

●良宽诗碑亭

诗碑亭，看似平常，却有一段不平常的真实的故事。1825年夏，峨眉山山洪暴发，山上有一座木桥被冲毁，有一根桥桩沿河而下冲入岷江，穿三峡，出东海，东去日本，流程6 000多公里。于当年冬天到达日本的宫川滨岛边时被当时高僧良宽大师拾起，一看，上面有醒目的5个篆刻汉字"峨眉山下桥"。此桥桩长8尺7寸，粗2尺9寸。于是良宽便吟诗一首："不知落成何年代，书法遒美且清新。分明峨眉山下桥，流寄日本宫川滨。"当时他最大的心愿是亲自带上此桥桩，踏上中国的国土到佛教圣地峨眉山朝圣。但由于种种原因，直到去世也没有实现这个愿望。1986年日中友好汉诗协会成立，为促进两国的友好往来及文学领域的交流，也为了完成高僧良宽的心愿，于1990年在此投资修建了良宽诗碑亭和前面的铁索桥，亭额前的"日中诗碑亭"由日中友好汉诗协会会长柳田圣山所题，亭内的这块黑色石碑正面是良宽当年题的诗文手迹，背面是赵朴初唱和良宽大师的诗："禅师诗句证桥流，流到宫川古渡头。今日流还一片石，清音长伴月轮秋。"碑亭的这边是桥桩的东流图和撰写的良宽碑文，那边是建碑经过介绍和中国诗词协会副会长林木所题的诗："运碑不畏逆流难，新写诗魂落四川。木往石还情意重，峨眉月下吊良宽。"诗碑亭右边草木丛生，绿色丰茂，象征中国大陆；左边那是星罗棋布的石块，象征日本诸岛；这地上鹅卵石嵌的水波纹饰，象征着中日两国一衣带水的邻邦关系。铁索桥两端桥头石礅上刻有李白和良宽的头像，大家请静听，可否在荫山绿水中听到了两位诗人跨越时空的吟诗唱和。

●双桥清音

各位朋友，请放慢您的脚步，屏气聆听来自大自然的另一种声音，它是风声？是雷鸣？还是……对了，那是一种击浪拍石、溪流汹涌、美如琴韵的流水之声，它让我们未见其形，先闻其音。"双桥清音"是峨眉山传统的十景之一，此地海拔710米，地处山中主要水系黑龙江和白龙洞的汇流处。原名前牛心寺，又名卧云寺，明代广泽禅师取晋代诗人左思《招隐诗》中的"何必丝与竹，山水有清音"之意，更名为清音阁，沿用至今。这两道桥，相传左桥为轩辕黄帝游峨眉山时所建造，右桥自汉至宋，屡经修造，是至今保存比较完好的宋代古桥。桥头"双飞龙桥"狂草碑，为宋时高僧为政99岁时书刻，其书法师法张旭、怀素，宛如"云龙际会"，让人叹为观止。接王亭，是清代康熙皇帝于公元1702年派遣大臣葛哈齐、头等侍卫海清等人向全山各寺赠送经卷、仪仗时，全山僧众代表在此举行受赐仪式而得名。

清音阁，山水相连，声色俱美，天地与共。它既无佛寺建筑的肃穆，又无皇家园林的豪奢，更无城市园林的嚣嚷和私家园林的妩媚，不失为规模宏大、意境深邃、以真山真水为主要景观的佛寺园林建筑群，近现代建筑学家赞其为立体的山水画、抒情的朗诵诗。

● 牛心亭

穿越接王亭下行数十步就到凤凰嘴，有一六角亭玲珑矗立，名曰牛心亭。亭下当两江溪水一路跳跃，一路欢歌，来到峡口的凤凰嘴时，却被一块状如牛心的黑石挡住了去路，河中这块石头是号称"峨眉第一奇石"的黑色玄武岩，非常坚硬，几亿年来，挺立江心，因长期受流水的冲击侵蚀，而呈牛心状，也因此形成"黑白二水洗牛心"的奇景。不少文人墨客见到此景，挥毫留墨，乐而忘返，最有名的是戊戌变法六君子之一刘光第所题"双飞两虹影，万古一牛心"，巧妙地把这里的秀美景色描绘了出来。

● 宝现溪

黑白二水在此汇合成的一条溪流，名为宝现溪，向东流去，下至两河口注入峨眉河，全长3公里。溪水清澈见底，河底石头五彩斑斓。相传宋时继业三藏，自西域求经学法归来游历峨眉山时，见到溪中有两个卵石在嬉戏玩耍，捉起一看，大吃一惊，只见上面眉目清晰，活灵活现，以为是普贤显瑞像，于是决定在此修住，专研佛法，并将此溪取名为"宝现溪"。同时又传说白蛇、青蛇曾沿江而出，在此相遇斗法较量，而后结伴同游去了西湖，因此，这里又叫"斗龙坝"。

● 接王亭

接王亭，建于明初，因朱元璋之子蜀献王朱椿来游峨眉山，山僧在此恭迎，故名接王亭。清康熙四十一年（1702）山僧又在此迎接葛哈齐、海清等四位钦差，故接王亭保存至今。

● 广福寺

各位元首，现在嫦娥在峨眉"十全十美"之旅的第8单元峨眉八大著名寺庙之一的广福寺向您播报。广福寺原是前牛心寺别院，初建于明代，清朝初年重建。"广福"即"广种福田"的意思。此庙现仍是清音阁的一座属庙。若从报国寺景区而来，广福寺就是进入清音阁景区的第一座寺庙。

● 一线天

各位元首，现在嫦娥在峨眉"十全十美"之旅的第6单元六大圣山特色之一的一线天向您播报。现在我们绕过清音阁寺庙，沿黑龙江而上，两岸青山绵延不断，白云峡内阔叶林挺拔，灌木丛浓密，奇花异草随处可见，这里一年四季，芳香满峡，令人陶醉，流连忘返。峡谷两旁石壁如削，怪石峥嵘，青藤倒悬，行在栈道之上，脚下是一道深深的沟壑，扑面的山风让你感到丝丝清凉。其实以前这里是无路可通的，大约明朝时由于江岸陡崖较多，又无桥梁，游人只得涉水踏石而过，因此这一带山道俗称"二十四道脚不干"，行走非常辛苦。后来人们在石隙中崖壁上凿洞，打入木桩，铺上木板，便于行走。但由于峡中阴冷潮湿，木质易腐，直到1975年，政府出资改用钢筋水泥重建了这条黑龙江栈道。栈道长140米，路面平整稳固，在峡谷中沿崖壁山体曲折而行。

好了，请大家仰望崖顶，我们看到两侧险崖绝壁，斜插天际，高70余米，两壁间宽约3米，如同一座大山被利斧从中劈开，人在谷底只见蓝天一线。此景称为一线天，在大家惊奇于大自然的神力时，让我简单告诉你一线天的形成原因吧：原来这个峡谷正位于石灰岩地层出露的部位（地质学上所说的下二叠统），由于受到冰蚀作用，流水朝着沿这个方向延伸的构造裂隙溶蚀、侵蚀，如此日复一日，年复一年，随着地壳的抬升及冰川作用，不断下切，最后形成现今所见到的雄险地貌。我们还可以在峡谷两壁见到不同时期溶蚀的痕迹——溶洞。

团友们注意了，在一线天嫦娥还要发奖品给智者。请问：一线天形成的原因是什么？（正确答案：此地原为石灰岩地层出露的部位，由于受到冰蚀作用，流水朝着沿这个方向延伸的构造裂隙溶蚀、侵蚀，如此日复一日，年复一年，随着地壳的抬升及冰川作用，不断下切，最后形成现今所见到的雄险地貌。给答对问题的游客发奖券，对未答对问题的游客语言安抚。）

● 自然生态戏猴区

各位元首、夫人、王子，嫦娥现在向您推出峨眉"十全十美"之旅的第7单元七项互动体验之一的自然生态戏猴。在我们到达猴区之前，我先向大家讲一个谜语故事，大家一起猜猜看。1935年的一天，蒋介石在峨眉山开办军官训练团，上山游览，途中忽然被一群猴子包围索要食物，当时，他身上什么吃的食物都没有，您猜猜，蒋介石是怎么脱身的呢？……原来，峨眉山的猴子很通人性，当冬天觅食困难时，往往聚集在寺庙周围，由僧人喂养。久而久之，猴子就把僧人视为恩人，非常听话，从不伤害僧人。我们都知道蒋介石是一个非常聪明的人。请问：蒋介石是如何脱身的呢？（正确答案：蒋介石把帽子一摘，露出光头，让猴子误认为他也是僧人，于是才得以脱身。给答对问题的游客发奖券，对未答对问题的游客语言安抚。）

好了，不知不觉中，我们已到了全国最大的自然生态戏猴区。它方圆25公里，茂林修竹，流泉飞瀑，岩壑洞穴，加之气候温和，是猴群繁衍生息的理想家园。峨眉山猴属国家二级保护动物，种名藏猕猴，别名四川短尾猴、大青猴，因为生活在佛教名山，故又雅号"灵猴"、"猴居士"、"猿居士"，俗呼"山儿"，意指猴是大山的儿子。目前全山有猴400多只，4~6群，分布于一线天—雷洞坪一带的山区。俗话说："山中无老虎，猴子称霸王"，峨眉山灵猴在这片土地上早已是赫赫有名了，它们见人不惊，与人同乐，与人相亲，已成为峨眉山中独具特色的"活景观"。

野生状态中生活的藏猕猴，以植物的叶、花、果为主食，也吃各种无脊椎动物，但近年来游人以喂猴、戏猴为乐趣，故而使野生猴对人类的食物产生了一定的依赖。在此，提醒大家注意：不要乱丢石头、瓜果伤害猴子；不要当着它的面从口袋里拿食物，因为它会嫌你"麻烦"而主动上前掏你的口袋；不要从地上拾食物，因为它们认为这片土地及土地上的食物都是属于自己的，若你从地上拿食物，它会误认为你抢它的东西。如果你的食物已喂完，而猴居士还在你面前期待的话，你只需要对它拍拍手，再摊开手掌，这就表示"我已没有食物了，下次再给你吧"，自然它就会放你一马。各位团友，你想养大圣，得大胜吗？现在请你"选美"，你相中的美猴，只要身上没标记，峨眉山管理处会给它戴上编号，写上你的心愿，让峨眉山灵猴在普贤菩萨的保佑下，以其灵性来往于山野，加强神、圣、人的沟通，保您××××年大获全胜。

各位团友，告诉您一个小秘密，它对政界和炒股的朋友最灵验。您看这只猴子的标记为×××，它为××市××××年所认养，上周刚刚又来延期认养，认养人说他刚刚由副局长提为正局长了。峨眉山管理处对您认养的猴子，每天替您精心呵护，保证它快快乐乐、健健康康，并通过互联网向你传送它的近照，您随时随地可来与它团聚、合影，它随时随地福佑你步步高升、财源广进。

好了，给大家30分钟时间与我们的猴居士亲近一下，做个朋友，看看猴群中有没有您的亲友认养的大圣，跟大圣合个影取得××××年大胜吧。

● 楹联王国（原洪椿坪）

楹联王国洪椿坪位于天池峰下，海拔1 120米，原名千佛庵，明代万历五年（1577）由楚山禅师主持修建，明末德心禅师续建。有大殿3重，到了康熙年间，寺宇失火，至今屹立于门外那株干枯的洪椿树，就是那次火灾的遗迹，一株枯树，竟历经数百年风雨而不朽，不能不算是奇迹。在寺外还有一株枝叶繁茂的洪椿树，据植物学家考定已有1 500多年，而洪椿坪这个名字，是由树而来，借以名寺。据《庄子》说，洪椿树以八千岁为春，以八千岁为秋，是一种神树，所以当初栽种洪椿树，以及用洪椿命寺名，就已寓含佛法长兴之意。洪椿坪这座古寺之所以闻名遐迩，是因为它有两大特色：其一，拥有"峨眉十景"之一的"洪椿晓雨"；其二，寺里的对联数量之多，居全国寺庙之首，几乎是无枋不挂，无柱不吊，并且拥有一副百字长联。好了，让我们逐一欣赏吧！

洪椿坪寺院依山建筑，重楼叠阁，周围山抱林拥，葱郁幽静，空气清新，每当炎夏晴晨，常有霏霏细"雨"洒向庭院，四周林中更是蒙蒙一片，并有淅淅"雨"声，这就是"峨眉十景"之一的"洪椿晓雨"。其实所谓"晓雨"并不是雨，而是由于雨后初晴，林中地面湿度大，而洪椿坪又是四山围绕，湿气不易散去。一到晚上，空气变冷变重，沿山坡下流，就把较暖较湿的空气抬升上去，越近早晨，这种过程越强，如果湿度超过饱和，便会凝结成雨。但因其规模不大，所以只能形成如烟如雾的小雨，正所谓"山行本无雨，空翠湿人衣"。

各位团友，嫦娥要让大家发财了，请注意听题：洪椿坪有哪两大特色？（正确答案：其一，"洪椿晓雨"；其二，对联数量居全国寺庙之首。若有答对者便发奖券，无答对者，好言安抚。）

各位团友，刚才是一个小奖，下面我们将开一项大奖，这项大奖就是峨眉山管理处征集楹联悬赏1 000元～10万元，请团友们大显身手，在此留下你的墨宝，显示你的文采。凡获奖作品将永远展示在楹联王国，若此时没想好回家后寄来也可。峨眉山楹联王国楹联征集办公室电话是×××××××，通信地址是×××，邮编是××××××。

各位团友，这里是峨眉山"十全十美"之旅第5单元所述的五名生态人文之一的名书最多的地方，山门上悬"千佛禅院"横额，下悬一匾"洪椿坪"三字，为民国二十八年国民政府主席林森书，门上一联"椿寿八千年老树低头闻佛法，坪登数百丈众生合掌悟禅机"。

第一殿，观音殿，殿前墙上竖刻"第一山"3个大字，两旁横刻"洪椿晓雨"4字，左右各有一池，名"锡杖泉"。相传洪椿坪在明朝时是一个大寺，常有上千居士来此听住持德心和尚讲授佛经，但人多水少，为解决饮水问题，德心和尚拿着锡杖，走到寺后岩下，一边念经，一边用锡杖叩岩，岩中便涌出了一股清泉，蓄注寺中，至今涓流不断，水清味甘。同时，这里还有康熙赐联"锡飞常近鹤，杯渡不惊鸥"，由于有皇帝的赐赠，寺庙的名声也就大振了。殿的左侧为1939年林森寓居小院，人称"林森小院"，林森临离寺时书"洪椿坪"、"大雄宝殿"及"护国保民"匾3块赠予寺庙。殿门额上匾"发弘四愿"4字；系清雍正元间（1723）果亲王书。

殿内两佛悬挂冯庆樾撰、当代书法家王超书"双百字长联"，为目前全山第一长联，联曰：

峨眉画不成，且到洪椿。看四壁苍茫：莹然天池荫屋，泠然清音当门，悠然象岭飞霞，皎然龙溪溅雪；群峰森剑筼，长林曲径，分外幽深。许多古柏寒松，虬枝偃蹇；许多奇花瑶草，锦乡斑烂。客若来游，总宜放开眼孔，领略些晓雨润玉，夕阳灿金，晴烟铺锦，夜月舒练。

临济宗无恙，重提公案。数几个老辈：远哉宝掌驻锡，卓哉绣头结茅，智哉楚山建院，奇哉德心咒泉；千众静安居，净业慧因，毕生精进。有时机锋棒喝，蔓语抛除；有时说法传经，蒲团参究。真空了悟，何尝障碍神通，才感化白犬衔书，青猿洗钵，野鸟念佛，修蛇应斋。

这副长联，文辞清丽，精练爽朗，描绘出洪椿坪的地理环境、优美的自然风光，讲述了曾驻锡在此的历代高僧，以及历史掌故等。作者冯庆樾（1875—1936），字荫青，四川什邡县人，曾任贵州仁怀县知事，成都佛学院文学教习，联文是他1924年秋游览峨眉山时撰写的。

在观音殿左侧客堂上有一名联"处己何妨真面目，待人总要大肚皮"。它用简洁的语言阐述真诚、宽容和无私的待人处世道理，令人回味无穷。殿内供奉观音菩萨像；殿柱上有清乾隆赐联"性海总涵功德水，福林长涌吉祥云"，该联匾制作精良，黑底金字，上下联匾四边各镂刻金龙九条，栩栩如生，人称"九龙联"；殿后有铁铸护法韦驮。楼上是"千佛莲灯"一座，是民国初年由住持长老请著名工匠雕刻，高1.1米，长柱七角，翘角上塑云龙神兽及多组道教传说神仙故事，佛道之争历来是水火难容，但在这盏千佛莲灯上则表现为佛道并存，相容共处。

第二殿，大雄宝殿，左门有联"一粒米中藏世界，半边锅中煮乾坤"，其实原句为"一粒粟中藏世界，半升铛地煮山川"。全联是对山中僧人清苦生活的生动写照，也是对他们坚持苦行、虔诚礼佛的豁达态度的赞扬。尤其是用"一粒米"对"半边锅"，古拙朴实，最为得体，这种日常物质生活的极端清苦与精神世界的超脱和乐趣，形成了强烈的对比，也构成了有机的对立统一，其中深含的哲理，令人回味无穷。右门联"胸中已得山林趣，寺外何妨市井喧"，门联"月在上方诸品静，心持半偈万象空"。殿内供华严三圣，两旁为十八罗汉，背面供接引殿。殿内有铜铸大钟一口，高1.13米，口径1.13米，清朝年间铸造。

第三殿，普贤殿，殿前坝上竖立石碑二通，一碑刻冯庆樾撰百字长联，另一碑正面文为"皇明德心和尚塔"。门联"佛祖以亿万年作昼亿万年作夜，大椿以八千岁为春八千岁为秋"，此联的意思主要在于暗喻佛法长兴，绵延不绝。左联"宇宙茫茫真世界，苍天朗朗锦乾坤"，右联"禅房冷静三更月，丈室虚名半夜灯"。堂内中供普贤骑像，脱纱塑像有胡须，为住山像，左供地藏菩萨石雕像，右供木质达摩祖师。

各位朋友，当您拿到楹联大奖、因名书成为名人后，可别忘了嫦娥呀，打个电话给我说一声，我在峨眉山等您来领奖，为您献花。

● 仙峰寺

仙峰寺位于仙峰岩下，海拔1 725米，古名兹延寺、慈佛院，又名仙峰禅院。

这里风多云重，云来雾去，寺宇时隐时现，恍若仙阙，故名仙峰寺。

第一殿，原名财神殿，供财神赵公明，后改供弥勒佛，称弥勒殿。殿门即山门，请看门上这一名联："寺号仙峰洞邻九老；门迎佛顶台接三皇"，它巧妙地运用寺、洞、门、台、顶等同类单词，把相邻的仙峰寺、九老洞、三皇台、千佛顶、万佛顶等主要景观联系在一起，并富含历史掌故。殿堂内左壁悬木屏4扇，简述仙峰寺沿革及九老洞之传说。

第二殿，大雄宝殿，供释迦牟尼，两旁十八罗汉，背面阿弥陀佛、四大菩萨及日光、月光菩萨，全为脱纱佛像。

第三殿，舍利殿，供汉白玉药师佛，有舍利铜塔，六方七层，高3.4米，通体贴金，是民国八年（1919）住持海岸募资于成都铸造运回组装而成，内装两颗舍利，一部贝叶经。

寺前左侧是九莲池、餐秀山房，右行约200米，就会看见有石柱六角亭台，名仙皇台，相传为轩辕黄帝访天真皇人处，故名。

● 九老洞

总统阁下，嫦娥现在向您汇报今日峨眉"十全十美"之旅的第5单元五名生态人文的名洞篇章之九老洞。九老洞全称九老仙人洞，相传它是仙人聚会的洞府，许多神仙故事给它蒙上了一层扑朔迷离的神奇色彩。洞口呈"人"字形，高约4米，位于仙峰寺右侧山腰，下临绝壁。传说当年轩辕黄帝上峨眉山求道路过时，见一鹤发童颜的老翁独坐洞外，便上前询问："老丈，只你一人在此吗？"老翁回答："不，洞里还有八个。"黄帝又问："老丈高寿多少？"老翁抚须微笑回答："我已记不清了，只记得女娲当年炼石补天时，我帮她捡过石头。"黄帝大惊，连忙叩拜："原来你是大仙。"而此时老翁已不见踪影。

各位团友，中国寺庙万万千，有寺庙必有神仙，神仙中必有财神赵公明，但赵公明真正的封地和办公室在哪里呢？

这位团友回答得完全正确，嫦娥把礼品券发给您。

这里是财神赵公明修炼洞府，里面有一张石床，相传为赵公明遗物。他为道教名神，道教说他姓赵名朗，字公明，与钟馗是老乡，陕西终南山人。秦朝时，避世山中，虔诚修炼，以后汉代的张天师收他为徒，命他骑黑虎，守护丹炉。赵公明吃了师父赠送的仙丹，于是变化无穷，天师又命他守护玄坛——道教斋坛，天帝封他为"正一玄坛赵元帅"，故世人称他为"赵玄坛"、"黑虎玄坛"。赵公明的传说由来已久，其中最为有名的是在《封神榜》里，他成了峨眉山的道仙，武艺高强，并有黑虎、铁鞭和百发百中的定海珠、缚龙索等法宝。赵公明被闻太师请去打姜子牙，他助纣为虐，终究难免一死。后来姜子牙奉元始天尊之命封神时，他被封为"正一龙虎玄坛真君",手下还有招宝、纳珍、招财、利市四神,主要管"迎祥纳福",从此,赵公明就一直以财神模样出现。洞内有联:"身跨黑虎名扬天下传千秋,手执金鞭威震峨山存方古。"

各位团友,天下财神千千万,唯有峨眉财神最正宗。如何取悦赵公明,心诚则灵。峨眉山当地民间普遍祭祀赵公明大概是明代中叶或稍前开始的,"买卖求财"是他专司的主要职责之一。

据清人顾禄《清嘉录》卷三记载,农历的三月十五日为赵公明的生日,每到此日,峨眉山人山人海,来自全国各地的经商者顶礼膜拜,据说一拜发三年。各位团友,今天是个好日子,不妨拜拜我们的赵财神,一定会使您财源广进。

接下来,我们还是要看看这峨眉山著名的岩溶洞穴是什么样的,它全长1 500多米,可分为浅、中、深3个部分。浅部,即从洞口至120米深一段,为比较宽大的厅堂或廊道式洞穴,有水晶洞、燕子洞等;中部,即从120米至280米深一段,为网状交叉的迷宫型洞穴,洞中有洞,纵横交错,酷似迷宫,洞穴狭窄低矮,不便行走,如虎牙洞、石笋洞等;深部,主要是裂隙型洞穴,一条阴河,时而沿裂隙渗出,时而蜿蜒隐入洞底。

地质学家们根据九老洞的洞穴形态和各种侵蚀的流痕、溶蚀的窝穴等情况,考察出九老洞之所以会成为溶洞,是因为它所处的岩层为可溶性的白云岩。这里的岩石构造裂隙发育好,有利于水流通过和渗透,加上雨水丰富,大量的水从地表进入裂隙流入各个通道,天长日久,就溶蚀成现在的九老洞了。只不过当初它位于潜水面下,从晚第三纪以来,随着峨眉山山体的升高,九老洞就被抬升到现在的位置。

如今的九老洞已经不见那浊浪排空的气势,只留下涓涓细流的历史残迹,我们漫步于其中,可以欣赏到洞壁、洞顶天然雕琢而成的岩溶造型,如光彩夺目的石笋、石柱、石花、石芽……使人产生丰富而自由的联想。再加上洞内蝙蝠成群,群燕喧哗,给这座迷宫又增添了生命活力。

●遇仙寺常青洞

遇仙寺建于清同治初年(1862),地居半山之腰,危岩之上,虽是一座小庙,但颇清雅。此寺曾一度荒败,如今已修复如故,并在下方新建一座斋堂。寺前构筑保坎,配置扶栏,供游人坐息观景。大殿中供普贤像一尊,供信士朝拜。

遇仙寺后,有二石并立,中有一洞,名叫遇仙洞,传说有人在洞口碰到过一位神仙,故名。在这个山洞里,储放新鲜蔬菜,经久不黄不腐;更奇的是把萎缩了的蔬菜放在里面,到第二天,自会回青如新。故僧人便用它储菜,随时都有鲜菜可食。

最近在巴蜀大地广传一个新闻(以播音员语调)——各位观众:近日探索发现新奇观,四川峨眉山一中年工作人员,酒后误入常青洞昏睡三天,醒来回家,妻子发现他皱纹没了，白发变黑了，皮肤红润了，竟然回到了初婚时的模样，大呼神奇。现此洞已被联合国教科文组织封闭进行科研。这条新闻是主持人嫦娥为你播报的。

各位团友，现在趁把门人不在，还不进去美容一回？

● 洗象池

各位团友，我们现在位于海拔2 070米的钻天坡上，是登山去金顶的必经之路。洗象池在宋代只是一座小庵，游人到此见地势平缓了，误以为到了顶，不觉欢喜起来，因此，这里以前叫"初欢喜"。清康熙三十八年（1699）行能禅师在此辟地建寺，取名"天花禅院"，庵前有一石砌小池，直径两米，水色澄清，名"明月"池，相传普贤骑象登山到达这里时，白象曾在池里沐浴，故又名"洗象池"。殿宇虽然矮小，且用铅皮盖房，但看起来也别具一格，庄严肃穆。行能大师根据普贤骑象在此沐浴的传说，把原来的明月池挖深拓宽，用青石砌成六角形，又在石栏塑造了一头石象，长鼻舒卷，似欲吸水，在临近悬岩的地方请人刻有"岩谷灵光"4个字，这么一来，洗象池逐渐就成为一座名寺了。

寺门外不远处竖有二碑，一刻"鹤迹余古雪，猿声出绿萝"，一刻"菩萨曾来池涌玉泉堪洗象，众生向上坡连云路好钻天"，系国民党元老程潜撰，四川大学教授邓少琴书。

第一殿，弥勒殿，殿内供弥勒佛彩绘塑像，高2米，殿后为韦驮塑像。

第二殿，大雄宝殿，殿内供普贤骑象金身，两旁脱纱十八罗汉像，殿后塑供西方三圣，金身站于莲台之上。

第三殿，观音殿，供观音大士，两壁悬挂20帧观音像。

藏经楼上还有一瓷烧千手观音，有青铜香炉，制作精良，工艺精湛。

相传洗象池后有左慈洞，为左慈得道成仙的地方。《三国演义》中描写左慈戏弄曹操的故事是众所周知的，但左慈洞现在依然没有揭开它神秘的面纱。

三、万年寺景区

万年寺系峨眉山八大寺庙之一，在峨眉山的中部地带，海拔高度在800～1 900米之间。树木以阔叶树为主，间有针叶树种，其春秋山色分明。春季，山色青翠；秋季，枫叶泛黄，如诗如画，令人陶醉。在万年寺一带，山民村舍错落，宛如一幅恬静的山乡景色图。

● 万年索道

从万年停车场到万年寺有两条路径可以选择：一是步行，可体会登山的乐趣，大约需要一个小时，若走累了，还可以乘坐滑竿，晃悠悠的感觉会让你回味许久；二是乘坐索道，8分钟便可到达。索道全长1 480米，33个观光车厢循环往返，在车厢中俯视山峦林木、溪谷流水，好似腾云驾雾。

●万年寺

大家看，藏在那幽远石梯尽头的便是万年寺，要上去还得登这一级级的梯。那么高，那么长，不要被吓着了，其实这里有个玄机。请从这级开始登，登一级数一下，看看到顶有多少级。（开始登台阶）

好，这位团友最先答对了！嫦娥把礼品券送给您。对，就是108级，所谓108种烦恼，登上去我们便将种种烦恼通通踩在脚下，抛于脑后。所以你会感觉很轻松，就登上来了。

万年寺来历非凡，有1 600多年的历史，前后经历了5次更名，每一次更名都与一些历史名人息息相关，请大家跟随我的讲解理一下思路。第一次是东晋安帝隆安三年（399），由慧持大师开建，当时供普贤，所以叫普光寺。此寺的建造对峨眉山佛教兴起有开创性意义，从此山中佛寺应运而起，原有的道观也逐步离道信佛，改观为寺。第二次是唐玄宗时期，因敕建成都大慈寺的推进，普光寺得以复兴，由于设置神坛塑建普贤之像，寺名得以改为"普贤寺"。第三次是唐僖宗光启三年（887），慧通禅师来峨眉山，观天象，查地经，见峨眉山形像"火"，山中寺庙常毁于火，于是将"普贤寺"改为"白水寺"，即"三云二水抑压火星"之说中的一水。第四次是宋太平兴国五年（980），宋太宗赵光义听说峨眉山白水寺僧人茂真和尚是位高僧，便诏他入京，在景德寺中讲经。太宗见他涵养深厚，知识渊博，十分欣赏，赐诗赞誉。一天，舒王元珍把太宗夜晚做的梦托茂真说解，茂真说："当有储嗣。"太宗已有几位公主，总是盼不到儿子，在茂真预言不久，当时已身怀六甲的皇后果然生了一个儿子，即后来的宋真宗赵恒。太宗大为高兴，立即赐黄金3 000两，派遣内侍张仁赞携金入蜀，于成都铸造普贤铜像，运至万年寺，又为普贤铜像建造雄伟的木阁大殿存放。至此，万年寺由"白水寺"改为"白水普贤寺"。每年前来参拜的人络绎不绝，朝廷特地设提点驻节于寺中，管理全山的佛寺和自然环境，此寺遂成为普贤信仰的中心道场。第五次，到了明万历二十七年（1599），一场大火使存放普贤铜像的木阁大殿被烧毁。当时万历皇帝明神宗朱翊钧对峨眉山白水普贤寺特别垂青，第二年，便赐重金，福登和尚奉旨重修成今天最具特色的无梁砖殿，至于怎么特别法，进入寺庙后我会仔细给大家讲解。时正值万历母慈圣太后七十大寿，为祝母寿辰，万历御题"圣寿万年寺"，至此，"白水普贤寺"改为"圣寿万年寺"，简称"万年寺"，一直沿用至今。

万年寺总占地面积2万平方米，总建筑面积约1万平方米，寺庙布局三点一线，错落有致，由山门、弥勒殿、毗卢殿、砖殿、巍峨殿和大雄殿组成，里面藏有许多宝物。寺外墙壁上的"南无阿弥陀佛"中"南无"是梵语，意思是"向……致敬！"的意思，顾名思义，"南无阿弥陀佛"就是"向阿弥陀佛致敬！"

我们来看一下这座山门，它的建筑结构为密檐式牌楼，重檐3层，均施如意拱。其上面"万年寺"3个金光闪闪的大字，为1982年魏传统书；另一为赵朴初书的"大光明山"。佛教称峨眉山为"大光明山"，因昼有佛光，夜有圣灯，全山都被光明普照。这副对联"大千秋色，第一名山"系四川省佛教协会副会长遍能集北魏《郑公文书》所撰。这副长的对联"妙相庄严，花雨曼陀纷橘彩；峨眉耸翠，香焚宝篆霭慈云"为菲律宾居士吴佳智、吴敬生敬献。

下面，请大家跟随我的脚步，一同进入这神秘的佛门之地。

进入寺中，首先映入眼帘的便是左上角这通"第一山"的石碑，"第一山"这3个字为宋代四大书法家之一的米芾所书，原刻于湖北江阳，1908年由乐山谢文明拓刻于此。此碑原有亭子罩护，亭柱上曾有清人刘公阜题写的"昆仑伯仲地，震旦第一山"。中国不少名山都刻有这3个字，但米芾究竟为哪座山而写就不得而知了。也许大家看到这三个字的第一眼就有一种很舒服的感觉，但不知缘由。我来告诉大家怎样欣赏："美妇抚髻不用簪，第字犹如青丝盘。游龙戏水一最好，仙人打坐化成山。"怎么样，有感觉了吗？最称奇的还在从雷洞坪往金顶路上梳妆台下的陡壁上，有天然生成的"第一山"，据说是张三丰在峨眉山留下的。所以，今天我们信心百倍地打造"中国第一山"并不是空穴来风。

现在往右看，这是幽冥钟楼，建于1991年，"幽冥钟楼"这4字为当代书法家李苦禅手书。这口钟便是峨眉山三大名钟之一"幽冥钟"，另外两口分别在报国寺景区的凤凰亭里和九老洞景区的仙峰寺里。关于这口钟有一种说法，无论您心中有什么烦恼或解不开的结，在这里用手去摸摸铜钟，便会烦恼全无，心结顿开。我们不妨去摸摸。

这第一重殿是弥勒殿，门上横额"古白水寺"，系1982年冬杨超书。走出弥勒殿，一个风格迥异的建筑物便呈现在我们面前，这便是今天峨眉"十全十美"之旅的第9单元之一的九个中国之最中国最大的无梁砖殿——声名远播的万年寺无梁砖殿，建于明朝。当时，明神宗的母亲慈圣太后希望能建一座流传百代，不怕日晒雨淋、雷击火烧、坚固壮观的大殿，永远供奉普贤菩萨铜像。于是她请精通庙宇设计的高僧台录、妙峰仿印度热那寺，设计出结构独特、上圆下方、顶部为圆拱形，不用一瓦一木，完全砖砌的无梁砖殿，象征"天圆地方"。殿高18米，每边均长16米，殿顶有5座白色喇嘛塔，分置东、南、西、北、中，以示"佛光普照，庇佑五方"；四角塑造有狮、鹿、象等神兽，以示吉祥如意。

无梁砖殿十分富有传奇性，建好至今，正如慈圣太后所希望的那样，明朝末年、清朝初年，以及1946年分别发生了4次火灾，每次火灾后，砖殿都能安然无恙。举世闻名的峨眉山大断裂带从万年寺附近穿过，400年来，方圆几十公里至100公里范围内发生过10多次5级以上的地震，最厉害的一次为7.9级，寺内其他建筑和寺庙周围农民的房屋都遭到不同程度的破坏，唯有这座无梁砖殿丝毫无损。门上这两块横额"圣寿万年寺"和"万行庄严"系南京栖霞寺茗山大师书。各位团友，嫦娥又要送财富给您们了，请问：无梁砖殿为何而建？建后经过几次火灾和地震？（若有人答对便发给礼品券，无人答对好言安抚）

现在我们进入寺内看看供了什么宝物。迎面这尊高大威严的普贤骑象像，铸造于公元980年，通高7.85米，重62吨，系纯铜铸造。普贤大士通体贴金，头戴千佛金冠，身披袈裟，手执如意，神情庄重。他的坐骑六牙大象，高3.13米，长5.23米，背饰雕鞍，彩带辔头，卷鼻舒尾，四肢遒劲有力，足踏莲花，似欲起步远行，载普贤去传经布道。此像于1961年被国务院公布列为全国重点文物保护单位。也许大家要提出异议："大象只有两颗牙，哪来六颗？"关于这个问题，有几种说法。有的说，据因果经等载，释迦牟尼从兜率天宫降生于人间时，乘六牙白象。还有的说释迦牟尼母摩耶夫人昼寝，梦六牙白象来降腹中，逐生释迦。还有说六牙白象表六度或六通或指佛门六根清净。普贤是普遍贤善的意思，因其广修"十大行愿"，又称"大行愿王"。"愿"是理想，"行"是实践。在中国四大佛教名山中，峨眉山是普贤菩萨的道场。

什么是道场？道场就是佛或者菩萨固定说法的场所（地方），所以将他供奉于最后一殿。"朝拜峨眉山，全家保平安"、"事业有成，拜普贤"，普贤的含义为普及佛教所宣传的普遍行善德，他与文殊的智德、证德相对应，与释迦牟尼佛的左右胁侍合称华严三圣。

我们再来欣赏殿内的装饰。上面穹顶部是飞天乐人彩绘，4个美丽的女子，手携乐器，飞翔空中，衣袂飘扬，姿态优美。有人说绘4位女子，是因峨眉山是四姐妹变成的，此种说法无从考证，在这里我们只能附会而已。藻顶四周七层龛座，圆顶上环列3 000尊铜铁小佛，象征普贤住处徒众3 000，也可以说千佛围绕；下面这24个小龛，供24圆觉像，也表示农历的24个节气，意为佛无处不在。砖殿前后两道制作精美的铜门系香港荣氏集团捐资于2000年建成。

出了铜门，与我们隔桥相望的是巍峨宝殿。此名长寿桥，传说过了此桥便可以延年益寿。桥下相连的两池是放生池，佛家认为多做善事，不仅可以积累功德，还可使人长寿，所以常见善男信女们在这里放生鱼、龟等。我们过桥时，可用手摸摸桥柱上的长寿桃，当地俗语说：摸摸长寿桃，疾病找不着。

巍峨宝殿门上这一联系由康熙初年川湖总督蔡毓荣撰并书："鼎建刹竿震旦名山开觉路，重新宝树峨眉大士再通天。"殿内供奉着西方三圣，中间是我们常见到的阿弥陀佛铜像，左右站立的是观世音菩萨和大势至菩萨木刻像，观音象征慈悲，大势至象征智慧，这两位菩萨共同辅助阿弥陀佛，帮助接引念佛众生往西方极乐世界。观音我们大家比较熟悉，大势至就比较陌生了，"大势至"是梵语，意译为"摩诃那钵"，佛经说，他的智慧之光能普照一切，使众生脱苦得乐，所以得名大势至菩萨。大势至菩萨与观音菩萨外形相似，身着菩萨装，头戴宝冠，慈祥端庄。他们的区别是：观音的宝冠中现化的是阿弥陀佛，而大势至的宝冠中现化的是宝瓶，相传其道场在江苏南通的狼山。不知大家注意没有，观音菩萨是"西方三圣"中阿弥陀佛的左胁侍，又与普贤菩萨、文殊菩萨、地藏菩萨称为四大菩萨，真是重任在身啊！

这第四殿是大雄宝殿，"大雄宝殿"四字为光绪戊戌年的黄云鹄书。"大雄"是唯大唯雄、大无畏的意思。佛教中认为只有佛祖才称得上是大无畏的圣人，因此寺庙里的大雄宝殿用来供奉佛祖释迦牟尼。现在我们进入殿堂参观。殿内供奉的是释迦牟尼的"三身佛"铜佛像，彩绘金身，每尊通高3.85米，为明嘉靖甲午年（1534）别传和尚募化铸造。中间这尊当然是释迦牟尼佛，左为圆满报身佛，右为毗卢遮那佛。大家可能奇怪他们胸前怎么会有"卐"符号，是不是有些眼熟，像纳粹标志，不过方向不一样，纳粹倾斜了角度，带给人们的是灾难与黑暗。而这种标记，唐时的武则天将其定音为"万"，意思是太阳光芒四射或燃烧的火，后来作为佛教吉祥的标记，以表示吉祥万德。殿内左右壁龛内供有十八罗汉彩绘金身塑像，形象各异，神态生动。围着佛绕三围，也叫绕佛，可保平安。（大殿左边曾是小平同志来峨眉山时住过的地方，现在正在修复。）

接下来，我要带大家去行愿楼看万年寺的镇山之宝。"行愿楼"这3字系1990年李苦禅书。这件是"佛牙"，顾名思义它是佛祖的牙齿，其实据鉴定为距今60万年前的剑齿象化石，重6.5公斤，长44公分，呈金黄色，光润似玉，是宋代峨眉山一位僧人去锡兰（今斯里兰卡）请回来的。这件是"贝叶经"，是将佛经写于贝多罗树叶上，装帧成书，这上面刻的是《华严经》梵文，由泰因国王赠送给慈圣太后，太后又赐给万年寺的住持无穷禅师。这件是"万历御印"，铜质，长、宽各13厘米，是明万历皇帝朱翊钧敕建无梁砖殿时赐给的，中间刻的是"普贤愿言王之宝"，这边是"御题砖殿"、"敕赐峨山"字样。怎么样？大家看了，觉得还算是峨眉山的镇山之宝吧！

一口气下来，我向大家灌输了许多深奥难懂的佛教知识。俗话说：外行看热闹，内行看门道，如果不了解这些，这一座座寺庙对我们来说只是简单的一座建筑物而已，其实每一座都有它存在的缘由，每一尊佛像都有讲不完的故事，2 000多年的佛教史积淀了多少丰富的佛教文化，接近它、了解它、理解它，体验佛的慈悲，你会感到无穷的乐趣，不知不觉中烦恼与无奈统统离你而去。好了，我们轻松一下，嫦娥带你去欣赏欣赏万年寺最美的地方——白水池，那里有我们早已耳闻的"峨眉十景"之一的"白水秋风"。接下来我们同唱一首邓丽君的《在水一方》吧：

　　　　绿草青青，白雾茫茫，

　　　　有位佳人在水一方……

● 白水秋风

朋友们，嫦娥认为"白水秋风"应排在"峨眉十景"的首位，为什么呢？请大家随我的思绪慢慢听我道来。

领略"白水秋风"的韵味，离不开"白水"、"秋"、"风"三个要素。"白水"即是眼前这个白水池，又名明月池。这白水池的来历可不平凡。传说，慧通禅师在白水寺当住持，一天中午，他正在禅房中打坐，忽然听到门外有人叫他，他打开门，却空无一人。慧通正欲转身，又隐隐听到有人叫他，声音好像从林中传来，他循声而去，走到一棵巨大的楠树下时，声音戛然而止。他四下寻找，什么也没看到，感到有些奇怪，便坐在大树下静观动静。恍惚中阵阵莲花清香扑鼻而来，他睁开眼，不觉大惊，原来自己竟然坐在一朵巨大的莲花之中，片片纷红的花瓣竞相绽放。他想起佛经中"地涌金莲"的故事：佛祖降生时，即能下地行走，每走一步地上都生出一朵莲花。佛祖成道后，起座向北绕树而行，一步一莲花，共有十八朵。佛祖讲法时往往坐于莲花之上，"莲座"便成了佛、菩萨的专座。梦醒后，慧通明白这是佛祖对他的点化，于是回寺后便对其他僧人说："自己刚才坐的那棵大树旁有股清泉，大家在那里修水池，种上莲花。"众僧果然在慧通所指的地方挖出一股清澈的山泉，在那里修了水池，并种上了莲花。这便是那个水池。这3丈见方的白水池，却包罗着日月星辰、山川草木和许许多多的人世沧桑。

"秋"当然是秋天，万年寺海拔1 020米，夏无炎热，冬无严寒，四季花香袭人，一年中最美的季节是秋季，欣赏此景当在秋天最佳。

这里的"风"不是自然的"风"，而是风姿的"风"、风韵的"风"、风格的"风"、风情的"风"，四个"风"字包容着这景观丰富的内涵。

白水之胜贵在"秋风"，白天，满山红叶尽染，倒映水中，秋风拂来，泛起层层红波；夜晚，明月沉于池底，蛙声伴着莲香，真是让人流连忘返。难怪清末诗人谭钟岳将此景列入"峨眉十景"，并附诗一首："曾闻白水出真人，此水依然不染尘。何遽西风吹落叶，万山深处悟前因。"

谭先生在诗中思古惜今感叹的"真人"就是与唐代大诗人李白结下深厚友谊的广浚禅师，由此牵出一段千古佳话。大家都知道，李白号"青莲居士"，"青莲"即是李白的出生地名，也是佛门的重要标志之一。"居士"用佛家的话讲就是在家修行的人。由此可见，李白与佛门有着密不可分的关系，而在当时佛教兴盛的峨眉山怎能不留下他的足迹。当年李白因遭贬，为求精神解脱来峨眉山拜佛，心中充满对仕途之无常的愤懑，无法释怀。一日，李白来到当时的白水寺外，如天籁之音的古琴声飘然而至，这琴声那么陌生，又是那么似曾相闻。乐曲瞬间震撼了他的心灵，引起了他的强烈共鸣，心灵仿佛受到从未有过的抚慰。突然琴声戛然而止，李白正在疑惑，只见一位身披袈裟、面容睿智超然的僧人双手合十对他说："恭候诗仙到此，阿弥陀佛。"李白大惊，心想自己一路并没有告诉别人自己的身份，这位素未谋面的僧人怎么会认出自己？忙问僧人，僧人笑而不答。

讲到这里大家也已猜到了，这位僧人便是赫赫有名的广浚禅师。李白与广浚的相遇令双方都觉得高山流水，知音难觅，相见恨晚。于是李白在白水寺常住下来，每天傍晚和广浚在白水池边弹琴吟诗，心中愁烦随着琴声渐渐忘却。终于有一天，他忍不住问广浚：我怎么从你的琴音中听出了诵经之声？广浚大喜，指着吹动的树叶、飘浮的云彩、奔流的溪水说："佛陀无处不在，一切生灵皆有佛性，佛法无边。"他轻轻地拨动琴弦，白水池里的青蛙柔声和唱，并随着琴声的起伏时高时低，美妙无比。李白听到忘情处，脱口而出：弹琴蛙，弹琴蛙，想不到这小小的青蛙也跟着你学会了弹琴诵经，真是佛法无边啊！广浚对李白说："诗仙有如此慧根，以后一定会流芳百代。"正如广浚禅师预言的一样，李白除留给后人佳名外，还留下一篇篇绝代佳作。

峨眉山的美景、广浚的深情厚谊，使李白走后仍对峨眉山魂牵梦绕，写出了流传千古的《登峨眉山》、《峨眉山月歌》等佳篇。天宝十二年（753）的凉秋九月，李白与阔别30年的老友广浚禅师重逢，激动万分，写下了《听蜀僧浚弹琴》："蜀僧抱绿绮，西下峨眉峰。为我一挥手，如听万壑松。客心洗流水，遗响入霜钟。不觉碧山暮，秋云暗几重。"吟诵这首诗，仍能牵动我们"秋风落叶"的离情。

广浚、李白已故去，我们已不能听到广浚弹琴、李白吟诗了，后人便在这池边修筑了"广浚弹琴台"和"李白听琴处"作为纪念，池边原竖有一块"唐李白听广浚禅师弹琴处"石碑，现已不知去向。然而把广浚禅师弹琴诵经的美妙之音保留下来的，却是这池中瘦瘦小小、生生不息、繁衍不止的弹琴蛙。想听听吗？请大家举起手，和我一起有节奏地击掌，看弹琴蛙能否为我们献上一曲。

我们这个团队果然幸运，俗话说：琴为贵人弹，看来弹琴蛙已为贵人送来福音了。走出古老的万年寺，大家是否还沉浸在"白水秋风"的美景中，李白、广浚的感人故事里？嫦娥告诉大家，接下来的景色会让你更加激动。

● 化蝶谷

上回在清音平湖说到：吃得苦中苦，方为人上人。吃得苦中苦，方能变美女。其中缘由听嫦娥细细道来。话说白素贞在遇到许仙之前，本是蛇身，白蟒蛇要想蜕变成美女，非外痛内裂、骨折筋断不可，千般苦难，万般折磨，也非凡人所能承受，单说那九九八十一变，就难熬下去，可这白蛇熬过去了，而且修炼得功力日深，正所谓"天将降大任于斯人也，必先苦其心志，劳其筋骨，饿其体肤，空乏其身，行拂乱其所为，所以动心忍性，增益其所不能"。一天赤蛇大仙官来到洞中考查白蛇练功，觉得它的功法倍增，便有心试试，叫它到二峨山上采下金灵芝、三峨山上采下银灵芝、四峨山上采下铜灵芝，三天之内一齐栽到大峨山（峨眉山）巅金刚嘴上的"灵芝坪"。二峨山、三峨山离大峨山较近，四峨山离大峨山较远，要搁平时那么游走，白蛇一年恐怕也办不成这事，可它有仙法，3天时间刚到，赤蛇大仙官去山巅观看时，那3种灵芝草已在那灵芝坪上长得活鲜鲜的了。

赤蛇大仙官好不欢悦，又教了白蛇九九八十一转仙法，再有一十九转法就可变成人模样。这一天，不知怎么搞的，白蛇突然感觉身体不适，脑壳发胀，全身发麻。正在此时，那赤蛇大仙官令它去大峨山后面一大沟中练"脱身法"。只许它快速游到，不能变法前进，还要机智巧妙地躲过人们的眼睛。这可苦了白蛇，不但要应付身体不适，还要专择有树木掩蔽之处前进。当它游至那大山沟中时，身体突然变大，大得那山沟刚刚装下。白蛇一躺到沟中，赤蛇大仙官就赶到了。他令白蛇前后左右翻滚七七四十九次，上下跳跃九九八十一回，还要复述前功后法三七二十一遍。翻滚中只见白蛇皮开肉绽，血肉模糊，筋断骨折，大汗淋漓，疼得昏死几次后才回大峨山洞中，闭洞修炼，待雷音洞中雷声传讯，方可列入仙班。

白蛇又不知修炼了多长时间。有一天，峨眉山巅雷音洞传出七七四十九记雷声，一记雷声就是100年，白蛇听后知道修得正果的时刻到了，然后施展法力，一缕白烟腾空，层层雪白的蛇衣纷纷褪下；又一缕白烟腾空后，一位白衣素装的姑娘亭亭玉立在山冈上。她师傅看她出落得像峨眉山顶的白鹤松一样，就为她取名"白素贞"。

各位团友，大家看这沟中的红石、红土，就是白娘子当年蜕变时于谷中翻滚留下的创伤和血迹，这沟内伤残的草木树枝就是当年被白娘子压伤的遗迹。因为，这里能使丑小鸭变天鹅，如同化蚕成蝶，以后人们叫这里为"化蝶谷"。

● 白龙寺

白龙寺，由别传禅师于明嘉靖四十五年（1566）创建。白娘子在化蝶谷蜕变后，于寺后的洞中修炼，原来洞上下可通，后因山体滑坡洞被湮没，遂填筑为寺，因而得名白龙寺。

白龙寺有两重殿，第一殿供泥塑的接引佛、观音、大势至像。大雄宝殿里供的这尊玉质彩绘释迦牟尼佛，高1.8米，系傅作义将军的妹妹傅凤英1991年赠送的，文殊、普贤分立左右。在大殿后方，供宋代铁铸地藏、观音的像。据专家鉴定，这是两件造型别具一格的珍贵文物。

大家看看寺门上的横额"白龙洞"以及这副对联："白龙洞外，点点翠峰迎旭日；古功德林中，片片白云带春烟"，均是齐哈源于1980年书写的，它向我们描绘了峨眉山的又一胜景——"德林春烟"。

● 古功德林

白龙寺外这一片茂密的楠树林高大幽深，让人感觉气度不凡，它叫"功德林"。古功德林已有400多年历史，是明朝隆庆元年（1567），也就是白龙寺建好的第二年春，别传禅师率领徒众以《法华经》字数为准，口诵《法华经》，念一字，种一树，叩一拜，总计植树69 777株。桢楠、柏、杉遍布山岭周围两华里，当年手到春生，而今绿云蔽天，人们为纪念别传禅师的功德，在寺外建了一座牌坊，横额"古功德林"。但是在后来遭到破坏，到今天，尚存的10余株古楠高达二三十米，树龄已在400年以上。为再现这片清凉世界，1984年，全山军民僧尼又在此处新植桢楠2万多株，古树新苗，同林并茂，更加郁郁葱葱，久违的"德林春烟"又重新出现在我们面前。

● 息心所

从万年寺到息心所有5公里的坡道，人称"观心坡"。在观心坡上有一棵高达40米的岩桑，胸径有1米左右。据植物学家考察，树龄已有千岁，如今仍枝繁叶茂，一片浓荫，生机勃勃。这样高大古老的岩桑，在峨眉山中仅此一株，在全国也很罕见。

观心坡山脊上那座小庙就是息心所，明代嘉靖年间创建，清康熙时荒废，光绪时重建。殿内供观音和药师佛。在息心坡左边林内竖有一碑，系清光绪十五年（1889）十月十五日立，上刻"统领四川马边防营提督军门笃勇马图鲁万军门修砌峨眉山进山大路碑记"。碑中记述了马边防营军官出钱修砌息心坡道的情况。这说明历代地方统治者对峨眉山佛教的支持。

● 初殿

据地方史书记载，初殿在宋时只有板屋一间，供游人歇憩饮水之用。到了明代才建寺庙，供上佛像。该庙清乾隆年间毁于火灾，后南舟禅师重建。殿内供释迦牟尼佛、文殊、普贤、药师佛、地藏、观音、韦驮等塑像。

● 华严顶

华严顶又是这座山的名称，站在这里可以看到金顶、九老洞、洪椿坪、万年寺等，晴天还可看到峨眉城市，所以这里有"小金顶"之称。

四、金顶景区

各位元首、各位夫人、各位公主、各位王子，请注意了，嫦娥现在向您隆重推出峨眉"十全十美"之旅的重头戏：四大华夏奇观所在地的金顶景区。金顶景区为峨眉山高山区，海拔2 000～3 099米，覆盖着古老的玄武岩层，是两亿多年前喷出地面的岩浆冷凝而成。这里气候寒冷，四时如冬，人文和自然景观奇妙，明代高僧梦鉴有诗云："峨眉高，高插天，百二十里烟云连。盘空鸟道千万折，奇峰朵朵开青莲。"登临金顶，大有"会当凌绝顶，一览众山小"之势。

各位团友，我们现在雷洞坪停车场到接引殿途中，这里是雷洞坪，我们从雷洞坪出发到接引殿有1.5公里的路程，曲折迂回的游路上，运气好还可见到猴子。在雷洞坪的上方有一桫椤坪，因其满山盛开杜鹃而得名。杜鹃花花容艳美，与珙桐、兰花、报春花并称为峨眉山四大名花。全山杜鹃花有30多个品种，有长蕊杜鹃、疏叶杜鹃、树生杜鹃、问客杜鹃等珍稀品种，大部分成片地生长在桫椤坪。春夏之交，从山麓到峰顶，依次绽放，满山杜鹃，五色纷呈，各放异彩，观赏期可持续100天之久。

1.5公里的路程不经意间就走完了，一抬头，接引殿正站在前面迎接我们的到来。接引殿在宋代名新殿，又名接引庵，庵内供接引佛像，明代万历年间改名接引殿，沿用至今。现在所见的气势恢宏的大殿是1996年佛协集资修建的。主要有大雄宝殿、普贤殿和接引殿。

好了，看完接引殿，金顶在望。接引殿右侧有6公里的步行游山道，沿途经过梳妆台、太子坪、天门石等景点到达金顶，体力好的朋友可以选择此路。当然，为节省时间，我们可以乘坐金顶索道公司的索道，仅需8分钟的时间便可站在金顶体会"会当凌绝顶，一览众山小"的气势了。

金顶索道于1988年建成运行，全长1 168米，落差500米，中间无支架，是目前我国单跨最长、海拔最高、坡度最陡的高山架空索道，全套设备从日本进口，乘坐非常安全、舒适。坐在车厢里，犹如坐飞机一样；抬眼环顾，仿佛在腾云驾雾飞往仙境一般。

到了金顶，大家的心情也许有些迫不及待，想体会站在高岗上的感觉。我非常理解这种心情，不过我要提醒大家注意一点，不要走得太快，更不能跑，这可是在海拔3 000米以上的金顶。

这条挂满了锁的道路被称为"峨眉山圣道"，道两旁的铁链上层层叠叠、相互交扣着连心锁、长命锁、平安锁等,每一把锁都给佛祖留下了一个虔诚的祈祷,每一把锁都锁住了佛祖给您的官运、财运、桃花运。

各位团友,人生登顶有几回,何不虔诚锁一回。

朋友们,(低声)嫦娥再告诉你一个鲜为人知的峨眉山绝密,也是很多大官们的秘密,就是你可把您身边的小人、仇人名字写下来,搓成小纸团塞到锁孔里,然后锁住,只要你不开这把锁,他(她)永世不得翻身。朋友们,千万别外传,让我们领导知道不好,因管理处不准传播此消息,领导知道我这样做会把嫦娥赶出月宫的。在此拜托了!(鞠躬)

登上十几级台阶,我们就会看到一个双心融合的小景观,有千百个同心锁缠绕在周围,表达着情侣们对美好爱情的追求,对心心相印的渴望。其实这样表达心愿的方式来自古代民间的习俗,信佛的人们常在佛祖或自己尊敬的菩萨面前许下心愿,用自己的随身手帕衣物等包上一块石头,丢下山崖以表达自己的虔诚;而相爱的人们则在这里的草地上打结,代表永结同心,后来逐渐演变成把锁留在佛地,而把钥匙丢下山崖,以表达对爱情的忠贞不渝。

● 太子坪

从接引殿沿登山路行约3.5公里即到太子坪。上太子坪的道路俗称七里坡,坡左右藤蔓中有一巨石兀立,如刀砍斧劈,石上有苔藓天然长成的"第一山"3个大字,随阴晴变化,时隐时现。若3字皆现,当年定是五谷丰登,充满神幻色彩,故名"一山兆瑞"。

太子坪原名万行庵,由明代古智禅师创建,清顺治年间闻达禅师重建。传说寺因供奉明神宗朱翊钧之子常洛塑像,故名太子坪。

由太子坪往上即达天门石,两石对立,如刀中劈。再上即达七天桥,因道家称峨眉山为第七洞天。过了七天桥不远,即达金顶。

● 金刚嘴灵芝园

上回咱们在清音平湖说到,许仙、白素贞喜结良缘。对此,有一出家人狰狞奸笑,这个出家人名叫法海,只因法力高强,看出了白娘子的真身,才发出了奸笑。话说这年四月下旬的一天,离五月端阳不远了,许仙去天景湾行医回家,刚走到马路桥旁,法海上前施礼说道:

"阿弥陀佛,许施主请靠近说话。"(导游略作表演状)

"师傅何事?"许仙道。

"你家娘子实为妖孽,乃蛇妖所变,如若不信端阳吃雄黄酒时,可劝她喝醉,当真相大白。"法海口中念念有词,说完飘然而去。

转眼已是端阳节,许仙一早去采了些陈艾、菖蒲,还上街去买了些酒、肉、雄黄。

菜上三道，大家饭桌前坐定，许仙急切道：

"娘子近来帮我为百姓除病，劳心苦力，疼杀我也，许郎当敬你三杯。"

"许官人，姐姐从不吃酒的。"青儿劝道。

"端阳佳节，略吃点酒，高兴！来，我也敬青妹三杯。"许仙端着酒杯，转身说道。青儿眼看引火烧身，便不再言语，任凭小两口打情骂俏。

白娘子推辞不过，心想，仗着自己千年修炼的功夫，怎么也能抵得些酒力，于是接过杯子一饮而尽，一连喝了3杯。

白娘子喝了这雄黄酒后，顿觉得头昏脑涨。许仙这时也有醉意，原想当夜不睡，看个究竟，可不胜酒力，竟比那白娘子先休息了。

"哎哟，我的妈呀！"第二天，天刚亮，青儿听到许仙嗥叫一声，接着"砰"的一声许仙滚下了床。她知道糟了，急忙朝许仙房中奔去。

果然，白素贞喝了雄黄酒，半夜子时现出了原形。

"姐姐！快醒醒，许官人已吓死啦！"青儿对着帐内大声喊道。

白娘子坐了起来，看到地上躺着的许仙，急忙下床伸手去摸，身子都快冰凉了，只鼻子还出气。

白娘子嘱咐青儿道："你在家将官人照看好，我到峨眉山金顶去扯灵芝草回来。"二人轻轻地将许仙抬上床，盖好被子，就像他还在床上睡觉似的。

白娘子飞似的上了峨眉山高耸入云的金顶。只见古树参天，百花竞放，溪水潺潺。在林深树茂的密林深处，几株祥云般的仙草熠熠发光。白娘子好生欢喜，小心翼翼地采下一株藏入怀里，转身就要走。不料被守山的仙鹿、仙鹤两童子挡住去路。仙鹤童子大喝一声："大胆妖女，竟敢盗我仙草，看剑！"一剑刺过来，白娘子连忙招架。双方打得难舍难分之际，一支仙杖压住两人的兵器，大家定睛一看，是南极仙翁来了。

白娘子跪下哭道："我家官人为我而死，求仙翁赐我仙草救官人一命。"

大慈大悲的南极仙翁为白娘子之真情所感动，对白娘子说："这仙草是峨眉山之宝，名唤灵芝。感念你不畏艰辛，一片赤忱，就送与你，速速归去救你夫君吧。"

白娘子谢过仙翁，怀藏灵芝仙草飞回江南。一到家，急急生火熬药，煎成汤汁灌入许仙口中。不到一个时辰，许仙慢慢睁开双眼。

"醒了！醒了！"白娘子和小青喜极而泣。

"哎呀呀！我这一觉睡得好香好甜啊！"

"是啊，"青儿一边答应，一边悄悄地给白姐递眼色，"你睡得太沉了。""想必是许官人既扯药又治病，劳神费力，尽心于百姓，实在太累太累啦。"白娘子道。

"大家都累，怎么只我一个累呢？"许仙道。

"还是官人累得多。"青儿道。

"啊！我在梦中看见娘子变成一条蛇，可把我吓了一跳。"许仙道。

"这梦可以乱做，可官人不可以乱说呀。"青儿道。

"我真是蛇，你不怕吗？"白娘子笑道。

"娘子是大好人，管你是人还是蛇，我照样喜欢你。"许仙笑着在娘子额头上一个飞吻。（导游在此故意渲染情事，令恋人们想入非非）

故事说完了。佛家讲究因果报应，这个故事告诉我们，好心必有好报，嫦娥看到、算到今天各位官人都有一位美若天仙的娘子，必定是前世修来的桃花运，你可要珍惜哦，在端午节千万千万别让娘子喝雄黄酒呀！

● 卧云庵

峨眉山八大寺之一的"卧云庵"，建于舍身崖边，地势险峻，因崖下常年白云腾涌，寺庙如同闲卧于云层之上，故名；是明代嘉靖年间（1522—1566）性天和尚修建的，清康熙元年（1662）伏虎寺僧人可闻大师重建。寺庙结构呈大天井，一楼一底，铅皮为瓦，整个建筑虽简单，但很有特色，至于是什么特色大家可以留心观察，三重殿游完后我会揭开谜底。门上的"卧云庵"三字系1979年吴作人手书。门上这联为："没底篮儿盛皓月，无心碗子贮清风"，系1990年何志愚书。这是一副赞美峨眉山"月"的对联。

第一殿是弥勒殿，大家看出来了，供奉的是笑容可掬的弥勒佛。

绕过香炉，便是观音殿，"观音殿"3字系1990年本寺住持通孝手书。这尊铜铸观音菩萨像系唐代铸造，彩绘金身，汉白玉莲座。殿内共有3副对联，我们主要来看这副关于日出、云海的对联："天著霞衣迎日出，峰腾云海作舟浮。"系赵朴初句，1980年齐治源书。

观音背后这一殿是玉佛殿，这尊玉佛高约1.2米，莲台、顶、基座均为汉白玉所砌，1989年由缅甸佛教组织所赠。门上"玉佛殿"3字系1990年江苏寒山寺性空大师书。门上这联："无感不通想见佛光须恳切，随愿所成要登胜景莫辞劳"，是想告诉我们，想见佛光必须要随缘、有耐心、不辞劳苦。好了，卧云庵看完了，大家看出它的特点了吗？其实此门为卧云庵的后山门，却也是玉佛殿的正门。

也许刚才嫦娥讲的时候，团友们就已被眼前的美景迷住了。接下来带朋友们到最佳的赏景处"睹光台"，一睹为快。站在崖边，眼前一片云海茫茫，四周峭壁如猛虎静卧云端，即刻让人体会到"不涉高寒处，安知天地宽"的境界。不言而喻，作为人应该经常登高望远，方知"天外有天，楼外有楼"。

大家都知道，峨眉山金顶有四大奇观：日出、云海、佛光、圣灯。有人说，到了四川不游峨眉是遗憾，游览峨眉未登金顶，更是遗憾。现在我们站在这雄伟的峰巅上，可以自豪地说，我的峨眉山开心之旅没有遗憾了。趁此机会，我逐一讲一下这"十全十美"之旅的第四单元四大奇观。

●云海

这里是观云海的最佳所在。峨眉山的云海随天气变化呈现不同景象。山顶晴空万里，山下绵绵的白云却从千山万壑冉冉升腾，浩瀚无际的白云在岩下翻涌，露出云层之上的山峰犹如海中座座孤岛，缥缥缈缈如同神话中的蓬莱仙境。云海瞬息万变，时而平铺如絮棉，称作"云毯"；时而波涛漫卷，称作"云涛"；时而簇拥如山，称作"云峰"；时而聚结蓬堆，称作"云团"；时而诡谲如窟，称作"云洞"。山风乍起时，云海随风势变化多端，或骑龙跨凤，或车舆仗队，或飞禽走兽，全凭观者自己想象。金顶云海，古时被称为"兜罗绵云"或"兜罗绵世界"，很奇怪的叫法，什么意思呢？原来"兜罗"是梵语，一种树名。"兜罗绵"意指此树绽放的花絮，纷纷扬扬，如丝如绵。

●日出

高山观日出，万里山河，到处可见，不足为奇。但登峨眉观日出就大不一样了。首先，泰山、黄山、庐山观日出，都在海拔2 000米以下；而峨眉山观日出，却在3 000米以上，视点高了，居高望远，更加浩瀚壮阔。其次，峨眉山高耸于四川盆地西南边缘，鸟瞰纵横千里的"天府平原"，这和海上观日出又是不一样的风情，那里是有声的海涛涌出一轮红日，这儿却是绵绵的云朵悄悄地将朝阳托起。再次，峨眉山夜雨居多，常常是雨霁晨曦，雾露中的冰晶与水球将阳光中丰富的色相展示得淋漓尽致。峨眉山日出，是"四大奇观"的中心，它带来"云海"、"佛光"、"圣灯"等一系列壮丽景观，是一篇"阳春烟景"大文章。日出仅是序曲，有人说：没有日出，就没有"佛光"、就没有"圣灯"，也就没有"云海"，更没有妍丽多姿的峨眉秀色。

金顶日出，和佛寺的钟声同步而起。天刚破晓，东方碧蓝蓝的天空，在地平线那儿横抹着一道直直的银光，把天地分开来，徐徐地上下扩展着。忽而，从天地的缝隙里挤出了一条咖啡色的光带，曙红变金黄，好像熔化了的金水在缓缓地倾泻流淌。刹那间，几道光束像闪闪利剑划破了这紫蓝色的天幕。此时，橙黄色的云、朱红色的云、曙红色的云，都被镶嵌上亮晶晶的金色花边，相互交错重叠，把道道光束横剪成了几段，向高空不断地延展。殷红的太阳笼罩在一层层暗紫色的薄纱里。忽然，轻轻地撩起这紫色的面纱，露出她那红红的面庞。这时的朝阳凭着自身的能量，不断地穿透一道又一道的云彩，一个跳跃接着一个跳跃，冉冉地升上了地平线，把紫色的云、红色的云、黄色的云……推向遥远的天边，巧叠成千奇百状的彩色的"山峦"。在这"山峦"下面，好像有一条黄澄澄的天河，在微微地流动着，朝阳正沐浴在这条天河里，向上浮起、浮起，悠闲地浮出了天河的水平面，似乎猛地一跃，带着天河里的金水，湿漉漉升向高空，露出椭圆圆的、红润润的笑容。然后很快升高，变得浑圆浑圆，收敛了笑容，放射出刺眼的光芒，刺得人眼花缭乱，千山万岭金色一片。此刻，满天的彩霞、殷红的朝阳、玉白的雪山、珊瑚色的"峨眉三顶"、浩大的绵绵云海，构成了一幅极为壮丽的天然画卷。此情此景，让我们不由诵诗抒情：朝阳好，秀色呈笑颜，日出江山红似火，万顷云涛卷层澜，峨眉好河山。

●佛光

四大奇观中最奇特的是佛光，"峨眉十景"中的"金顶祥光"指的就是这佛光。

佛光又称"峨眉宝光"。佛经中说，它是释迦牟尼眉宇间放射出来的光芒。在峨眉山上出现这种自然奇观，又和佛教传入山中的历史密切相关。佛光自公元63年发现以来，已经具有1 900多年的悠久历史，并作为世界奇观驰名中外，可称为"世界之最"。

类似"峨眉宝光"这种自然现象，国内外已多次出现：在国内有山东的泰山、安徽的黄山、江西的庐山、四川的大小瓦屋山等处，在国外有南非的潘巴马斯山、美国的亚利桑那大峡谷、瑞士的北鲁根山等处。但这些地方的"宝光"，均晚于峨眉山金顶的佛光1 000多年才出现或被发现。有的仅偶然一现；有的虽曾多次出现，但早已消失；有的虽景观尚存，但很难得见。只有峨眉宝光，在峨眉山景区范围内尚有天门石、接引殿、雷洞坪、灵岩寺等处曾多次出现。至今西峰之巅的金顶，每年可观日数仍为80天左右。所以，"峨眉宝光"在历史上的领先地位是当之无愧的。

"峨眉宝光"是怎样形成的呢？这是每一个人都会问的问题。中国学者魏福平教授经过多年观察，给予了比较权威的解释。他认为这种自然现象是日光在传播过程中经过障碍物的边缘或空隙间产生的展衍现象，即因展衍作用而出现的。当云层较厚时，日光透射云层，会受到云层深部的水滴或冰晶的反射。这种反射再穿过云雾表面时，有部分光束偏离原来的放射方向，其偏离的角度和水滴、冰晶点的直径成反比，与各种色光的波长成正比。于是，不同波长的单色光分别逐渐扩散开去，形成一个彩色光环。为什么会形成环形的光反应呢？因为只有位于某一个光锥面的单色光，才能为人们肉眼所见。这种光锥的夹视角，据粗略的计算约为9度，不像虹的夹视角达84度左右。同时光线在衍射时，光波愈短其偏离角度就愈小，所以色彩的层次分布，一般呈紫色在外，红色在内，愈接近环形的中心部位，色彩逐渐淡化，到了光环中心，就像一面发光的乳色玻璃镜。为什么会身影自见呢？主要原因是，虽然云层中的水滴和冰晶点很多，但人们各自所见的光环，只是各自所视为顶点的那个光锥面的水滴和冰晶点作用的结果。也就是各自照着一面小小的圆镜，自然照见的只是各自的身影。由于这种自然现象出现的地理位置、环境、时间、形态、色彩多种多样，这只能说明环形"摄身光"的成因。这种环形彩光，常见于峨眉山第二主峰的金顶，19世纪初，科学界定名为"峨眉宝光"。

峨眉宝光，七彩纷呈，清晰可辨，幻变之奇，出人意料。环径大的，每次出现能见时间长达2至3小时的为"大现"，反之为"小现"；环径仅只1米左右的为"辟支光"，又称"辟支相"，是梵语的音译，意为"缘觉"，为佛教"三乘"之一；含宏山川、笼罩群峰的为"金桥"；白色无瑕者为"水光"；能摄人身的为"摄身光"；等等。我们常见的便是"摄身光"，为七彩光环。数人并肩而立，人影投入环中，人动影随，身影自见。绝妙之处，殊非言语所能形容，只有您亲临目睹，才知其中奥妙。

● 圣灯

"圣灯"又名"神灯"、"佛灯"，和"峨眉宝光"一样大有名气，并称为峨眉山的"两绝"，人们赞誉为"万盏明灯照峨眉"、"万盏明灯朝普贤"。圣灯通常出现在夜间，要看到得具备四个自然条件：一是雨后初晴；二是天上没有月光；三是山下没有云层；四是山顶没有大风大雨。所以比起"峨眉宝光"来，更难一见。

峨眉山能看到"圣灯"的地方不止一处，灵岩寺、伏虎寺、华严顶、洗象池、天门石等处历史上都曾出现过，不过最可靠的还是金顶。

说它是"神灯"，的确有点神气。在没有月光的夜晚，刚刚洒过毛毛细雨，清风徐徐吹来，金顶上空像紫罗兰的夜色。金顶之下是陡峭的舍身岩，垂直高度600多米。金顶之上耸立着琼楼玉宇似的华藏寺，稍下是睹光台，台上是卧云庵。寺庵相邻，虽高差20米，但殿堂里轻散出的香烟，总是形成一团。两寺的钟鼓之声，同时而起，高扬空中，被迎面吹来的晚风卷了回来，伴着呼啸的林涛，在耳边回旋似的"嗡嗡"作响，还有"脱脱"的木鱼声。9点左右，星星点点的萤光，从岩下徐徐升起，闪烁在重重山峦的蓝色剪影里。起初，总以为是农家的灯光和炊火，并不引人注意。过了一会儿，千点、万点，逐渐增多，还以为是峨眉城里和邻近村镇的华灯初上，也觉得没有新奇的地方。顷刻之间，无数灯光层层密布，随着气流浮浮沉沉。凭着肉眼的视觉所见，有浑圆的，有椭圆的；有的大如球，有的小如珠；大的小的，由近及远，千变万化；大的变小了，小的变大了；有的下沉谷底，有的高翔空中，有的呈上升趋势。瞬息间，灯火飞出岩口，飞向湛蓝的天空，飞入静寂的山林，飞进肃穆的殿堂，飞到你的身边，落入你的怀中，贴在你的脸上，星光、萤火、佛灯都黯然失色，使你感到一种莫名的欣慰。捧在手中，柔柔的光线仍从手缝里透了出去，一松手，变得无影无踪，真是幻妙极了。微风拂拂，光耀灼灼，人影、灯光似乎化为了一体。这圣灯究竟有多少？谁能说得清楚？正如佛门弟子说得好，那就是"恒河沙数"。

"圣灯"，发现于何时，谁首先发现，尚未可知。公元9世纪初，唐朝诗人薛能始有"圣灯"的题咏，从那时算起已有1 000多年的历史了。

"圣灯"的成因，古往今来众说纷纭。有的说是一种能燃烧的物质，燃犹未尽；有的说是带磷的昆虫在夜间飞翔；有的又说是空气中能燃烧的元素受气流摩擦而发光；等等。直到1983年，井冈山总体规划委员会的田野普查队夜宿水口坳，看见了和"圣灯"十分相似的景象。他们对发光区域的土壤、岩石、植物、昆虫等进行采样化验，结果表明，发光的是附生在树枝叶上的一种叫"密环菌"的真菌物质，在水分达100%以上时，即能发光。这种带菌枝叶随着气流上下浮沉，随风飘散，所以"圣灯"满山。这种说法，总算对"圣灯"的千古之谜有了个可信的解释。

"圣灯"这种自然奇观，祖国万里山河并不多见，国外尚未有闻，自然成了峨眉山的"绝景"。

各位团友，在山门前我说过今天紫气东来，必有贵人出现，贵人必为我们带来四大幸运，今天我们看到了四大奇观之一的圣灯，真是太幸运了，让我们通过掌声感谢我们身边的贵人。

● 金顶十方普贤

各位施主，请整装肃穆，嫦娥带您进入峨眉"十全十美"之旅的压轴项目：拜"十方普贤"。"十方普贤"是峨眉山佛教最权威的标志，让人肃然起敬，油然而生虔诚之意。

因为峨眉山为普贤道场，普贤菩萨曾在佛祖面前许下十大愿，以普度众生，而"十方普贤"便是根据普贤菩萨的十大愿以铜铸就，十方又契合东、南、西、北、西北、西南、东北、东南、前、后十个方向。"十方普贤"以一尊通高48米的露天铜铸"十方普贤"巨型佛像为代表。"十方普贤"四面化身为一体，端坐巨型莲台布道，四方造像都一样，从不同角度观赏不差分毫。它是铜铸镏金，是中国四大佛教名山中海拔最高、造型最为宏伟的铜铸巨佛造像，也是国内国家级风景区中海拔最高、造型最大的露天铜铸巨佛，是纯净佛国神奇壮丽的旷世景观。

金顶"十方普贤"铜铸巨佛始建于2004年9月，于2005年底竣工，现已揭开神秘的面纱，耸立于金顶之上。金顶、千佛顶、万佛顶3座海拔均在3 000米之上的峨眉圣峰宛如3朵硕大的青莲簇拥巨佛，在绝岩舍身岩上的金殿和东侧的银殿光华闪烁，拱卫着巨佛，四面皆佛的"十方普贤"法相庄严，高临云端，俯瞰苍生。普贤菩萨面如满月，双眸凝重，微含以慈悲欲感化人间，劝人向善，普度众生。巨佛为坐式造像，正身之下是铜铸巨型六牙大象和莲台。整个巨佛造型设计完美，工艺流畅，堪称铜铸巨佛的旷世之作，具有极高的文化价值和审美价值。

登临峨眉山金顶，朝圣是一大主题，观"十方普贤"又是一大盛事，仿佛置身于仙山佛国之中。而3座圣峰簇拥"十方普贤"，无论从那一个角度去仰视，都给人一种强大的震撼力，冥冥之中，给人以净化心灵的强烈感悟。瞻仰"十方普贤"，再登上金殿的睹佛台,万里晴空之时,极目远眺,青衣江、岷江、大渡河三江如练,雷洞坪旁的数十座千米悬崖如青笋插天。如若各位有幸看到日出,那么此景观将更为壮丽。清晨天边微白,一缕一丝或一抹极富变幻的红色,从东方的天际边渐渐渲染开来,一点一点地浸润,硕大的朝阳冉冉升起,瞬间一跃,跳出天际,大放光芒。再看"十方普贤"金光四射,这时寺院的早课钟声响起,回荡在三座圣峰的山林和沟壑之间,让人感觉有身临佛国圣堂之感。

各位团友,峨眉山发财之旅的问题来了:"十方普贤"名字的含义是什么?回答得完全正确,嫦娥把含金量最高的奖券敬上。

朋友们,今天嫦娥已经送出了××张奖券,创造了峨眉山有史以来的发奖额之最,看来,果不其然,该团真是藏龙卧虎,人才济济啊!这就是今天的第二大幸运。"朝拜峨眉山,全家保平安","平安"二字值千金,峨眉山的"十方普贤"能给各位带来平安和好运。

● 华藏寺

华藏寺是峨眉八大寺之一,全称为永明华藏寺,从开建至今进行过3次更名,同时殿顶也几经更换。华藏寺开建于公元1世纪,当时称普光殿。唐宋之际更名为光相寺,是木板屋。明洪武年间(约1377年),国师宝昙奉旨来山,换为铁瓦,所以又俗称铁瓦殿。1433年,山西五台山妙峰禅师携朱元璋第二十一子朱模3 000两赐金来蜀,于寺后高处铸造大峨山铜殿。铜殿于1483年造好,用上百万斤铜板、铜条、铜枋、铜皮焊接起来,殿顶渗以真金,太阳照耀之下,金光闪闪,极为壮观,故俗称金顶。120年后,即明万历三十年(1602),明神宗朱翊钧在敕建万年寺无梁砖殿的同时,在北京为金顶举行了隆重的剪彩仪式,并亲题"永明华藏寺"5字冠于殿门之上。从此,就沿用永明华藏寺的名号,金顶的名气也越来越大。可惜,在清光绪十六年(1890)毁于火灾,两年后,月照和尚重建改为砖木结构,大殿的脊梁上置以渗金金顶,仍不失金顶的本义。"铜殿铜壁"上刻小佛88尊,经文数百字,现存放于卧云庵。铜碑现存于华藏寺的弥勒殿,紧接着我们可以欣赏到。现在我们看到的华藏寺是四川省人民政府拨款重建的,建筑面积1 695平方米,较前扩大,有殿宇3重,分别为弥勒殿、大雄殿、普贤殿(金顶)。

弥勒殿的门额"华藏寺"为中国佛教协会会长赵朴初手书,左额"万德庄严"为香港佛联觉光书,右额"愿海庄严"为马来西亚佛教协会常务理事释竺摩书。门上一联:"绝顶俯晴空,洞观云海千层,大地苍茫开眼界;佛光传胜景,指点雪山万仞,长天淡荡豁胸襟。"为原四川省人大常委会主任何炬撰并书。别一联:"华藏庄严,普贤行愿;峨眉耸翠,伯仲昆仑。"大家看,这块便是铜碑,通高2.28米,宽0.85米,这面刻的是集晋代大书法家王羲之的《大峨山永明华藏寺新建铜殿记》

之字而成的王毓宗的撰文，另一面刻的是集唐代书法家褚遂良的《峨眉山普贤金殿记》之字而成的傅光宅的撰文。铜碑虽经历几次大火，但字迹仍清晰可读，记述了妙峰禅师福登募建铜殿的史实，是珍贵文物。殿后供的是韦驮像。

第二殿为大雄宝殿。"大雄宝殿"4字系1990年遍能书，左额"愿王圣地"系原中国佛教协会副会长隆莲法师书，右额"银色世界"为上海市佛教协会会长释真禅书。殿供新铸铜质金身释迦牟尼"三身佛"端坐莲台，庄严慈祥，佛法无边。

第三殿，普贤殿，即金顶。殿高15米，金碧辉煌，为峨眉山现存佛寺中位置最高的一座寺庙。二重檐下金光闪闪的"金顶"两字，集唐代柳公权的字刻成。大家抬头看这块殿额，这是原全国人大常委会副委员长阿沛·阿旺晋美手书的全山唯一一块藏文匾，译为"普贤菩萨"或"普贤愿王"都可以。

华藏寺还值得一提的是寺庙是面向西藏而立。说到这儿，我想告诉大家，西藏僧众对我们峨眉山是最情有独钟的，每年都有很多藏传佛教徒来峨眉山朝拜。他们一般只朝拜普贤，有的教徒也礼拜其他菩萨。他们敬佛心诚，在拜佛时，都是叩长头（五体投地）。他们是从什么时代起来山拜佛的呢？可惜过去没有这方面的文字史料。最近，西藏青年佛学研究工作者桑德在其《仲钦·喀觉巴与峨眉山》一文中说："大约在明代宣德年间（1426—1435），藏族著名学者仲钦·喀觉巴·南木喀坚赞大师前往普贤道场峨眉山的普贤殿（万年寺）朝拜普贤，敬顶礼与贡品，举行盛大的会供曼荼罗仪式，其随行侍从载歌载舞，为普贤菩萨塑像上金。"看来喀觉巴大师是第一位到峨眉山朝拜普贤的藏传佛教徒了。到了清康熙年间，西藏宗教领袖第六世达赖仓央嘉措到峨眉山朝拜普贤（引自藏族学工作者尕藏加《峨眉山与藏传佛教》）。从此，每年都有藏传佛教徒来山朝拜普贤了。

普贤殿的后面和两侧，是玉栏环护的平台，专供游人坐歇赏景。这里因地势高朗，万里山河，尽收眼底，游人眼见如画江山，自会思绪飞扬，情感激发。不过，不同的人由于心境不一，产生的联想也不一样。

五、万佛顶

各位元首、夫人、公主、王子，嫦娥带你西行，乘目前中国海拔最高的单轨缆车到达峨眉"十全十美"之旅的第9单元九个中国第一的第一高佛顶——万佛顶自然生态观光区。万佛顶是峨眉山的最高峰，海拔3 099米，其景区内的景点有千佛顶、情人树、三峰石、仙人回头以及万佛阁等。

现在我们下车的位置便是万佛顶景区的起点。千佛顶因顶上原有寺庙千佛庵而得名，今已无存。过千佛顶，由右而上480米，便是峨眉山的最高处万佛阁，万佛阁初建于明代正德年间，原名文殊庵，后更名为万佛庵，但在民国时期废寺兴学逐渐破败，现在的万佛阁是"文革"结束后，峨眉山万佛顶实业公司于2003年投资修建的，因佛教中有"普贤住处，万佛围绕"的说法，又给重新起名"万佛阁"。现正向中外游人募捐9 999尊伟像，加上1尊主佛，共10 000尊，使之成为名副其实的万佛阁。

好了，各位团友，请跟随我往左480米上到万佛顶，由左而下，中途我们参观到的大片冷杉林是峨眉山高山景区的其中一个保护区，从林中上行第一个参观的是"三峰石"，在这里曾经有一个很古老的传说。相传在很久之前，峨眉山的最高三峰金顶、千佛顶、万佛顶上的寺院中有3位得道高僧，平时经常在一起讨论经文，研习佛法，后来便在此相约坐化成石，这便是现在我们所看到的三峰石了。而这三峰石又刚好在万佛顶的中心地带，故又称：佛在心中，心外无佛。这里所提到的三个主峰金顶、千佛顶、万佛顶三峰排列，山下仰望，像是女子低头时眉毛的形象，古有蝉首峨眉之说，就是这么来的。现在到第三个景点"冰雪神功以及仙人回头"，这里就要向各位介绍峨眉山的武术了。峨眉派是中国三大武术流派之一，峨眉武术中有剑拳法、内功心法等，而这冰雪神功就是峨眉派的内功心法，练习者要脱掉上衣，坐在雪地里不畏严寒，据说练到最高境界能使人白发变黑，齿掉重生，返老还童，但这只是传说，到目前冰雪神功已失传了。而仙人回头是回望金顶及悬崖峭壁上的景色，因相传九老洞中的九位老道当年在此云游都忍不住回头看背后的风景而得名。

现在，我们已到达峨眉山海拔最高处——万佛顶，到此会感叹北宋大文豪苏东坡的诗句："峨眉山西雪千里，背望成都如井底。春风日日吹不消，五月行人如冻蚁。"这里海拔3 099米，万佛顶是中国汉传佛教中最高的佛寺建筑，共4层。站在岩畔往左看，金碧辉煌的华藏寺和那48米高的十方普贤清晰可见，而那舍身岩又如刀削斧劈一般，峨眉山之雄由此而来。往西便是"蜀山之王"贡嘎大雪山，海拔7 556米，往北是四川省会成都。在此也是观赏峨眉奇观日出、云海、佛光、圣灯的好地方。

现在各位请随我上万佛阁去敲万佛古钟，保全家平安。敲钟是有规矩的，僧人一般是敲108下，而我们就只能敲3下，表示皈依佛、皈依法、皈依僧，佛家称为"三宝"。但愿各位的心愿会随钟声的敲响而得到实现，不枉各位到峨眉山的最高峰一游。

结束语：朋友们，大千世界，人海茫茫，小女子在峨眉能遇到几位贵人，真乃三生有幸。在今天的旅程中小女子从大家的言谈中受到许多启发和教育，这些对小女子的一生都是取之不尽的财富，小女子感谢大家了。天地悠悠，人生苦短，由于时间关系，嫦娥不能对峨眉的"十全十美"逐一细细向您介绍了。旅程是有限的，友谊是长存的，但愿我们再相逢。

（故作听状）噢，知道了。刚才那位朋友问我："你说，今天我们团队至少要有四大幸运，为什么还差一个呢？"嫦娥告诉你，不会少的，待会儿出山门后你还要进行今天的"十全十美"之旅第7单元七项互动体验中的民族风情、康乐狂欢、露天温泉等体验，若没有嫦娥包赔，其中必有一个大幸运等着您。

朋友们，希望大家能记得我——峨眉山导游××号嫦娥，嫦娥愿做大家乐山和峨眉山的办事处主任，这是我的名片，有事随时找我。下面请朋友们为小女子打分，在朋友们打分的同时，嫦娥再为团友们唱一首送别的歌曲《再见了，峨眉山》（借用《再见了大别山》的曲调）。

      相逢又分手，握别了朋友，
      山山水水齐叮咛，
      盼望啊隔年再来游，啊哎。
      再看一眼好团友，
      音容笑貌心中留，心中留，
      伟岸的大哥啊，
      快去照看你幸福的美人；
      漂亮的姐姐，
      让我祝福你青春永驻，啊哎。
      再见了峨眉山，再见了峨眉山，
      峨眉山呀赐福给你我，
      我们要把它铭记在心头，
      铭记呀在心头！

黄河三峡导游词

导游线路：孤山峡（起航）—八里小峡—龙凤峡—返航
导游对象：普通观光游客
导游时间：一日游

一、孤山峡（起航）

1-1【开场语】

尊贵的各位游客、朋友们：大家好！首先我代表小浪底黄河三峡景区全体工作人员向大家问好！欢迎大家乘坐豪华游船游览风光秀丽的黄河三峡。俗话说：出门在外，安全第一。我们乘坐的这艘游船性能良好，船长、轮机手经验丰富，今天将由他们掌舵驶入美好的"开心之旅"。在此，要提醒大家的是，为了游船的平衡，请大家一定要两侧均匀乘坐，不要硬靠栏杆，不到船头、船尾去。请将垃圾丢到指定位置，不要将垃圾投向母亲河的怀抱。保护母亲河，人人有责。

今天我们的游线是这样安排的：首先我们乘船游览群峰竞秀的孤山峡，然后进入黄河的主河道，游览万里黄河第一峡——黄河八里峡，最后我们去游览九曲十八弯、充满着浪漫爱情传说的龙凤峡。整个游程往返2个小时左右。（游船启动前4分钟讲解）

1-2【景区简介】

朋友，您到过黄河吗？您领略过黄河三峡那迷人的风光吗？也许您是初次游兴渐浓，也许您来过而游兴未尽，请跟我来吧！

"长江三峡江底去，黄河三峡出水来"，黄河三峡在远古诞生，在世纪工程小浪底水库后长成。有"小浪底精华"之称的黄河三峡，由三条峡谷组成，分别为孤山峡、龙凤峡和八里峡，三条峡谷鬼斧神工形成，各有千秋。孤山峡收放开合、群峰竞秀；龙凤峡九曲十折、峡深谷幽；八里峡峭壁如削、雄伟壮观，号称"万里黄河第一峡"。景区东距小浪底大坝20公里，总面积40平方公里。景区山水交融、港湾交错、高峡平湖、奇峰林立，构成一幅北方少有的江南之美、水乡之秀的壮丽画卷，完全可以和长江三峡媲美。景区地处国家级风景区王屋山、小沟背景区与小浪底游线的枢纽地段，是小浪底旅游资源之精华所在。小浪底黄河三峡景区目前是世界地质公园、国家水利风景区、中国最具吸引力的地方、河南省十大热点景区、中原四大避暑胜地之一。黄河三峡景区是由济源市著名的民营企业家田孝建自1996年起开始开发建设的，目前景区仍属开发建设阶段，不便之处，欢迎大家多提宝贵意见和建议。（开场白结束后紧接着讲解）

1-3【逢石湖】

我们面前的这个浩大水面，称为逢石湖。以前这里是逢石河，由于小浪底工程的建设使这里形成了10平方公里的湖面。这里以前是鱼米之乡，两岸居住着5 000余民众，有8个自然村，人称"北国小江南"，恰似孤山峡的天然后花园。我们以后将在水面开展水上飞机、水上摩托、蹦极等多种水上娱乐项目，建设依山傍水的休闲度假、健身疗养胜地，欢迎大家届时光临。（游船启动后立即讲解）

1-4【凤凰山】

我们东边的山是凤凰山，山洼有玄帝庙、玄天洞、王母洞、老君洞、娘娘洞、观音洞、财神洞、玉皇大帝等多处宗教文化胜迹，吸引着众多善男信女来这里虔诚膜拜，香火非常旺盛。特别是玄天洞更为神奇，洞口很小，洞体很大，相传与10里远的下冶南崟相通，但无人能探其底。凤凰山的整体既像凤凰展翅起飞，又像凤凰回落凤池，俗话说"凤凰不落无宝之地"。凤凰山洞天福地，实乃神仙居住之所。如今，在孤山与凤凰山之间架设了玄天洞跨河索道，我们可以乘玄天洞索道腾空进入凤凰山景点，感受玄天洞索道特有的惊险与刺激，领略凤凰山洞天福地之仙境。（紧接着）

1-5【孤山峡】

我们游船前行的一段即为黄河三峡的第一个峡谷——孤山峡。孤山峡因孤山而得名，孤者，一也、大也、尊也。孤山峡自然景观和人文景观相互交融，群山环抱，三重青天，有大宋皇帝赵匡胤发迹处石牛、杨家将活动处孟良寨，还有旗杆山、双轿峰、玉玺石等，是一处典型的皇家风水宝地，有说不完的故事，道不尽的传说，人文历史荟萃，是难得的旅游胜地。（紧接着）

1-6【双轿峰】

在我们游船左前方的山崖边，有两个凸起的小山峰，大家看像不像古代的轿子呢？这个景点被称为双轿峰，它与周围的犀牛望月、玉玺石、旗杆山等一组景点，成为传说中的风水宝地的地标。（根据角度）

1-7【关公读《春秋》】

孤山崖边依山傍水有一块奇石像一个古人捧着一本书,这个景点叫"关公读《春秋》"。曾过五关斩六将的大英雄关公,驰骋沙场一辈子,如今他也被这里的大河风光所吸引,修身养性,饱览《春秋》,意在告诫人们仁义乃做人之本。(根据角度)

1-8【犀牛望月】

这里是孤山峡风水宝地的核心地带石牛湾了,在石牛湾中有一石山,状如犀牛,牛头朝东向孤山脚下一月牙地回望,称为"犀牛望月"。杨家看风水、赵家坐江山的传说故事就发生在这里,石牛现已成为水下景观,却给我们潜水观景创造了条件。大家看,这里周围天造地设般摆布着玉玺石、旗杆山、双轿峰、翠屏峰,三折三进,后有花园,黄河为带,群峰犹如千盏万碟摆开的盛宴。这里背靠鳌背,门迎凤凰,左有龙山,右有虎山,都是典型风水宝地的象征,怎能不出皇帝呢?(根据位置)

1-9【拔角山】

在我们的右前方有座尖尖的山,这座山的名字叫"拔角山",因挺拔有尖而得名。拔角山的山腰上有一个洞,洞内四通八达,形成十字八条街。相传大禹治水感动了天帝,天上各路神仙下凡,就在这个洞中商议治水大计,这个洞就被称为神仙洞。在战乱时多有百姓避难其中,洞壁上有清代以来难民避难和官员旅游留下的题词。在神仙洞的旁边还有一个神女洞,传说是七仙女下凡之后把她头上的那个金簪掉在了这个洞中,这个洞内的景观特别漂亮,有石钟乳、石花、石笋。但是洞口非常窄,须爬着才能进去。(根据角度)

1-10【翠屏峰】

横在我们正前方这座山峰叫作翠屏峰,大家别小看了它,它可不是一般的山。它是孤山峡的天然屏障,也为1947年陈谢大军渡河立了大功。当年大军渡河时的先遣部队和浩浩荡荡的支前民兵都是在孤山峡打造船只和进行作战前准备的,利用翠屏峰做屏障正好挡住敌人枪林弹雨的优势,迅速将大军渡过黄河。翠屏峰是一座美丽的山,更是一座英雄的山。(根据位置)

1-11【水寨】

我们的前方有两个古色古香的小房子,这就是我们孤山峡的水寨门,它是仿宋建筑,与孟良寨遥相呼应,而两边的小浮子会随着水位升降而升降。2000年38位国内外专家对小浪底旅游规划进行考察时,一致给予它"高品位文化精品"的好评。(根据位置)

1-12【石狮守门】

在游船左前方的山头上有个凉亭叫石狮亭,在这个亭子的旁边有一块巨石很像一头石狮,它被称为"石狮守门"。它就是孤山峡"犀牛望月"风水宝地的守门神。

（根据角度）

1-13【双船峰】

在前方有两座山峰酷似两艘船正向我们孤山峡行驶，我们把它称为双船峰。当地的百姓风趣地说，它记录着当年大军渡河的丰功伟绩，船只停在这里作了永久的纪念。（根据角度）

1-14【清河渡】

这里曾是解放战争时期著名的渡口——清河渡，当时大军渡河时的第一批船只就是从这里驶过的。狭窄的对岸九磴莲花山下，敌军在峭壁如削的高处看不到我军船只，也打不着我军，先遣部队顺利到达下游对岸，接应我军主力，清河渡为大军渡河作出了特别贡献。这次战役是我军从战略防御转为战略进攻的第一仗。毛主席曾高度评价过："没有十万大军渡黄河，怎有百万雄师过长江。"当时济源有名的留庄英雄民兵营的葫芦队和30万支前民兵前来支援大军渡河，这次战役是我们济源规模最大、人数最多的一次战役，它既是我们济源的骄傲，又是黄河三峡的骄傲。（快出孤山峡时）

二、八里峡

2-1【八里峡】

现在我们的游船已经进入第二条峡谷八里峡，又名八里胡同，素有"八里坪、八里川、八里胡同、八里山"的说法，它是黄河中下游最壮观的部分，也是黄河中下游最狭窄的地方。所以又被称为"万里黄河第一峡"，同时也是小浪底大坝的最早选址之处。大家看，八里峡壁立千仞、气势磅礴，传说系大禹神斧劈就而成。黄河三峡景区是世界地质公园的三大园区之一，八里峡乃黄河贯通的重要节点，由于八里峡在120万年前的贯通，导致垣曲湖盆地湖水外泄，形成今天的万里黄河。八里峡是黄河全程和王屋山世界地质公园重要的、具有特殊科学意义的地质遗迹景观。（一进入八里峡）

2-2【九磴莲花转】

黄河南岸的山分九磴九级，次第升高，又有九道山梁若分若离，东西延伸，看上去如莲花盛开。这就是我们前面讲到的九磴莲花转，民谣："九磴莲花转，转转有一罐。谁能得住这一罐，能治九州十八县。"这首千古民谣是神仙洞中神仙会的核心，它前瞻性地预言了治黄的方法和治黄的重要性，意思就是说治水者治天下。千百年来为了治理黄河中华民族前赴后继，奋斗不息，堵堵疏疏，又疏又堵，直到今天的小浪底工程采用了以堵为主、疏堵结合的方法，才将防洪、防凌、减淤、灌溉、供水、发电集为一体，破译了中国治黄史上的千古民谣，使黄河安澜、江山永固、民族腾达。（紧接着）

2-3【古栈道遗迹】

据考证，隋唐年间，八里胡同是由古都洛阳到长安"漕运皇粮"的必经之路。说起漕运，它发源于先秦，历经两汉，到隋唐时期已经发展到了顶峰。黄河漕运带动了当地人民的富裕，造就了这条水上大动脉，而今繁忙的漕运已随时光变迁消逝在历史长河中，我们也只能在古栈道遗迹中想象一下当时百舸争渡的漕运场面。据初步统计，八里胡同古栈道共15段，全长4 000余米，栈道形状从正面看好似一道横着的大凹槽，顶部呈弧形，悬于水面之上10米左右。栈道上留有大量壁孔、底孔、牛鼻孔、扣手等遗迹，甚至当时的防滑道痕仍清晰可见，这些充分体现了古代劳动人民的勤劳与智慧，现在这些都已成为水下的重要文物了。（紧接着）

2-4【夫子堂】

在我们的北岸石壁上原有一石龛，高10余米，宽、深均30余米，有门有窗，龛内有孔子及72弟子塑像，龛外有石碑数通，记载历代重修的经过。相传孔子西游，在此顺河入晋时，被这里的秀丽风光所吸引，便在此以龛就穴，授徒讲学，故名夫子堂。子在川上曰："逝者如斯夫！不舍昼夜。"这句警世良言就是孔夫子在此触景生情的感言。如今夫子堂已被淹没，不过，夫子堂已在孤山峡凤凰山上易地重建，这一厚重的儒学文化得以弘扬。（如果不去上游，不讲）

2-5【石人顶石山】

在我们南岸石壁上有一小石龛，龛内有一石人单脚独立，头顶石山，这就是"石人顶石山"。它仍与大禹治水有关，传说大禹历尽千辛万苦，劈开了八里胡同，就在大功即将告成的一瞬间，此山摇摇欲坠，整个八里胡同地动山摇，治河大军乱作一团。正在此时，忽见一天外来客，独脚站立，头顶大山，避免了一场灾难。（如果不去上游，不讲）

2-6【章公背章婆】

八里峡南岸，峭壁的山崖上有两个石人，前者像老翁，后者像老太，老翁背着老太，蹒跚而行，这个景点叫"章公背章婆"。传说当年大禹在这里治水的时候，一章姓夫妇每日往工地端汤送饭，不论春夏秋冬，从不间断，日后感动天地便造化了两位老人的肖像，让后人景仰。（如果不去上游，不讲）

2-7【黄河之门】

在我们的正前方就是八里峡最窄的地方，也是黄河中下游最窄的地方，远看首尾相顾，如天然门户，因此它又有"黄河之门"的美誉。在最窄处的南岸有一根突出的小石柱，北岸也有一根已被淹没了。这两根小石柱巍然耸立，状若门神，故被称为黄河门神。我们可以看一下，两岸峭壁如削，奇峰对峙，没上水之前，当年有这样一首漕运歌："上酥石，下盘马，滚锅沏，乱滩画，搁不住母猪拱一下。"万里滔滔的黄河涌入一箭之地的胡同时，地形十分复杂，这里的母猪指的就是河中的暗礁，就是提醒过往的船只经过此地应倍加小心，河中的暗礁不知吞噬了多少船夫的生命。这首漕运歌又何尝没有唱出八里峡漕运的辛酸、苦难。不过现在小浪底蓄水之后，暗礁已深淹水底，船只可以平安行驶了。（如果不去上游，不讲）

2-8【望夫台】

在北岸的田山上有一块巨石，这块巨石被称为望夫台。当年船夫出航，他们的妻子会经常站在这块石头上，焦虑地等着他们平安归来，所以被称为望夫台。站在这块石头上是观看八里峡的最佳位置，又称为望河台。在黄河上游还有一个毛田渡口，当日落西山、红霞满天时，在这里可出现"毛田晚渡"的天象奇观。它是当年毛公的采邑，又是古往今来的重要渡口。在解放战争时期，解放军指战员正愁无法渡河时，一夜之间这里神奇地出现了一座宽约数丈的冰桥，使解放军顺利渡过黄河，真乃天助我也！（根据位置）

2-9【王屋山世界地质公园简介】

王屋山世界地质公园由天坛山园区、封门口园区和黄河三峡园区组成，是一座以古裂谷构造、中生代典型地层剖面和地质地貌景观为主，以古生物化石、水体景观和崩塌构造遗迹为支持，人文历史和自然生态并重，供科学研究和观光游览的综合型地质公园。八里峡是黄河全程中贯通的一个关键节点，黄河三峡是王屋山世界地质公园的一个重要园区。（根据空档时间）

2-10【黄河灾难和忧患】

黄河，在中华儿女的心目中总是磅礴浩荡的，她包容万千，孕育了伟大的华夏民族，但同时她还带给了我们无尽的灾难和忧患。据历史记载，从先秦时期到民国年间的2 000多年中，黄河决堤泛滥达到1 590余次，其中有2/3都是在河南境内；大规模的河床改道达26次，其中有20次也是在我们河南境内。黄河年平均输沙量高达16亿吨，是世界上含沙量最大的河流，有"一碗水半碗沙"之说，平均每立方米的含沙量就达到37公斤，其中4亿吨淤积下游，使下游河床不断抬高。由于年复一年的泥沙淤积，黄河下游已演变成一条举世罕见的地上悬河，在新乡、开封部分河段河床竟分别高出市区地面之上20米和13米，并且水位越来越高，悬河越来越悬。小浪底水库的建设基本上解决了黄河的忧患问题。（根据空档时间）

2-11【小浪底大坝的建设日程】

黄河水患历来都是国家的心腹大患。早在1946年中国共产党就着手治理黄河。

1952年10月，伟大领袖毛主席在黄河岸边邙山脚下发出了"要把黄河的事情办好"的伟大号召，由此共产党领导中国人民掀开了治理黄河的序幕。1963年勘测小浪底大坝的报告正式被提上议黄日程。1987年2月在国家计委立项，被列为"八五"计划国家重点工程项目。1991年2月7日江泽民总书记专程视察了小浪底工程坝址，并题词"让黄河变害为利，为中华民族造福"；同年4月3日，成立了"黄河小浪底水利枢纽工程建设准备工作领导小组"，全面负责小浪底前期准备工程；9月1日伴随着开山礼炮的轰轰声响，小浪底前期工程终于破土动工，施工3年，总投资12.5亿元人民币，完成"三通一平"。1993年3月，小浪底主建工程国际招标文件在北京发售。1994年9月12日人大常委会委员长李鹏亲自宣布主体工程开工。1997年10月28日小浪底工程截流，1999年10月25日下闸蓄水，2001年12月31日主体工程完工，总工期10年。蓄水之后使黄河回水130公里，这里便形成272平方公里的泱泱水面和126.5亿立方米的宏大库容，可控制黄河流域95%的面积，具有防洪、防凌、减淤并兼具供水、灌溉和发电等功能。（根据空档时间）

2-12【区位及周边资源】

在我们的南岸是有"九朝古都"之称的洛阳，世界自然文化遗产龙门石窟、我国第一座佛教寺院白马寺以及关林等著名的旅游景点都位于洛阳境内；北岸是愚公的故乡、中国优秀旅游城市济源市，境内有国家级风景名胜区——王屋山，有北方最大的太行猕猴自然保护区五龙口风景名胜区，以及"四渎"之一的"济水之源"和有"中原古代建筑博物馆"美誉的济渎北海庙，还有被誉为"天然盆景"的九里沟风景区；在我们的下游还有游不尽的中岳嵩山、猜不透的汴梁古城、令人炫目的千年古刹少林寺、名闻天下的仰韶文化；等等。它们构成了国内著名、国际知名的河南"三点一线"黄金旅游线。小浪底山水交融，景色宜人，自然、人文景观交相辉映，如璀璨的明珠镶嵌其中，而风光最秀丽、传说最迷人的黄河三峡便是其中最为耀眼的部分。（根据空档时间）

2-13【猪八戒背媳妇】

在南岸的山腰上有一块突出的石柱，这个景点叫作"猪八戒背媳妇"，看上去非常逼真。大家如果再仔细看一下会发现猪八戒的媳妇是一张猴脸，它就是孙悟空。这个景点随着水涨水落而有所变化。（根据角度）

2-14【鲧像】

在北岸的山头上有一座小山峰，酷似原始老人的头像，这个头像我们称为鲧像。鲧是大禹的父亲，相传鲧禹父子曾在八里胡同接力治水。鲧采用堵的办法治水9年最终失败了，但是，我们不能以成败论英雄，他作为治理黄河的先驱，他那种勇于实践、勇于探索、敢于同大自然作斗争的精神激励着他的儿子大禹重新治理水患。

大禹总结了他父亲治水失败的教训，采用了疏导的方法治理黄河，治水13年，三过家门而不入。在八里胡同的尽头有一个村庄叫老禹洼，大禹当时就在那个地方驻留过。从这位老人沧桑的面孔上，我们是否看出他一直在关注黄河的沧桑巨变呢？（根据角度）

2-15【五里碑】

在鲧像的下方有一块似石碑的石龛，这就是存放五里碑的地方，因为它在淹没区内，所以这个石碑已经被移走了。1843年黄河发大水将道路冲断，山民们就自发组织起来在此处凿开了一条长5华里的山崖石径，后来人们用石碑以记此事，所以被称为"五里碑"。民谣说："道光二十三，黄河漂上天。"1952年，毛主席在郑州花园口视察时也曾问："黄河涨上天了该怎么办？"他这句话非常重要，从此将建设小浪底水利枢纽工程提上了议事之程，为今天能彻底解决黄河水患埋下了伏笔。上边的山顶又被称为薄岭寨，盛产一种鲜嫩醇厚的韭菜，谚语道："薄岭寨，好韭菜，既好吃又好卖，就是上去下不来。"（根据位置）

2-16【皇冠岛】

前方有一座山峰，大家看它像不像皇上戴的皇冠？这个小岛被称为皇冠岛。据说当年赵匡胤再次来到龙凤峡为情伤心，仰问苍天，皇冠感其言行，顺山滚落峡口。（根据位置）

2-17【牛湾与荒坡】

这里原先有个村庄叫牛湾村，现已淹没，它是解放大军渡河的第三大渡口。在它的南岸是荒坡村，这里流传着牛湾与荒坡的故事。传说牛湾村古时非常富有，荒坡村非常贫穷，于是荒坡村请了一位风水先生看风水，风水先生说："牛湾村有一头金牛，常常夜间过河到荒坡来吃草，这样，荒坡村怎能不贫穷呢？"荒坡村就在风水先生的点化下，在黄河渡口的礁石上请石匠凿了石锅、石刀和石蒜臼，意思就是煮吃牛肉还要蘸蒜汁，这样金牛就不敢过来了。于是荒坡村的人就富了。牛湾村人知道后岂能忍受，对此事一直耿耿于怀，念念不忘，1999年在移民搬迁的时候，牛湾村人夜渡黄河把石锅和石蒜臼给炸了，算是报了仇。现在两个村的千年恩怨被永远淹没了，但这传说却永远留在了这里。（根据位置）

三、龙凤峡

3-1【龙凤峡】

我们已经进入黄河三峡的精品峡谷龙凤峡了，龙凤峡窄、幽、曲、深，大船是进不去的。为什么叫龙凤峡呢？因为这条峡谷九曲十八弯，又名九龙湾，它和峡内的一座凤凰台相得益彰，形成了一幅美妙绝伦的龙凤呈祥图，当年"京娘化凤"与真龙天子赵匡胤相依相随的爱情故事，就发生在此峡谷，所以被称为龙凤峡。这条峡谷可以说是三峡中最美的，龙凤峡内许多景点都是成双成对，相映成趣，与爱情有关的，如情侣岛、吴家寨、卢家寨、兄弟岗、姊妹峰、桃花洞、鞭打石、佛爷龛、四面神、香炉山、骆驼峰等众多景点。规划中的龙凤峡将建造岩屋茶舍和水上吊桥，在峡中投放情侣飞碟、脚踏船、木筏、竹排等，到时大家可以改乘小船排筏，感受"小小竹排水中游，巍巍青山两岸走"的诗情画意，然后弃船登山，一路寻幽览胜；而另一条小路则登上情侣亭小憩，沿着峡侧一条小径，穿过水上吊桥和层层的山花树木前行。两条路都可到达7公里外的龙凤峡尾。这龙凤峡五步一潭，十步一瀑，九曲十折，峡深谷幽，是情侣休闲的旅游胜地。峡内有个神奇无比的桃花洞，洞口长满了山桃树，赵匡胤与京娘曾在此洞互诉衷肠，袒露心迹。据说到此洞游玩的男男女女，都会在当天夜里梦到自己的情人、心中偶像和白马王子，并在不久之后会和她（他）交上朋友，而且一见钟情。桃花洞的神奇奥妙让人不得不相信，实乃天下一奇。龙凤峡是情侣休闲旅游的极佳去处，这次没有携情侣一起畅游的，欢迎下次一定带上自己的爱人或情侣，乘风雨小舟，登情侣之岛，依同心之树，坐相思之石，是何等的浪漫啊！（刚拐弯后进入龙凤峡）

3-2【情侣亭】

前方映入我们眼帘的有一黄、一蓝两个亭子，那就是情侣岛上的情侣亭了。远观似两亭，实为一亭，是为共结连理之意，故又称连理亭。在情侣岛上有两方巨石和两株翠柏，双双对对很有情趣，库水上涨以后，它便成了湖中岛了。（紧接着）

四、历史回顾（返航途中）

4-1【神奇传说：龙凤奇缘——"京娘化凤"】

下面我给大家讲一下发生在龙凤峡的龙凤奇缘——"京娘化凤"的故事。流传千年、凄艳绝美的"赵匡胤千里送京娘"传说就发生在龙凤峡，现在龙凤峡峡尾有宋时普救寺，峡中有姊妹峰、桃花洞、凤仙洞、凤凰台等遗址，而且龙凤峡又是从普救寺"顺黄河逆流而上送京娘"的必经之道。这是一个充满浪漫色彩的经典爱情故事。

赵匡胤年少时，人称赵公子，行侠仗义，路见不平，拔刀相助。五代后汉时，年轻的赵公子胸怀大志，血气方刚。一日他打抱不平，闯下大祸，于是，拜别双亲，离开东京,沿着黄河,一路西行。当行至王屋山脚下时,赵公子腰酸腿疼,疲惫不堪,借宿于叔父赵景清出家的下冶寺中。在下冶寺赵公子本想美美睡上一觉,却听见寺院中有一女子哭声,听声音是打那降魔殿传出,他找到叔父得知,该女子是两个响马抢来寄于寺中。公子怒发冲冠,举起齐眉棒把殿上朱红格子砸烂,救出那女子。那女子哭着说出缘由,原来这女子也姓赵,小名京娘,家住蒲州解梁县小祥村,年方20。因随父来王屋山还香愿,路遇两个响马,见京娘姿色漂亮,遂动了邪念。

救人要救到底,赵公子让京娘骑上马,自己牵着马,顺龙凤峡南下赶往黄河渡口,渡河送她回家。二人顺龙凤峡而下,渐入谷底,只见两岸青山对峙,仰望蓝天一线,峡谷空旷清幽,阳光从一旁的山隙间透了过来,千丝万缕。龙凤峡峡谷斗折蛇行,峰回路转。三月阳春的龙凤峡,石崖上松柏苍翠,洁白的桃花、五颜六色的野花满山遍野,花香随风阵阵袭来,不知名的小鸟叽叽喳喳叫个不停,但闻其声,不见其影。鸟声在空谷里回响,像是在欢迎这对英雄美人的到来。

二人置身于如仙境般的龙凤峡之中,美人爱英雄,彼此无话不谈,结拜为兄妹,龙凤峡内的姊妹峰成为他们永恒兄妹情的见证。

蝴蝶双双飞,鸳鸯对对游,桃花竞放,野玫瑰飘香。英雄美人,触景生情。京娘时时暗示公子要爱松、爱柏、爱花,但公子胸怀大志,不思儿女之情。转眼9天过去了,二人恋恋不舍地离开了龙凤峡,赵公子将京娘送至家门口,依依惜别,临别时京娘誓言非他不嫁。

二人离别后,京娘日日等待,年年期盼,仍不见公子到来。京娘相思心切,故地重游,只见松翠花艳,但不见当年赵公子,京娘在此痛苦的等待中,变成了一只硕大无比的凤凰,与龙凤峡相依相随。此后,在龙凤峡的一个石台上经常有一只美丽的凤凰落在上面,人们称之为凤凰台。现在此击掌,可听到若金鼓声的凤鸣声。

做了皇帝的赵匡胤,想起自己的初恋,想念与京娘共处的美妙时光,于是派人到蒲州寻访消息,使者禀报京娘往王屋山方向去了。赵匡胤听到后,夜以继日向龙凤峡赶来,赵匡胤找遍了龙凤峡,未见京娘踪影。他站在相思瀑上,昔日他与京娘的缠缠绵绵的欢乐往事涌上心头。突然从峡谷上方传来铮铮咚咚的钟鼓之声,闻声仰望,只见一只华美绚丽的凤凰,正展开强韧的翅翼,抖动着五彩的翎毛,在高空翱翔。接着,数不清的珍鸟灵雀都飞来了,环绕着凤凰翩飞起舞,引吭鸣啼……

当夜,赵匡胤再次睡在了曾经给他带来无比欢乐的凤仙洞,他梦见了凤凰飞到他的榻前,与自己同枕共眠。第二天,他什么都明白了。

他们真正长相厮守了。

赵匡胤回到东京,下令重修下冶寺,赐名"普救寺"。敕封京娘为贞义夫人。后人在普救寺立碑纪念,普救寺的香火越发地兴旺了。

这条演绎着赵匡胤与京娘至死不渝爱情的龙凤峡，在每年的春天情人节前后，百花盛开，美丽的蝴蝶遮天蔽日，各种鸟类也特别的多，像是仍在为他们的相恋而起舞；在农历的七月七或深秋，龙凤峡内秋雨蒙蒙，大小瀑布飞流倒挂，像是在为他们的爱情而欢唱。1 000多年来，当地男女情侣每年都要成双成对来到龙凤峡，登情侣岛，坐相思石，戏龙凤潭，临秋雨池，探桃花洞，看双龙瀑，依同心树，祝愿彼此白头偕老，永结同心，吉祥平安。他们的愿望也都一一实现了。值得庆幸的是，目前这里已成为情侣休闲旅游的著名景点。（在龙凤峡—返航就开始）

4-2【神奇传说：千古之谜——"九磴莲花转"】

现在我给大家讲一下发生在八里峡的千古之谜——"九磴莲花转"的故事。在八里峡的南岸有一座大山，分九磴九级，次第升高，又有九道山梁若分若离，东西延伸，居高俯视如莲花盛开，蔚为壮观，称为"九磴莲花转"。这里有一首民谣："九磴莲花转，转转有一罐。谁能得住这一罐，能治九州十八县"，千百年来广为流传，无人能解其意。

这个民谣是什么时候开始流传的呢？又是什么意思呢？九磴莲花转位于八里峡的中上游，又被称为"鲧山禹斧"，相传鲧禹父子曾在此接力治水。据《山海经》记载，远古帝尧时暴雨成灾，大地一片汪洋，帝尧命伯鲧治水。他采用"水来土屯"，即"堵"的办法治水，在王屋山与青要山之间筑起了一座大山，王屋山为轩辕黄帝战蚩尤设坛祭天之所，青要山因适宜女子居住，历史上曾为黄帝密都，二山之间被鲧堵塞后，上游大量村庄良田被淹没，滔滔洪水危及下游，天下几成泽国，殃及仙山圣地。面对天怒人怨的境况，伯鲧在鲧山抱剑身亡。然而伯鲧死不甘心，尸体3年不腐，孕育成子，禹生鲧腹。

大禹子承父业，吸取父亲治水教训，广邀各路神仙，商讨对策。大家众说纷纭，有的说子承父业，应继续堵；有的说应该疏。大禹认真考察、分析后认为，大家说的都有道理，但当下最要紧的是疏浚河道，给洪水找出路。大禹含辛茹苦治水13年，三过家门而不入，感动了上苍，上天各路神仙前来助一臂之力。大禹用神斧劈开了鲧山，现出了八里长峡，形成了九磴莲花山。大禹治水时大家的不同意见，随着岁月的流逝就形成了这首民谣："九磴莲花转，转转有一罐。谁能得住这一罐，能治九州十八县。"

千百年来，历朝历代，为了征服黄河，堵堵疏疏，疏疏堵堵，然而，黄河决口泛滥，成为历史上改朝换代的重要因素之一。直到今天，终于在共产党的领导下建成了小浪底工程，采用以堵为主、疏堵结合的办法，使黄河变害为利，造福人类。小浪底的千顷碧波倒灌九磴莲花山下，那首民谣的千古之谜终于大白，意即堵疏结合，法治与教育相结合，才能治水、治天下。这个故事也叫作八里胡同看黄河。（在八里峡，

紧接着）

4-3【神奇传说：风水宝地——犀牛望月】

下面我给大家讲一下发生在孤山峡的犀牛望月的故事。这个传说故事与赵匡胤和杨家将有关。相传，唐末时，河东（今山西）一杨姓官宦人家，带领风水先生顺着太行山系黑龙山脉赶风水，当到孤山峡石牛湾时，见群山环抱，雄鹰盘旋，前有石狮守门，后有天然后花园，山水排列三折三进，收放开合恰如皇家三重院落；湾中有一石山，状如卧牛，惟妙惟肖，山环水复，牛头向北孤山脚下一月牙地回望；石牛周围有"旗杆山"、"双轿峰"、"玉玺石"。风水先生认定"犀牛望月"是一块典型的风水宝地，如择良辰吉时把杨家先人骨灰放进石牛口中，日后杨家定会出一帝王。可是，石牛的嘴在深水之中，怎么办呢？正在这时，他们看见石牛不远处有一赤身孩童正在水中嬉戏、摸鱼，于是，他们就把这个赤身孩童叫到跟前，问："小孩，你姓什么，叫什么？"小孩说："我姓赵，我经常在这里摸鱼，他们都叫我赵摸鱼。"杨家老头就对赵摸鱼说："三天后，帮我往水下石牛口中放些东西，事成之后，我给你一个金元宝。"赵摸鱼答应了。但赵摸鱼非常聪明，他就反复地想：他母亲成年为别人缝补浆洗也难丰衣足食，干这么点小事，就可得到一个金元宝，那石牛会不会是块风水宝地，杨家所托东西会不会是其祖上骨灰？何不趁机将爹的骨灰放进石牛口中，占用此风水宝地，日后也能出人头地？

三天后午时，红日当头，赵摸鱼身着褴褛衣服，将他爹的骨灰非常隐蔽地藏在衣服里，然后取得杨家老头所托之物，跳入水中，潜入水底，游到石牛跟前，只见水中金光闪闪，五光十色。他先将他爹的骨灰放入石牛口中，牛口忽然合上，他急忙从水中摸到一根柴火棍去撬牛嘴，但怎么撬也撬不开，他只好将杨家所托之物挂于牛角上。

赵摸鱼上岸后，扭头就跑，杨家老头急忙上前送上金元宝，赵摸鱼再三推让，坚决不收，羞愧地说出了真相。杨家老头听后长叹一声，手中的元宝掉在了地上，风水先生说："此乃天意，此乃天意。"到了大宋王朝，果然出了赵匡胤，当上了皇帝，而且杨家世代保驾。在这之前还有个柴王称王了一段时间，这就是那根柴火棍沾了石牛的仙气。至今这里还流传着一首诗："石牛入水藏机关，谋事在人成在天。赵氏得地杨家保，却让柴荣占了先。"

这个故事讲到这里，大家都认为这只不过是个神奇传说罢了。可在近代这里却发生了这样一件真人真事。1951年，当地一武姓人家也想占用这块风水宝地将来飞黄腾达，他们在"犀牛望月"地的旁边建坟。当地传说不能轻易占此正穴，因此坟茔刚建好当天，三里五村的耕牛像聚会一般愤然奔至那坟头又抵又扒、吼声震天，无论怎样抽打，均无济于事，坟主不得不另迁坟茔。你看，通过这件真人真事，不

得不相信"犀牛望月"这块风水宝地的灵气了吧！（紧接着）

4-4【神奇传说：回耧活地——孟良寨】

下面我给大家讲一下发生在孤山峡的回耧活地——孟良寨的故事。有关大宋名将孟良、焦赞英勇善战、忠心报国的传说、戏曲可以说是家喻户晓。然而，他们在归顺朝廷以前，曾在孤山峡内的孟良寨、焦赞坪遥相呼应，占山为王。那么，当年孟良、焦赞为什么在此占山为王呢？原因有三：一是八里胡同的黄河漕运非常繁忙，为他们抢劫商船、劫富济贫准备了条件；二是孟良寨地势险要，通往山顶自古只有一条道，易守难攻；这第三个原因我们暂且不说。

有一年，杨六郎路过这里，听说焦赞、孟良勇猛异常，侠肝义胆，决意收服孟、焦二人，为国家效力。杨观察地形后，认为孟良寨易守难攻，如果粮草断绝，山寨会不攻自破，于是带着杨家兵将，来到山下安营扎寨，派人马把此山团团围住。可是数日已去，山上依然如初。这是为什么呢？

忽然有一日，见山顶上有数人在打场、扬麦，麦秕时时从山顶上飘落下来，还有人正在撑耧来回播种、收割。杨家兵将大惑不解。于是杨六郎向当地一位老者询问。老者指着孟良寨说：山顶从前有一活地，叫"回耧地"，前种后收，粮食取之不尽，用之不竭。难道"回耧地"现又复生？杨六郎得知后，不得不拔营收兵，暂退孤山峡。后来经杨与孟、焦斗智斗勇，三擒三放，孟良、焦赞终归朝廷。

如今的黄河三峡孟良寨山脚下，游船穿梭，船笛声声，游人如织，一派繁忙。昔日孟良回耧飞秕，今日三峡车去船来，使传说中的"回耧活地"又成为现实，怎能不让人为之生发感慨呢？（紧接着）

4-5【孟良寨】

游船西边的这座山就是当年孟良占山为王的地方孟良寨了，它与焦赞坪互为犄角，遥相呼应。据登上孟良寨的人讲，山上还有射箭窝，偶尔还可捡到锈迹斑斑的青铜箭头，可见当年杨六郎征服孟良攻战之急。大家看孟良寨高耸挺拔，巍峨险峻，难怪当年孟良在此以石筑寨，占山为王呢？随着游船的前行，大家注意观察的话，可以看到孟良寨圆形的拱门和烽火台等。孟良寨已列入中期开发计划，到时大家可弃船登山，感受一下孟良寨"回耧活地"的神奇了。（用时约80秒，回程讲）

4-6【三碗水】

在孟良寨西边的半山崖下有一石龛叫半龛凹，龛中有很多神像，是当地人们求神保平安的圣地。龛中有一股清泉流至下面小石坑内，一年四季，旱不干，满不溢，取之不竭，用之不尽，一直保持着两三碗水的样子，非常神奇，人称圣水，俗称"三碗水"。（回程讲）

4-7【黄河大佛】

在游船的东边就是黄河大佛了。这座高80余米、宝相庄严、浑然天成的黄河大佛,苦苦等了不知多少年,终于等来了甘洌清澈的黄河水,虽然不及以前高大、威严,但已修炼成天下第一"浴佛"了,真可谓:清水静浴了其道,不与人间争是非。除此之外,恐怕全世界再也没有第二尊大佛在洗澡了吧!(回程讲)

4-8【大河楼】

在我们游船前方的山顶上,有座建筑,它就是大河楼了。它雄踞在海拔390米的孤山之巅。大河楼是景区的核心,是一个天然的观景台,在山环水复中它独居其中,虽不高,却有霸主之气。大河楼是由武汉建筑学院高级教授范勤年设计的,总投资为400余万元。它粉墙黛瓦,飞檐挑角,采用了古今南北相结合的建筑手法,既有江南亭阁之清秀,又有北方楼台之雄浑。一楼是黄河文化展览馆,二楼开设茶座,三楼观景。著名诗人王怀让曾登此山,并题诗"孤楼远望群峰小,黄河东去一线飘。我寄豪情与大海,心头更比山头高"。如此气势,如此豪情,我们是否也登上去把酒临风感受一下呢?(回程进入孤山峡看见大河楼时讲)

4-9【高空飞车】

大家看,前面空中就是惊险奇绝、曾三次打破吉尼斯世界纪录的高空飞车表演了,这种高空绝技表演,有独轮车、自行车、摩托车、手持平衡杆走钢丝等节目,造型有彩扇舞、天女散花、倒挂金钟等。(根据位置及表演角度)

4-10【结束语】

游客朋友们,经过了一天的跋山涉水,大家的黄河三峡之行要结束了。但是,作为北国江南、黄河奇观、太行胜地、人间仙境的黄河三峡的风光,绝非只有我们今天所看到的这些。它的第二期开发景点,还有着更加神奇美妙的世界和令人叹为观止的卓绝风光,如"孟良寨"、"黄河沙雕浴场"、"黄河水陆两栖坦克基地"、"横渡黄河大赛场""黄河漂大舞台"等。我衷心地希望大家对我们的服务提出宝贵意见,欢迎朋友们下次再来。请大家记住:"黄河黄,长江长,黄河三峡情更长。"有人说"黄河三峡公园,吃喝漂渡俱全",你体验全了吗?如果还没有的话,欢迎下次再来。朋友们,再见!

凤凰山玄天洞索道讲解词

导游线路：索道—凤凰山—玄天洞—佛祖殿—太清宫
导游对象：普通观光游客
导游时间：半日或一日游

1. 玄天洞索道

游客朋友们，欢迎您乘坐玄天洞客运索道。该索道总投资 1 420 万元，为国内先进的双线往复式吊箱索道，共 4 个吊箱，每个吊箱可乘 8 人，被称为"空中客车"。索道全长 600 余米，单向运行时间为 3 分钟，每小时客运量可达 300 余人，为我省仅有的跨河客运索道。该索道由我国最早从事索道研究的中国恩菲工程技术有限公司设计、安装和调试，于 2008 年 4 月 30 日正式通过国家相关部门验收。本索道主要钢缆及设备均为进口产品，性能稳定，安全舒适，上下方便，经过多次重力破坏性试验和严格的日常检测维护，各部位均运行良好。本索道的建设，可真正使游客在黄河三峡实现海陆空、全方位、多角度感受黄河三峡之秀丽景色了。敬请各位游客在索道悠悠上行时，尽情浏览这烟波浩渺的水光山色，欣赏这大气磅礴的大河风光。

游客朋友们，通过玄天洞索道，我们可以平稳快捷地到达对岸的凤凰山景点。凤凰山为市级文物保护单位，有玄天洞、瑶池宫、玉皇殿、玄帝庙、夫子堂、金源洞、观音洞、老君洞、娘娘洞等人文景观，为我国少有的儒释道荟萃之所，是历史上儒释道三家和谐共荣的见证。洞龛中现有塑像 58 尊、碑碣 20 余通，香火非常旺盛，文化底蕴深厚，旅游资源非常丰富，为朝山祭拜圣地。正所谓"山不在高，有仙则名；水不在深，有龙则灵"。让我们就带着一颗虔诚之心起程吧。

游客朋友们，在乘坐索道之前为确保大家的旅途安全，请注意以下几点"游客须知"：

第一，乘车途中，请勿吸烟，以防火灾。

第二，请注意卫生，爱护环境，在乘坐中不要随便扔废品杂物。

第三，在乘坐中，请勿在吊箱里来回走动和摇摆，确保吊箱稳定。

第四，带小孩的游客请注意，切勿让小孩在吊箱中蹲坐或站立，更不要嬉戏打闹。
第五，如在索道运行中出现停车等故障时，不要慌张，听从工作人员的安排。
第六，索道进站后，请有序离开座椅，不要拥挤或在站内逗留。
非常感谢大家的合作，祝各位乘坐愉快！

2. 凤凰山

游客朋友们，我们现在已步入市级文物保护单位洞天福地凤凰山了。凤凰山山势逶迤起伏，犹如凤凰展翅；洼前有一山峰突起（就是玄帝庙），恰似凤头；右手边高耸山崖犹如凤凰之尾翼，山腰九曲山岭犹如凤凰之体。整座山体如凤凰栖落山间，如此这般，这里怎能不是一处宝地呢？凤凰山最高海拔为596米，东西长约0.5公里；风景秀丽，清新幽静，湿润芬芳，具有神仙居住之地所特有的阴柔之美。这座仙山在不同的时间内时隐时现、变化莫测，日出月落时随着温度的变化，远看其貌，雾霭弥漫，紫气笼罩，放射着仙气灵光；最好看时莫过于雨过天晴，青山如洗，苍翠而挺拔，清新而明亮，更展现出仙山风貌。凤凰山的顶部大多时间都被云雾包裹着，与天相连，威严而神秘。山中散布着众多洞穴，居住着众多神仙。有神秘莫测、王母娘娘的修炼之地玄天洞、瑶池宫；有众神之王、主宰天地人三才的尊神玉皇大帝的玉皇殿；有置灵龟于座下、伏长蛇于案前，祈之可让您延年益寿的真武大帝玄帝庙；有孔子周游列国依龛就穴而设立的学堂夫子堂，在此祈祷可让您学业有成、升官发财；有同时供奉四位财神、祈拜可让您财运亨通的金源洞；有救苦救难的观世音菩萨观音洞；有同时供奉太上老君、佛祖和关公的佛道儒和谐共存的老君洞；有主宰优生优育的送子娘娘之娘娘洞等。凤凰山游道平缓，适合老中少不同年龄游客游览。同时，请各位游客在游览中不要大声喧哗，以免打扰神灵。请让我们以一颗虔诚之心、祈福之心，游览这神仙之山吧！好了，大家前行的过程中小心一点。

2-1【财神洞】

财神有文财神和武财神共四位：武财神赵公明——专司人间财富之神，世人奉祀、影响最大的财神。武财神关羽——以忠诚信义为本的关公，忠义勇武，坚贞不二，为儒、释、道三家所崇信，多为合伙经商者所祀。文财神比干——公正无心、不偏不向、办事公道、童叟无欺。文财神范蠡——河南商丘人，他曾弃官经商，是历史上较早实践商品交流的人；他提出的"富可敌国"的主张，在历史上多次得到验证，特别是中国改革开放，走向富强，自立于世界民族之林，就是其明证。而商丘的城市得名怕是也与范蠡经商有关系吧。四财神警示世人：凡买卖求财，务必忠义诚信，公平竞争。

● 赵公明——专司人间财富之神

武财神。世人奉祀、影响最大的财神。其神异多能，变化无穷，能驱雷役电，唤雨呼风，降瘟剪疟，保命解灾。凡买卖求财，只要对赵公明祈祷，便无不称心如意。其像黑面浓须，头戴铁冠，手执铁鞭，身跨黑虎，故又称黑虎玄坛。

● 关羽——以忠诚信义为本的关公

武财神。关羽一生忠义勇武，坚贞不二，为儒、释、道三家所崇信。司财只是其神职之一。崇奉其为财神，即推崇他的忠义，也就是提倡"诚信"。以忠义诚信之人为财神，也是在警示世人：君子爱财，取之有道。否则，武财神关公手中那把青龙偃月刀是不会留情的。武财神关公多为合伙经商者所祀。

● 比干——公正无心的纣王叔

文财神。商朝殷纣王叔父，忠耿正直，因劝谏惨遭剖腹挖心。民间传说比干后来被姜子牙用灵丹妙药救活。因没有了心，不偏不向，办事公道，童叟无欺。比干因忠直和没有心眼儿被奉为文财神。

● 范蠡——生财有道的陶朱公

文财神。春秋越国重臣，曾助勾践复仇灭吴，功成隐退（一说逃逸），民间有多种传说。有关经商的传说为范蠡出逃后，浮海到齐国经营农业和商业，三次发财，三次散财给穷人。后在陶邑定居，号为"陶（暗喻'逃'）朱（高官红袍的颜色）公"。因能发家致富和乐于散财，被奉为文财神。

此洞有摇钱树、金源洞，顶上还有馅饼。大家可以祈福旺财。

2-2【观音洞】

观音菩萨，又作观世音菩萨，是四大菩萨之一。他大慈大悲，普度众生。在人们遇到灾难时，只要念其名号，他就可以听见世上苦难的声音，所以称观世音。又曰：度生，度众生，度出迷津慈航度；观音，观世音。

孤山下有一石，形似观音，面向南海，虔诚朝拜，称石观音。

2-3【夫子堂】

夫子堂，原位于黄河八里峡北岸一天然石龛内，塑有孔、孟像和72贤侍立彩像。据传说，春秋时期孔子周游列国时，路经此地，见此处风景秀丽，便依龛就穴建立学堂，授徒讲学。后来当地人们在此塑像、立碑朝拜，祈求学业有成、升官发财，香火非常旺盛。本堂为济源市仅存孔子之行迹。因小浪底水库蓄水在此重建。

2-4【文昌帝君】

文昌帝君，文昌本星名，亦称文曲星，或文星，古时认为他是主持文运功名的星宿。为民间和道教尊奉的掌管士人功名禄位之神。文昌封为帝君，并且又称梓潼帝君，当是元仁宗时之事。元明以后，因文章司命，为贵贱所系，所以一直奉祀不衰。旧时每年二月初三日为文昌帝君神诞之日，官府和当地文人学士都要到供奉文昌帝君的庙宇奉祀，或吟诗作文，举行文昌会。

2-5【玄帝庙】

玄帝，又称玄武神、真武大帝。为太上老君第八十二次变身，托生于大罗境上无欲天宫净乐国太子。他弃尊荣入武当，历42年功成果满。封为太玄，镇于北方。以龟蛇为侍者。道教称"南斗注生，北斗注死"，故人祈求延年益寿，都要奉祀玄帝。农历三月初三，为玄帝神诞之日。

本庙踞于灵龟山，庙前逢石河盘绕其下若长蛇。玄帝置灵龟于座下，伏长蛇于案前，岂非天造地设也？本庙初建不详，明代曾重修。

3. 玄天洞

3-1【概述】

游客朋友们，这个洞就是玄天洞了。王母娘娘在道家众生的眼里可谓功力非凡，她"下治昆仑，上治北斗"，虽以昆仑为宫，但更有离宫别窟，穴居山洞。此洞距道教"天下第一洞天"王屋山王母洞24公里，两洞遥相呼应。相传此洞潜通瑶池，为王母娘娘修道之地，故又称王母洞。玄天洞位于凤凰山的半山崖，其下满山翠绿，其上悬崖壁立，洞体总体呈东西走向。玄天洞宽大深邃，为一处天然喀斯特溶洞。洞内分支众多，又互为联通，犹如迷宫。相传此洞深5公里，洞内还有开阔地、天窗、小溪等。目前已开发的洞深约500余米。洞内有彩绘王母及十八罗汉像，石刻龙、蟾、虎、三青鸟，以及八仙过海、唐僧师徒等"天然壁画"，还有蟠桃会、银河桥、蟠桃园等胜景。此洞内为奥陶系灰黑色厚层状白云质灰岩，成岩时间约4.5亿年。

3-2【洞口】

我们面前的这个"香炉"其实是个三足蟾。俗话说"两条腿的人好找，三条腿的蛤蟆难求"，我们这里就有一只三脚的蟾。"凤凰非梧桐不栖，金蟾非财地不居"，三足金蟾是祥瑞之物，有吸财、吐财、聚财、镇财的作用，是经商者最旺财运的吉祥物。据专家考证，洞口处的这只蟾，还有左青龙、右白虎已经有1000多年的历史，属市级文物。这里香火不断，所以各位要旺财求平安可以烧香拜拜。

未进洞，我们先看到了王母娘娘的信使——三青鸟。青鸟是凤凰的前身，共有3只，传说它是有三足的神鸟。它色泽鲜亮、体态轻盈。三青鸟唯有在蓬莱仙山才可以见到，但是蓬莱无路，所以人间是见不到的。传说西王母驾临前，总有青鸟先来报信，后人将它视为传递幸福佳音的使者。大家既然见到了三青鸟，想必一定是到了王母娘娘的仙山圣地了。

在众多门神中，有一对特殊的门神，专门用于镇守道观山门，他们就是道教常说的"左青龙、右白虎"。传说中龙的形象为骆驼头、蛇身、鹿角、龟眼、鱼鳞、虎掌、鹰爪、牛耳。这种复合结构，意味着龙是万兽之首、万能之神。我们这条龙的身躯隐藏于山中。龙在道教中最主要的作用就是助道士上天入地，沟通鬼神。它与对面的白虎共同镇守着王母娘娘的仙山圣地玄天洞。

3-3【十八罗汉】

这里供奉的十八尊罗汉是降龙、伏虎、笑狮、骑象、坐鹿、布袋、芭蕉、长眉、欢喜、沉思、过江、探手、托塔、挖耳、看门、开心、举钵、静坐。我们现在看到的是对唐代塑像一比一的复原像。唐宋以来，凤凰山香客如云，十八罗汉算命轰动唐宋首府，当时洛阳、开封的王公贵族、文人墨客纷纷前来祈福算运。十八罗汉性格迥异，各自代表着不同性格的人。心诚则灵，从某一罗汉数起，到您的周岁结束，所结束的罗汉和您的性格运程、命运是完全相同的。

3-4【进洞须知】

游客朋友们，我们马上就要进入玄天洞了，为了大家的安全，我讲几点进洞须知。一是俗话说，"人到神仙府，哪有不低头"，我们进洞的时候一定要当心，小心碰头；二是通过瑶池圣水时，小心滑落水中；三是要爱护洞内的设施，请不要触摸洞内线路及照明等设施，以防触电。同时，不要在仙山圣地乱涂乱画、吸烟和乱扔垃圾，希望大家能够配合。

3-5【迎客松】

这棵石松姿态优美、枝干遒劲，虽饱经风霜，却仍然郁郁葱葱，充满生机，它张开臂膀，热情地欢迎前来为王母祝寿的众仙，同时也欢迎我们各位尊贵客人的到来。松本身凌霜不凋、冬夏常青，人们赋予它延年益寿、常青不老的吉祥寓意，正所谓"双臂垂迎天下客，包容四海寿千年"。这棵石松是人们在清淤时发现而保护下来的。

3-6【第一分支洞】

我们现在来到了洞中的第一个分支，在我们的右手边也是一个洞，据说，前方5公里处与下冶镇南凳相通，目前尚未开发。洞中类似这样的分支洞还有很多。等我们开发完成后，诚挚邀请各位再次光临，感受别样洞天！

3-7【蟠桃园】

王母娘娘的蟠桃盛会怎么可以没有蟠桃呢？现在我们到达了洞中的第二个大厅。大家看，高大盘曲的树干，郁郁葱葱的枝叶，清晰可辨的木纹，而那硕大饱满的蟠桃更是让人垂涎三尺。这是一棵蟠桃树化石，共有3处，它实质上是一种硅化木，也称木化石，乃此洞一大神奇之处，也是众多地质专家争论不休的一个话题。数亿年前的树木因种种原因被埋入地下，在地层中，树干周围的化学物质（如二氧化硅、硫化铁、碳酸钙等）在地下水的作用下进入到树木内部，替换了原来的木质成分，保留了树木的形态，经过石化作用形成了木化石。因为所含的二氧化硅成分多，所以，常常被称为硅化木。大家看这棵蟠桃树，质地致密坚韧，且树皮、节瘤、木纹清晰可见，整棵树依山而生，古朴自然，堪称硅化木中的上品，是凝聚天地山川精气之灵物。

3-8【银河桥】

银河在民间又称"天河"，它看起来像一条白茫茫的亮带，划开整个星空。在银河里有许多小光点点，就像点点繁星，辉映成片。相亲相爱的牛郎织女就是在这里相会的。我们称这座桥为"银河桥"，又称"鹊桥"。让我们站在此桥上，默默祈祷人世间爱情的长长久久、美美满满。

3-9【瑶池】

瑶池是传说中王母娘娘所居住的地方，位于昆仑山上。传说中的王母瑶池有多处，因"西王母虽以昆仑为宫，亦自有离宫别窟，游息之处，不专注一山也"。这里便是一处王母游憩修道之地。大家过瑶池圣水，一定要小心脚下，防止滑落水中，不然，虽沾了王母的灵气，却惊扰了圣驾哦！

3-10【玉山】

矗立在我们眼前的就是王母娘娘所居住的地方——玉山。它像一块天然屏障，守护着无论仙家还是凡人都尊崇的瑶池王母。它的后面还很深，但目前尚未开发。

3-11【寿筵厅】

现在我们便来到了第三个大厅——寿筵厅。看那瑶池圣水，清澈透亮，碧绿如染，金风送爽，瑞气蒸腾，一派祥和景象。看！牛、羊、象、虎等动物出没，气象万千，它们也争相为王母娘娘祝寿来了。头顶上盘旋的青鸟，已先行一步向王母禀报了。今日是王母寿辰，群仙开列，共乐瑶池，我们找找都有哪路神仙前来祝寿——观音、太白金星、老寿星，还有八仙也来献寿了，王母的女儿们也齐聚寿星身边。曾经大闹蟠桃园的齐天大圣，这次有师傅师弟们陪着，应该不会再不知礼而搅蟠桃会吧。仙界众神都亲赴瑶池祝寿，可见瑶池王母神格之崇高。王母娘娘坐正堂，光仪淑穆，雍容华贵，等待着仙界众神的上寿。案几玉盘里盛满了鹅卵般大的仙桃，这些仙桃3 000年一成熟，人吃了可成仙得道，长生不老，是蟠桃会上的佳果。洞中有浑然天成的王母娘娘、瑶池、三青鸟，还有蟠桃，这就是此洞得名王母洞的缘由。这里形态各异、拟人状物的石像、壁画都是在此洞开发时发现的，实为天设地造、大自然之恩赐。

（这里可供大家自行拍照）

3-12【溶洞】

玄天洞为一处天然溶洞，洞中景观色彩斑斓，光怪陆离，神秘莫测。洞中石塔、石柱、石笋、石林等千姿百态，晶莹生辉，为王母娘娘的瑶池更增添了一份神秘与浪漫。

4. 佛祖殿

佛祖乃佛教创始人释迦牟尼。释迦牟尼意思就是"能仁"、"能儒"、"能忍"、"能寂"。佛教自汉传入中国。佛教认为，宇宙间的一切事物，都是缘生缘灭的，缘起而生，缘尽而灭，都是变化无常的、假有的、幻有的，就是"缘起性空"的道理。佛家修行喜静，本景区的黄河浴佛、弥勒佛、千佛崖等景点乃佛家修身宝地之缩影也。

5. 太清宫

太上老君，又称"道德天尊"，为道教最高神明"三清"尊神之一，并被尊为道家始祖。道家认为，人不应该反对"道"，而是要顺从于"道"，按"道"行事。人不应该改变世界，而是要尊重世界。太上老君在兜率宫炼丹，常骑青牛。传说位于孤山峡石牛湾的石牛即为青牛的化身。

5-1【关帝祠】

关帝以忠、义、信、智、仁、勇著称于世，受儒、释、道三教共奉。民间认为关帝具有司禄命、佑科举、治病除灾、驱邪避恶、诛罚叛逆、巡察冥府、招财进宝、庇护商贾等无边法力，因此又被称为"武圣"、"武财神"，与"文圣"孔子并肩而立，成为中国神系中的重要偶像。传农历五月十三日为其神诞日。

孤山峡水岸山崖边有一景点为关公读《春秋》，传说为关帝化身。

5-2【眼光娘娘】

相传眼光娘娘手托一只大眼睛，专治人间眼病，可明目祛眼疾，叩拜后有重见光明之神奇。如今，眼光娘娘又司人间观察事物的眼光、洞察万物的能力，儿童拜可心明眼亮，成人拜可目光长远，双眼透彻。传此眼光娘娘非常灵验，当地人们多祀眼光娘娘，祈求一双慧眼。

5-3【疙瘩奶奶】

相传疙瘩奶奶心地善良，胸怀宽广，家有9子，和睦相处，从来未与任何人发生过争执与矛盾，且她帮助人们化解矛盾无数，没有她解不开的"疙瘩"。由于她胸怀宽广，处世乐观，她全家及她帮助过的人从未患过任何"疙瘩"病（包括肿瘤等）。后来，人们尊称她为"疙瘩奶奶"神，祀之祈求家庭和睦，身体健康，一帆风顺！

5-4【娘娘龛】

供奉送子娘娘。众神之中，送子娘娘是掌管生子的神，又称"注生娘娘"。旧时当地婚后女子，常由家中年长女眷带领到此，参拜娘娘，祈求娘娘早赐子嗣。求子的女子摆上香果供品，拈香跪拜祷告，请求"注生娘娘"赐子予她。如今随着观念的转变，敬拜送子娘娘，均为夫妻一起敬拜，祈求母子平安、优生优育，据说无不灵验。得子后，还要来拜谢，奉之以油饭、鸡、酒。因此，香火十分旺盛。

6. 结束语

　　游客朋友们，经过了一天的游历，大家的黄河三峡之行就要结束了。但是，作为北国江南、黄河奇观、太行胜地、人间仙境的黄河三峡的风光，绝非仅仅我们今天所看到的这些。它的第二期开发景点还有着更加神奇美妙的大千世界和令人叹为观止的卓绝风光，如"孟良寨"、"黄河沙雕浴场"、"黄河水陆坦克人两栖坦克基地"、"横渡黄河大赛场""黄河漂大舞台"等。我衷心地希望朋友们对我们的服务提出宝贵意见，欢迎下次再来。请大家记住："黄河黄，长江长，黄河三峡情更长。"有人说"黄河三峡公园，吃喝漂渡俱全"，你体验全了吗？如果没有的话，欢迎下次再来。朋友们，再见！

九龙山风景区导游词

导游线路：徒步九龙山景区
导游对象：普通观光游客
导游时间：半日游

一、欢迎词

尊敬的各位游客：大家好！

欢迎朋友们来到省级风景名胜区——九龙山风景区旅游观光。我是导游员×××，大家叫我小×就行，今天由我给朋友们提供导游服务，愿我的服务和九龙山优美的风光能给你带来愉悦的享受。

朋友们经过一路长途颠簸一定又累又渴，但你来到了集青山、绿水、奇树、幽洞、珍禽、异兽为一身，充满神秘色彩的九龙山风景区，一定会顿觉神清气爽，倦意全消，让我们伴随着蓝天白云和青山绿水、踏着青石小路开始我们愉快的旅行吧。

二、九龙山景区综述

朋友们来到的九龙山风景区，位于号称"河南小西藏"、"豫西后花园"的河南省卢氏县双槐树乡境内，面积约10平方公里。景区地处长江流域，气候湿润，植被茂密，有大小72个溶洞相互贯连，形成了我国北方少有的溶洞群和地下暗河，是"卢氏玉皇山省级地质公园"的重要组成部分。景区四季分明，景色宜人：春天山花烂漫，姹紫嫣红；夏天林木葱郁，气候清爽；秋天红叶满山，野果飘香；冬天雪压青松，银装素裹。（这里导游可根据当时季节特点加以发挥）景区文化底蕴深厚，传说古老神奇。我们可以一边欣赏优美的自然风光，一边探寻古老的神话传说。

九龙山风景区由河南省著名民营企业——河南银基集团投资开发建设，总投资1.8亿元人民币，工程分两期进行：一期工程为九龙洞、九龙宾馆、瀑布、山门、办公楼、禹王台、湖滨道、栈道等，从2008年5月1日开工，历时半年建成；二期工程为仙家洞、天井洞、滑道、农家宾馆、九龙圣母庙院、腾龙阁、滑雪场、奇石园等，从2009年3月开工，当年年底竣工。建成后的九龙山风景区包括北、西、南3个入口区以及九龙湖水上娱乐区、休闲度假区、山体休闲野趣区、九龙圣母文化区、溶洞探险区、运动拓展区七大不同功能、不同体验的旅游观光区域，成为在河南省乃至全国有相当知名度的度假旅游乐园和祈福圣地。好，接下来请朋友们跟随我的讲解到景区的第一个景点（这里导游根据不同的入口确定第一景点名称），山路崎岖，请朋友们注意安全。

2-1【滑道】

朋友们，在我们右侧的山峰上，为了方便游客游览观光，景区专门设置了一种现代登山和下山设施——滑道。

游人下山如果不愿意走回头路，也不愿意走漫长的盘山道路，可以选择既刺激又有趣的滑道下山。我们这里的滑道线路全长按平均水平距离计算为1 600米，这是目前全亚洲线路最长的滑道设施。每辆滑车可载1～2人，滑道线路迂回曲折，中间要穿越茂密的森林，有惊无险，充满刺激，从山上到山下时间仅用3～5分钟。朋友们可以在九龙山登山之后选择滑道下山，亲身体验一把滑道探险。

2-2【石门】

游客朋友们，现在我们看到的就是雄伟壮观的石门，从地质学的角度来讲，它是一条长英岩墙的豁口，在地壳运动中由于多重作用使岩墙产生破裂从而形成了石门。据当地老百姓讲，远古时代，这里绝壁纵横，汪洋一片，先民饱受水患之苦，与世隔绝，出入十分困难。先帝大禹到卢氏治理洛河（史书有大禹导洛的记载），闻知这里的情况，奋力一斧，劈开绝壁，泄洪造道，石门由此形成。由于地势险要，石门历来为兵家必争之地，明末李自成曾率义军经过此地到商洛地区屯兵，后成大业。

1946年11月，豫鄂陕军区四分区主力凭借石门险要地势，消灭自称为"老虎团"的国民党内乡保安团靳绍华部320余人，一举解放了双槐树。石门高70米，宽30米，千百年来，历经风雨，傲然屹立，成为历史变迁的见证。石门左侧岩壁上有洞，可容百人，据说为大禹斧柄捣成，洪水到此而不入，成为人们躲灾避难的去处。好，下一个景点我们就去拜见开辟石门的大禹皇帝。

2-3【御龙门和禹王塑像】

请朋友们跟随我一同穿越御龙门，让我们带着一颗敬仰与虔诚的心共同拜谒治水英雄禹王。我们面前的雕塑就是大禹，这是后人为纪念大禹斧开石门而修建的。传说大禹到九龙湖石门峡时，因遭受野兽袭击身负重伤，昏倒在此。九龙圣母发现了受重伤的大禹，便把他带回了九龙洞疗伤，伤愈后的大禹在九龙圣母的鼎力帮助之下，疏通江河，划定九州，界定九山九川，天下水患得以解除。大禹在舜帝退位后继承皇位，为感谢九龙圣母的救命之恩和鼎力帮助，便御赐九龙洞附近的山域为九龙山，并派人在九龙山上修建了气势恢宏的腾龙阁。现在，让我们面向禹王塑像虔诚膜拜，让禹王保佑天下风调雨顺，保佑大家万事如意、幸福安康！下一个景点我们游览九龙湖。

2-4【九龙湖】

现在映入我们眼帘的是一湖碧水，我们叫它九龙湖，又名石门湖。该湖建于1979年，控制流域面积28.5平方公里，库容113万立方米，集防洪、灌溉、发电、游览为一体，是卢氏县四座骨干水库之一。湖的南部区域为日形，湖的北部区域呈月状，酷似台湾的日月潭。今天各位朋友到了这里，等于不去台湾就游览了日月潭，这里传说是九龙圣母生下小龙嬉戏玩耍练本领的地方。关于九龙圣母的来历，等一会儿到九龙圣母庙，我会详细地给大家讲述。我们看到眼前的这一汪湖水就像一颗巨大的蓝色宝石镶嵌在深山幽谷之间，水域面积50 000平方米，平均水深15米。湖内养有鱼虾，并有国家二级保护动物大鲵和百年乌龟在此栖息。四面环山，蓝天白云、群峰碧树倒映湖中，湖光山色，碧波荡漾，极富诗情画意，真可谓人间仙境。朋友们身临其间，定能延年益寿，心情舒畅，不是神仙，胜似神仙。

2-5【石门瀑布】

九龙湖依石门而建，每到汛期，湖水暴满，就会顺石坝顶部泄洪形成瀑布，高30余米，宽52米，分流直下，浪溅数丈，声震千米，蔚为壮观，号称"豫西人工第一瀑"。

2-6【九龙亭】

我们看到的九龙湖中有一小岛，岛上建有一亭，名叫九龙亭。未建石门湖前，此处有禹王庙，为供奉祭祀大禹所建，旧时香客不断，每年农历三月初三，四方民众云集，杀猪、宰羊、搭台唱戏，歌颂大禹功德。后来祭祀活动移至双槐树街，沿袭至今成为一年一度的"三月三"庙会。1998年在禹王庙旧址建九龙亭，有拱桥相连，供游客休息、凭吊。下面我们继续沿着湖边栈道前往下一个景点。道窄路滑，注意安全。

2-7【鱼头石】

大家看到这块石头像什么？回答正确。加100分。这是景区的一个奇石景观，叫鱼头石。它是白云质的大理石，形似鱼头，形象逼真，惟妙惟肖，栩栩如生。传说有一条东海鲤鱼，厌倦了海中生活，闻知九龙洞神山奇水，便从大海逆流而上，游到石门受阻，奋力一跳，飞跃龙门，可惜用力太猛，正着利石，身首异处，头落在了此处，变成了鱼头石，身子跌落河中。如果我们顺河寻找，还能看到河的下游有一块鱼身石头，和这块鱼头石属于一种石头，不可谓不神奇。

2-8【太子洞】

我们现在到达的景点是太子洞，里面有龙王三太子敖丙的塑像。传说这里是龙王三太子与九龙圣母相会的地方，至于他们究竟是一种什么关系，大家可以各自揣测一下，我们会在九龙洞景点讲述九龙圣母来历时给大家揭示答案。

2-9【石林】

我们看到这一带的山坡上自然堆积了数量很多、大小不等的石块，这些都是块状层理的白云质大理岩，星罗棋布，形成石林，好像古代战争中的石头阵。相传明末李自成率领的起义大军，在军师牛金星（牛金星就是我们卢氏人）的引领下，来到九龙洞拜见九龙圣母，九龙圣母在此处教李自成排兵布阵，后来李自成运用所学战法，一路打到京城，建立了政权。

2-10【金凤谷】

朋友们站在此处有什么明显的感觉？对，十分的凉爽。这里就是有名的金凤谷，经测定，谷底数平方米内的温度低于周围3～5℃。这里温度低的主要原因是，山谷中岩石及植物根系保留了大量的水分，加大了空气的湿度。每当微风顺着山谷吹来，湿润的空气立刻使人感觉凉爽，好似金风送爽，故名金风谷，后来演变成金凤谷，以昭示此处为吉祥之地。炎炎夏日，游客多在此停留，享受大自然赐予的天然空调。谷深千米，谷中小溪潺潺，两侧藤绕青树，遮天蔽日，秋夏两季，常有蟒蛇出没，因此又称蛇谷，恰应了龙凤呈祥之意。

2-11【闯王拴马石】

走过沿湖栈道，大家眼前豁然一亮，我们现在将要走进充满神秘色彩的九龙圣母栖息地。首先我们看眼前有两块布满洞孔的怪石，我们叫它闯王拴马石。传说李自成的起义军在陕西潼关被官兵围困，李自成采纳高夫人的建议，兵分两路突围。一路由李自成带队杀出重围，到商洛山中聚齐；一路由高夫人带队冲出重围，隐蔽在卢氏桃花谷休养。此后，李自成打听到高夫人下落，遂亲自到卢氏接高夫人。他听说九龙山中九龙圣母十分灵验，便携夫人一起来此拜见，并得到九龙圣母的真传盒的保佑，此后终成大业。我们眼前的拴马石左边的一块拴的是闯王的马，右边拴的是高夫人的马。

2-12【九龙圣母庙】

前方依山而建的庙宇就是九龙圣母庙，它左侧的洞口就是闻名遐迩的九龙洞。

这里流传着一个美丽的故事：传说很久以前，豫西卢氏朱阳关杜家店有一杜姓大户人家，杜员外生有一子一女，女儿润玉，天生丽质，聪明贤惠，与嫂嫂十分要好。有一年的三月三，东海龙王三太子敖丙因在家惹祸被父王责骂，赌气私自出来散心，来到杜家店，看到润玉和嫂嫂在河边浣衣，被润玉姑娘的温润如玉的容颜打动，心生爱慕，折下一朵桃花，自己变成一条金色鲤鱼，口衔桃花迎向润玉，润玉看到水里的桃花，急忙伸手打捞，刚拿到手，转眼间变成一个翠里透红的仙桃，十分惊奇。姑嫂两人互相谦让让对方先尝，润玉拗不过嫂子，便接过桃子轻咬一口，谁知刚拿到嘴边，桃子却咕噜一声滚进肚子。仙桃下肚，润玉顿觉血气上涌，心跳加快，面颊红润，二人顿时一惊，不知何故，赶忙回家。殊不知三太子已将自己的精血藏于桃中，由此引出一场人间风波。润玉误食仙桃后，不思茶饭，日渐消瘦，员外找来郎中诊断，查出小姐有孕，恼羞成怒，严刑拷打，可怜润玉小姐遍体鳞伤仍蒙在鼓里。杜员外为保全名声，心生毒计，欲将润玉沉河溺死。嫂嫂与众乡亲连夜相救，将小姐送到几十里外的山洞藏了起来，就是这里的九龙洞。嫂嫂与乡亲们轮流送饭。10个月后的一天，嫂子依然像往常一样，用一个木棍挑着一篮子白馍和一罐小米汤前来送饭，忽见小姐昏死在血泊中，身上却横七竖八地爬满了九条不同颜色的小龙，嫂子惊叫一声，把送饭的拐棍扔到了洞外，扭头便跑回了村子，她认为小姐已死，哭着告诉了众乡亲，从此再没人送饭了。但润玉姑娘并没有死，苏醒过来后，九条小龙在她眼里幻化成一群可爱的婴儿，从此她不吃不喝，乳汁却源源不断，九条小龙在润玉的哺育下一天天长大，后来润玉小姐成仙升天，被后人尊奉为"九龙圣母"。其实，润玉姑娘吃的桃子大有来历。原来当时豫西一带连年干旱，民不聊生，玉皇大帝想派九龙下界行云布雨，随即命王母娘娘完成此事，王母娘娘正好借龙王三太子爱慕润玉姑娘之际，把蟠桃抛向人间，并用法力使三太子将精血藏于蟠桃内，借润玉小姐之腹生出九龙。三太子和润玉姑娘都被蒙在鼓里，后来玉皇大帝召见他们，王母娘娘讲出实情，并对他们救助百姓、造福苍生的善行多加奖赏。九条小龙长大后，也遵照玉皇旨意和母亲教诲到豫西一带行云布雨，造福百姓，从此这一方山川风调雨顺，连年丰收，山愈青且水愈碧。《汉书》记载的"天不旱卢"，便由此而来。

我们现在看到的九龙圣母大殿，里面就供奉着九龙圣母像，每天都有众多香客到此求雨、求子、求财、求福，十分灵验；若是杜姓人家前来求拜，更是有求必应，人们都说这是九龙圣母偏爱娘家人的缘故。大家不妨上去拜一拜，讨个吉利。

2-13【柯南树】

我们看到洞口有两棵树，这棵大树枝干遒劲，充满灵性，据说是润玉嫂嫂给九龙圣母送饭时插在洞口石缝中的拐棍所变。大家知道这是什么树吗？经植物学家考证，这是我国北方地区仅有的两棵柯南树。这棵大树树龄在 500 年以上，树高 22 米，平均冠幅17米，胸高围径2.2米。该树有"四奇"：一是躯干如蛇，枝如龙爪，每枝九叶，每叶九纹；二是树干有九洞，盛夏酷暑时常有五色小蛇出入，到树边龙泉戏水，遇人不惊；三是年年花盛开，岁岁色不同，每年开花的形状和颜色都不一样，有暗黄、粉白、淡绿、赤红等；四是该树很有灵气，神圣不可侵犯。朋友们可以站在这棵神树下，沾一些灵气，定会给你带来好运。

2-14【九龙泉】

朋友们看，柯南树下的一泓泉水就是九龙泉，它从九龙洞汩汩涌出，长年不枯，居住在九龙洞下的100多口人世代饮用此水，男人潇洒，女人漂亮，寿命都比较长，因此，这泉被誉为"九龙圣水"。经鉴定此水含多种营养矿物质，现被引至乡政府所在地，并在县城建成了九龙纯净水厂，使更多的人畅饮大自然赐予人类的甘露。朋友们不妨在此掬一捧清泉，畅饮一番，沾沾灵气，带走福气。

2-15【九龙洞】

下面我们就要走进神奇的九龙洞，来看一看九龙圣母的行宫。整个九龙洞长350米，洞体如龙腹，呈九层盘旋，内有圣母归天、赤龙迎宾、一柱擎天、育龙泉、涛声依旧、碧水潭、佛祖、海豚戏水、石琴、肝胆相照、金龙护宝、鹊桥、乌龙潭、洞天藏宝、龙洒甘霖、羞女崖等景观。洞内冬暖夏凉，积水成潭，石钟乳、石柱发育，形象逼真，如梦似幻。洞底清泉喷涌，轰鸣澎湃，形成我国北方少见的地下暗河。九龙洞究竟怎样神奇，我们进去探究一番自然就会明白。

九龙洞的尽头我们已经开出新的洞口，从那里大家不用走回头路就可以出洞。

三、爬山游览

走出九龙洞，就是另一个天地，正如毛主席他老人家所说："天然一个仙人洞，无限风光在险峰。"要想看到更好更美的景观，还需要大家爬到山顶，在那里你可以把九龙山的美景尽收眼底，一览无余，真正体会到"会当凌绝顶，一览众山小"的意境。

朋友们爬到山顶以后，可以沿着山顶修通的道路，途经观景台、闯王练兵场、九龙庙、奇石大观园、腾龙阁等景点，一直走到滑道顶端，然后坐滑道飞速下滑到我们最初的南门入口处。

游览完了以上景点，在景区北门入口处，还有圣母飞天像、神龟望月、小龙洞、桂轩水月、望龙亭等景点，不看可要后悔呦，大家不妨再去游览一番。

3-1【望龙亭】

位于石马公路与九龙湖交汇的土岗上,和九龙洞隔湖相望。站在望龙亭,可以一览九龙湖全景,可以遥望对岸九龙洞周围的亭台楼阁,也可以面向九龙圣母倾诉心声。现在,我们不妨停下脚步做短暂的停留休憩,朋友们可以登上望龙亭,放飞一下自己的心情。

3-2【桂轩水月】

位于九龙湖西侧,与九龙圣母庙遥相呼应,依岸面水而建,为长廊状结构,可供人们游憩、眺望。身居其中,环视周围景色,水月山云、人间天上浑然一体,别有一番景象。

3-3【小龙洞】

在九龙洞北侧陡峭的山崖下有一个数丈高的大石龛,人称"小龙洞",传说是九龙圣母的"幼儿园",是她的九条小龙游戏玩耍的地方和操练休息的场所。现代的能工巧匠在此处雕塑一尊巨龙,龙头位于小龙洞洞口,栩栩如生,游客可以经龙头进入洞中,洞内雕有龙的五脏六腑。穿过龙腹,可以走出小龙洞,沿着湖边栈道就可以抵达九龙洞。

3-4【圣母飞天像】

沿着石马公路,从九龙山北门进入景区,行走百余米,在一悬崖峭壁上,我们可以看到一幅天然形成的充满着写意风格的图画,图画右边恰似一个女子在翩翩起舞,传说九龙圣母由此处成仙升天,人们把这里称作"圣母飞天像"。朋友们可以仔细观看并加以想象,越看越像,越看越有神韵,不免会惊叹大自然的鬼斧神工。

3-5【神龟望月】

圣母飞天像的下方有一条河,名叫茄子河,河岸边有一组石头是乌龟的造型,我们把它叫作神龟望月。这里还有一个很搞笑的传说。相传很久以前,东海之滨有一只修炼了500多年的灵龟,经常在没人时,爬出水面玩耍,尤其是在有月亮的晚上,它常爬到高处去观赏月色。

在一个月光明媚的夜晚,灵龟正在岸边养神,忽然,它发现九龙山的悬崖旁边,有一白衣绝色女子在翩翩起舞,那就是我们刚才讲的九龙圣母飞天像。朦胧中,灵龟仿佛看到九龙圣母正在对它微笑,一时间,不禁心旌摇曳,便匆匆向九龙山上爬去,期盼能拜见拜见仙女(和八戒一个毛病)。谁知灵龟只顾慌里慌张向前一路猛爬,等它气喘吁吁地爬到茄子河边时,并不见白衣仙女,只见悬崖上这幅"九龙圣母飞天像"。

灵龟想,刚才看到的仙女莫非是月中嫦娥下凡,于是便望着月亮痴痴地发呆,它是多么希望伊人再现,再看一眼那优美绝伦的舞姿和仙女娇美的容颜啊!它就这样蹲在茄子河边一会儿望着月亮，一会儿望着"九龙圣母飞天像"，苦苦等待，可一等就是 3 600 个轮回，也不见那仙女再现，它的两个孩子寻到此地拉它回家，它还是痴心等待，最终便化成了一组石龟，却仍在虔诚地仰望着月亮，傻傻地期盼。真是"世间自有痴情者，望断天涯盼仙娇，声渐不闻舞渐消，多情却被无情恼"！

四、结束语

各位朋友，愉快的九龙山之旅即将结束，九龙山风景区优美的自然风光、丰富多彩的人文景观、美丽的神话传说给大家留下了深刻的记忆和美好的印象。祖国的大好河山，需要你宣传，需要我宣传，需要大家宣传。相信几年之后，随着卢氏大地修通铁路、高速公路，随着九龙山景区二期工程的完工和不断完善，九龙山景区将会迎来更多的八方来客，明天的九龙山风景区将会更加美好。衷心欢迎大家以后携更多的朋友到九龙山景区旅游观光。

朋友们，再见！

天马岛景区导游词

导游线路：金盆顶—狮子峰
导游对象：普通观光游客
导游时间：半日或一日游

尊敬的各位游客、各位来宾，大家好！

欢迎光临沂蒙山天马岛！我是龙岗旅游集团导游红嫂1号。

那位朋友问，你为什么叫红嫂呢？问得好，这也是今天我们天马岛智慧之旅的第一个问题，恭喜您先拔头筹。今天我们的天马岛智慧之旅有若干个问题，每个问题都有一个大奖等着您来拿，希望大家踊跃答题，金榜题名。答不对时，我会在最后环节免费奉送。

好，您回答得完全正确，红嫂给您一个领奖卡，凭此卡可在天马岛游客服务中心领取一份大奖（奖品分设3～5等，有龙岗旅游集团宣传彩页、光盘和荧光湖、地下大峡谷打折门票等礼物奉送）。

（标准答案：20世纪50年代以来传唱大江南北的红色经典歌剧《红嫂》中，有一位用乳汁救护伤员的沂蒙山妇女被称为红嫂，从此，人们把美丽、温柔、贤惠、淳朴、体贴的美女称为"红嫂"。）

下面，我为大家奉献一首《红嫂》的主题曲《沂蒙颂》：

蒙山高，沂水长，我为亲人熬鸡汤……

今天有幸能给各位提供导游服务，我非常高兴，希望我的服务能得到大家的认可，最后能为红嫂1号打一个满分！

俗话说：百年修得同船渡。今天咱们同乘一条船，那是前世修来的缘分、今世共有的福分、永远忘不掉的情分！

常言道："山不在高，有仙则名；水不在深，有龙则灵。"各位在乘船之时，让我对景区作一个简单的介绍，让大家对景区先有一个基本的了解，然后在游程中我再对沿途景点逐一讲解。请看这一湖碧水，风起浪涌，烟波浩渺，清澈见底，醇美甘冽,平静时像一杯牛奶,给人以甜蜜温润之感;狂暴时像一头雄狮,给人以震撼之威!正是它孕育了数十种独特的生灵,大到数米长似小船模样、号称"水怪"的龙鱼,小到绣花针似的银鱼。银鱼特供北京、广州、上海、深圳等地高星级饭店,不过我们还是能有幸吃到它,但要提前联系哟!

一、开篇

请看这一望无际的水域,容量为2.9亿立方米,面积16.4平方公里,也就是说比西湖还要大3倍。大家再看这片水域对面的山,这座山即是天马岛,看它像啥?是不是像一只刚欲出水的巨龟,正在奋力前行?

在中国、朝鲜、韩国、日本以及东南亚各国都把龟当成吉祥之物,寄予健康长寿之意,在此我也借龟向各位献上美好的祝福,祝大家身体健康,万事如意!

大家不妨再细看,是否更像一匹脱了缰绳、仰天长啸的天马,一往无前,锐不可当?再次祝愿各位像天马一样,神气十足,驰骋天下,马到成功,事业通达!

天马岛是一座袖珍之山,小巧玲珑,海拔仅有662.20米,方圆也不过24平方公里,小得就像一个微缩的盆景,但小得精致,小得精美,更像一幅天然的水墨画,恰似关山月与傅抱石合作创作、毛泽东亲笔题名的《江山如此多娇》那巨幅名画。天马岛又是一座大山,大得您数月数年也看不完,今生今世也弄不明白它为什么是那样的神奇!

天马岛是座神奇的山,神就神在大自然用鬼斧神工、如椽之笔将山雕刻得精美绝伦,如诗如画,蕴山峦峰壑之灵韵,沐日月润泽之光辉;神就神在自然之古朴、形神之兼备、粗犷与精妙、阳刚与阴柔、拙朴与玲珑之矛盾统一,无一不蕴含和谐自然的天地之气,峰则坐地兀立,石则奇幻千变!奇就奇在移步换景,可以弄月吟风。

从地质地貌来看,天马岛有"奇、怪、险、秀"之说。

奇:芦苇长上马口石,银鱼万条游天池。金蟾绿背红肚皮,山顶黑土不见底。

怪:天马四方像天台,山顶倒比山梁矮。十万巨石天外来,山丹丹花遍地开。

险:千丈悬崖如刀削,猴子见了也胆战。万仞巉壁倒卷帘,神仙看了也心寒。

秀:三面碧水绕山转,流泉飞瀑挂山川。云海冲腾托红日,怪松老藤伴月眠。

1-1【马鬐山】

相传马鬐山坐落地涝坡,原是一处河流淤积的涝洼地。南宋年间一个冬天的夜里,当地人听见隐隐约约有雷声由南边传来,一时间,狂风大作,大雨倾盆,三九严寒天成了三伏天。这时借着闪电,清楚地看见一着金盔银甲、手提金枪、胯下骑白龙驹的天将，踏着青云，从南向北飞奔而来。到了现在的城子村北，忽听马声嘶鸣，三声过后，轰然一声巨响，如天崩地陷，刹那间风停雨住，云开雾散。天亮以后，当地人发现涝洼地界突起一座大山，高耸入云，形似骏马奔腾，山顶有一块大石好像张开的马嘴，犹闻嘶呖之声。山南清晰可见整座山如同一位披盔挂甲的战将，枕东蹬西，仰面而卧。将军瞪目张口，似在怒吼。

据说，那个雷雨交加的夜晚，正逢抗金名将岳飞被秦桧以莫须有的罪名杀害于风波亭的时辰。岳飞忠魂不散，骑着战马奔向北疆，想趁夜赶往抗金前线，那雷声就是白龙驹狂奔的马蹄声。怎奈路途遥远，人困马乏，天亮时在此轰然倒下，化作一座高山，真乃"抬望眼、仰天长啸，壮怀激烈"。至今，山东麓仍有一对石棺，就是岳飞、岳云父子的。双石棺东南有一山峰乃岳飞的金枪所变，故名金枪峰；北边不远处有一只大鹏鸟，据说是岳鹏举的化身，真可谓魂归大地，不坠青云之志。北处，有岳飞像，岳飞脚下有块石头，呈跪拜之状，那是秦桧化身。后人为纪念岳飞，在城子村南建一亭，名曰"忠义亭"，也叫"望岳亭"，从这里望山，据说可以清楚地看到岳飞的化身马鬐山的全貌。这就是马鬐山山名的由来。附近陵阳镇有个岳家庄，据说是岳飞后裔聚集之地，这样一来，传说倒有了几分真实。

1-2【红袄军】

后来，地藏菩萨被岳飞的忠魂所感动，让岳飞在此转世。60年后另一个抗金英雄在天马岛山下出生，他就是令金兵闻风丧胆的杨安国。据《宋史纪事本末》记载，公元1214年，杨安国率众转战莱阳，金莱州守将徐汝贤投降了起义军，金登州刺史耿格也开城迎接起义军，还交出了大印，大开府库慰劳起义军将士。这使杨安国很快召集了30万人马，声威大震，于是便称起王来，设置官署，颁布诏令，改元称天顺，连女真贵族的家奴，也加入进来。杨安国的起义军多达几十万，统称红袄军，其规模和影响远远超过了稍早的宋江、方腊的农民起义军。

红嫂1号今天的第二个问题是："这些抗金义军为何被统称为红袄军？"（标准答案：金国按五行说属金，要克金只能用火，火的颜色是赤红，身穿短红袄去抗击金兵，体现了杨安国和几十万义军的抗金决心。）

杨安国被内奸所害后，其妹妹杨妙真在天马岛扎下寨，率10万精兵演绎出巾帼不让须眉的抗金篇章。至今，山上仍有杨妙真的亲笔摩崖石刻"嘉定九年四娘子此山下寨"，11个字历经沧桑600多年，属国家级保护文物。山顶还有兵营旧址和生活用的石碾、石磨，残留的碑碣及古城墙等。

1-3【地图石】

更为奇特的是，在开发天马岛的过程中，竟意外地发现了两块"地图石"。一块是山东省地图，它的发现也许是巧合吧！抗日战争时期，八路军115师罗荣桓所部以及滨海军区兵工总厂在此生产军火，为抗击日本侵略者作出了巨大贡献。1945年解放区第一个共产党领导下的省政府就成立于此地——大店。另一块是世界地图，地图标志形象特别凸现了中国地图，这一发现预示着天马岛景区将走出国门，跨入世界旅游名胜行列。

山因水而灵秀，水因山而妩媚。这山、这水恰似一对热恋的人儿，相依相偎，山映水秀，水秀山雄，风景绝佳，美不胜收，令人心旷神怡，真是身在青山绿水间，犹如人在画中游，亦真亦幻，全然忘却尘世间的喧嚣与烦恼。所谓人间仙境、世外桃源亦不过如此。仁者乐山，智者乐水，感谢大家的慧眼与明智，选择了天马岛这一仙山圣水之地来旅游。

天马岛旅游区计划建设六大游览区，分别是金盆顶游览区、千瀑峡（狮子峰、望海楼）游览区、水域岸上游乐区、水上乐园区、生存挑战区、休闲度假区，融自然生态、人文景观、科普学习考察、拓展极限等于一体，各有千秋。还有南苑、北苑、西苑等多个度假区。投资数亿元，打造国内一流的国家5A级风景名胜区。下面重点向大家介绍金盆顶游览区和狮子峰游览区及沿途风光，大家先熟悉一下，待到那里时，再评头论足，乐道其中。

二、金盆顶游览区

主要景点有码头奇观、汉风牌坊门、神鸟下凡、逍遥大道、布谷峡、双佛枕月眠、藏龙卧虎、石树相亲、望断天涯（望夫石、盼夫石）、唐僧·悟空、观世音（黛玉葬花）、天狗望月、猴子探海、观景亭、鲸鱼闹海、扬扬（羊羊）得意、大象表演、天马行空、九仙女、八戒梦、千龟竞秀、情侣峰、妈妈的吻（母子情深）、点将台、观景台、演武石、步仙桥、天鼓神道、女娲石、飞来石、风动石、石恋、甘露寺、出水观音、王母洞、金蟾泉、天池扬波、关帝圣君、一线天、倒卷金帘、金蟾戏老龟、寿比南山、绝壁逢生、石海不老松、无字碑、狮云洞等。此一游道大约四到六小时。

2-1【象形石】

来到天马岛除观赏自然风光、水域扬波之外，还有浓厚的石文化，石文化历史沉淀厚重，似各种动物的象形石不下千种，有天上飞的、地下爬的、水里游的，仙人神兽，无奇不有，无处不在。总之，赏石也是一种文化，人品贵在无所求，石品贵在意无穷。石能养眼、养神，通过观察，品石论道，妙趣横生。欢迎大家积极参与，让我们大家发现更多更好的象形石，挖掘天马岛更为优秀的石文化。您的发现一旦被景区采用，将会有特殊奖励。

2-2【凤凰墩】

大家顺着我指的方向看,那个岛当地老乡叫"凤凰墩",大家记住,一会儿我给大家讲一个与此有关联的故事。好了,先给大家介绍到这里,祝愿大家在这里玩得高兴!谢谢大家!请注意安全!拿好随身物品,准备上岸!

现在我们进入金盆顶游览区。大家请看这座金碧辉煌的大门,门联曰:"彼五岳论峻美誉满天下,此一山含碧水名噪神州",相信各位已深有感悟。"山水仁智",咱们都是山水皆乐者,当"智"、"仁"兼具也。

俗语说:人往高处走。现在我们正沿着逍遥路步步登高。请看,此巨石重约66吨,高6.6米,建设者们将它立起,作为永久的纪念,并镌刻了毛泽东的名句"风景这边独好"。底座为"天马通宝"。希望各位游客来此,不但能欣赏到独好的风景名胜,还有幸能淘到稀世之宝。

请大家环顾一下两边的山头,您会发现南边的山头像一只公鸡,而北边的山头像一只生气扭头的凤凰。是的,凤凰确实生气了,扭头也是有原因的(到北大门口看是一只完整的、非常漂亮的凤凰)。现在,我就向各位介绍一下"落地的凤凰不如鸡"之说。相传,凤凰是天宫中的仙鸟,是王母娘娘的侍卫、心爱之物;而大公鸡则是天庭中的报晓鸟,专门负责打更叫醒的工作。

一天王母娘娘巡视天下,发现一处胜似仙境的好地方,名叫天马岛,顿生怜悯之心,就对身边的凤凰说:你跟我这许多年,也该安家娶妻、繁育后代了,我发现凡界有一处好地方,你择个好日子去安家吧。凤凰由于跟随王母娘娘时间太久,感情笃深,难以割舍,拖延了几天还没有定下日子(别忘记,天界一天,凡界千年呀!)下凡。此时的大公鸡听到风声,怨言牢骚大发:为什么凤凰吃好、穿好、住好、工作好,还有特殊照顾,先让它娶妻生子;而我芦花大公鸡怎么就这么命苦,白天喊,晚上叫,没有功劳,也有苦劳啊!实在欺负人,你走我也走。

大公鸡竟冒天下之大不韪,不辞而别,直奔天马岛而来。王母娘娘知道后,甚是不悦,将凤凰数落一番,凤凰恋恋不舍,惜别天庭,向天马岛飞来。偏偏此时凤凰迷了路,找不到山门,就落下蹲在那里察看地形,准备打听道路呢(这就是凤凰墩的来历)。此时此刻,凤凰发现大公鸡朝山门走去,凤凰赶紧飞去关山门,可惜晚了一步,大公鸡占据了南山门。凤凰只好落在北山门上,扭头生气,再也不看大公鸡一眼,不吃不喝,最终饿死,酿成遗憾,空留化石,真身返回天庭。王母娘娘知道后大发雷霆,决定对大公鸡严惩不贷,遂一口仙气吹下,将大公鸡化作石头,真身永远不得返回天庭,在凡界生儿育女,供人们享用,大公鸡的工作永远不许换岗,为天下人早起打鸣。这就是人们只听说而没有见到凤凰的原因了。大公鸡虽然受到惩罚,但终能繁衍生息,这就是"落地的凤凰不如鸡"的由来。

后来，王母娘娘想念这些天庭中的仙鸟，不免伤感，也来到此山小憩一段时间，故此在山顶留下了"王母洞"一座，当作行宫。到时我们还要敬拜王母娘娘呢！

至此，有客人要问：此地的大公鸡是不是会比其他地方的更好吃？是的，此地的大公鸡为本地的山鸡，肉嫩味美，可口之极，个头不大，每只成年后不足两公斤，羽毛光泽闪亮，颜色艳丽，以芦花大公鸡为正宗。鸡蛋个小，一般12至14个为一市斤，蛋黄极浓，是标准的山鸡蛋，历来是朝贡和招待宾朋之佳品，但价格不菲。

好了，不知不觉我们来到了山门，其上有一副楹联，曰："仰观高山荟万般气象聆听萧萧天马嘶，俯视大地汇千顷碧波尽见浩浩浔水流。"这联句洋洋洒洒，气势磅礴，不知出自何人之口，想必会给大家带来浩然之气，到山顶你定会加深对其含义的理解。望有能力背下来的朋友最好记住，到时细细品味天马嘶鸣和浔水长流的意境吧！

2-3【布谷峡】

现在我们已经步入景区"布谷峡"，一条是我们脚下的游山路，一条是直通山顶的索道，大家可根据自己的身体状况，自由选择登山之路。

清代诗人傅国先生曾在此处登天马岛，一路下来赞不绝口，称道：披蒙茸，绝巉（chán）岩。往往于半山青石上，得小瀑泉，如细练从空下。即两手据石吸之以充渴，则大喜，似立青天上吞吐云汉矣。十休抵绝顶，顶有小寺几废，寺前有泉二味，作碧玉色。杂树云蔚，悬崖四合，杳然别一洞天，非尘境也。有诗为证：

常把芙蓉况好峰，几多峰好愧芙蓉。

马鬐秀色参天起，真个芙蓉几万重。

诗人对天马岛情有独钟，把一个天马岛描写得像一座芙蓉城，悬之以妙，妙中生花，花中生情，情相依依，不知各位是否也有同感？

2-4【双佛枕月眠】

进入布谷峡首先映入眼帘的是"双佛枕月眠"。莒南一带自东晋时期大兴佛教以来，除建有寺庙900余处供佛事外，周围山区也发现自然佛像多处，最著名的有"天佛"，已成为世界奇观，眼前这"双佛枕月"更是让人称绝，给天马岛蒙上了神秘的色彩，怪不得佛事专家一见此山，就景慕备至，念念有词：实乃仙山也！

2-5【藏龙卧虎】

现在我们已经进入藏龙卧虎之地，大家可远眺北山诸峰和南边的石崖，恰似龙盘虎踞，龙腾祥云，卧虎生威，故此称为"藏龙卧虎"。好的，喜事不断，佛音连连，前面观音菩萨出来欢迎我们哪！

大家请看对面的山峰，清晰可见一勤劳勇敢、忍辱负重、甘于奉献的骆驼，驮着战友的行囊，慢慢行进在曲折的小路上。路漫漫，雾蒙蒙，山叠嶂，水纵横，使我们不禁想起了《驼铃》那脍炙人口、唱响大江南北的旋律。来！我提议大家齐唱"送战友，踏征程……"

2-6【石猴穿衣】

一首优美的歌曲给我们增添了信心和乐趣。请大家向上看，爱臭美的猴子不知从哪里偷来人家姑娘的花衣服，偷偷穿在身上，故此景人称"石猴穿衣"。

2-7【盼夫石】

请各位顺我指的方向看，那是谁家的媳妇抱着孩子，在家门口翘首以待，像是在守候远行的丈夫回家，故取名为"盼夫石"。看到这幅画面，使我们不由得对母亲、对妻子、对女性产生崇敬之感，伟大的女性万岁！

我们现在已到观景亭，请大家稍事休息。在此处请环顾四周，只见群峰竞秀，各显亮丽，入镜入画。细细品味，石头怪异，远近高低，各不相同，似神似仙，似歌似舞；又如飞禽走兽，雄鹰展翅、猛虎扑食、雄狮下山、群龟竞赛、雄鸡报晓、母鸡下蛋、旺旺看门、鹅鸭戏水，可谓千姿百态，物象万千，任凭我们展开想象，天马行空任驰骋。大家请正视前方，山羊或觅食，或嬉戏，实在自在得很。只要您细心观察揣摩，你想见到的都会出现在你的眼前。

峡谷云腾雾绕，忽而凝聚，忽而飘散，装点得如梦如幻，飘逸如仙。遇雨时谷水咆哮如雷，一泻千里，震耳欲聋；平日里则涓涓细流，汩汩而唱，温润如玉，让人有触静电的感觉，酥酥然，悠悠然，飘飘然。

我们经过近两个小时的游程，已经到达大象表演的地方。您看这是来自西双版纳的大象，还是非洲的大象？技艺如此高超，站立得如此稳当，鼻子伸向天空，似在舞蹈，又似在歌唱。

2-8【醉仙桥】

醉仙桥就在眼前，这里是坐索道的游客、步行的游客及下山的游客总交会处，名曰"十字路口"。您知道吗？莒南县政府驻地就叫"十字路"。站在这里往下看，又是另外一番景象，好像有那数不清的鲸鱼在翻江倒海，故此处名曰"鲸鱼闹海"。

2-9【天池扬波】

最为激动人心的、极为壮观的"天池扬波"就在眼前，大家漫步"仙人桥"，站在孤岛上，或越过栈道，尽情欣赏这仙山圣水吧！

在这里，大家可随我的话音慢慢回头，"神仙椅"、"巨蜥大逃亡"就在对面的山头。

2-10【马口石】

前面就是最引人注目的景点，大自然的神来之笔、经典之作，天马岛的标志——马口石！马口石是由3块高达百米的天然巨石垒叠而成，矗立在山南最高处，因其形如嘶鸣的马口而得名。马口石突兀拔起，四面绝壁如削，但巨石之上却生长着茂密的芦苇，迎风抖动，如烈马的鬃鬣。暑往寒来，芦苇郁郁葱葱，生生不息，成为千古之谜，令四海游客惊诧万分，拍手称绝。更有趣的是，在不同的方向看，马口石则有不同的形象出现，在南面看呈仰天长啸之势；在西边看像一只温顺可爱的玉兔；换一个方向看则更像一只巨龟，伸头探望，亦称"金龟探海"；再从另外一个角度看，据说就是一个竖起的大拇指，号称"老子天下第一"。这里还有一个神奇的故事：相传，八仙在此斗法，不分上下，天马不服，也加入斗法的行列之中，斗来斗去，天马取得了胜利，得到了冠军。于是便扬扬得意地跷起大拇指向各位大仙宣布，宣布什么呢？请各位一起竖起你的大拇指，并用力喊出：老子天下第一！

2-11【母子情深】

快看这边，这就是让人回味无穷、暖流热涌的"妈妈的吻"或"母子情深"。一只大鸟从远处叼来食物，落在巢穴，对雏鸟爱抚地说："孩子，吃吧！"小鸟欢快地撒着娇，亲切地呼唤："妈妈，辛苦了，我爱你！"还没说完，妈妈就把美食堵在它的小嘴上，接着又深深地给孩子一个吻。

看到这样的场景恐怕我们每一个人都会被伟大的母爱征服。让我们深情地对着大山喊一声："妈妈，我爱您！"喜欢唱歌的朋友，不妨唱一曲："世上只有妈妈好……"

2-12【饮马槽】

请看这矗立的巨石，上边有一个天然的石窝，远看像一个喂马的石槽，故名"饮马槽"。相传，天马行空，独来独往，饥饿之后就到此饮用上天降的甘霖。此处几块磊磊落落的巨石，垒砌在一起，形成一组奇特的怪石群，极像巨石阵，下面有一个很大的空间，故称"马厩"。

此处一块非常平坦的巨石之上有七个天池，形似天上的北斗七星。旁边据说还有难以破译的天书。置身其上，遥望四周，山谷空灵，苍穹浩荡。这棵万年松，就是神秘的"观星台"。

2-13【万寿台】

（由于时间关系）在这里，我给大家讲一个"顾头不顾腚"的故事。

下面那个凉亭叫"万寿台"，旁边有一个形似灵芝草的冰臼，当地人叫"灵芝天池"。据说，在这个灵芝天池里洗澡，男人会变得更雄壮，女人会变得更漂亮，老人会变得更健康，孩子会变得更活泼。王母娘娘的第九个女儿长得非常漂亮，也非常顽皮，知道这件事后，就偷偷跑到"灵芝天池"里来洗澡，谁知，被巡山的天蓬元帅发现了，就乜着眼偷看。九仙女发现后，又羞又急，连衣服也顾不得穿，就顾头不顾腚地跑到巨石后边躲起来，九仙女的这一形象就永远贴在巨石上了。在"万寿台"上，还能清晰地看到九仙女的那副尴尬窘相的天然画面。(此画面被上海摄影家拍摄成名照)九仙女真身返回天庭后，狠狠告了天蓬元帅一状，罪名成立——"调戏妇女"，天蓬元帅被玉皇大帝一个巴掌抽到西山上，这一巴掌不打紧，竟使天蓬元帅彻底变了形，变成了"猪八戒"。八戒干脆顺水推舟，再也不回天庭为玉皇老儿效力了。猪八戒正悠然自得地躺在那里做他的美梦呢，一梦不醒，永远睡在了天马岛上。你看他那憨态可掬的姿势，笑眯眯的，袒胸露肚，永远没有忧愁烦心之事，悠哉游哉！

2-14【情侣峰】

这里请朋友们抬头望对面的山峰：一对情侣在那没有自由爱情的岁月里，私奔来到这座美丽的山峰上，小伙子说："我们一生一世在一起，永不分离，海枯石烂，爱在天上人间。"女孩说："爱我就紧紧地拥抱我，让我们化作永恒。"因此他们永远地定格在这里，化作了爱的象征——"情侣峰"。他们的爱情也并非都是悲苦，前进两步再细看，他们爱得那么浪漫、那么纯真、那样亲切、那样坦然。看，女孩悄悄地踮起脚尖，微微扬起了可爱的脸蛋，将斗篷猛地掀到后边；小伙子用手紧紧搂着姑娘的纤纤细腰，轻轻地、温柔地俯下身子……假如，此刻的你慢慢地细心地观赏，会觉得他们在颤动，不信你可摇摇头，弯下腰，半睁半眯缝着眼睛看，那甜蜜的瞬间，那羞红了的脸蛋，那……快别惊动他们，让他们永远沉浸在甜蜜的爱情中吧，请为他们祝福，也为我们自己祝福，愿天下有情人终成眷属。

2-15【墨鱼石】

巨大的"墨鱼石"就在我们的面前，墨鱼这个软体动物反而成了坚硬的石头。想当年这里是浩瀚无垠的大海，海水退潮时，一条墨鱼游得太慢，地壳突变，此处拔地而起，成了山峰，可是墨鱼没能走脱，完整地留下来成了永久的过客，成为活灵活现的"墨鱼石"。

在这里，我们稍事休息。此处风光迷人，看那苍松翠柏，坚忍不拔，伸展枝干。此山之松，岩缝中生，石板中长，百年耄耋，满山遍野，从不服输，人们冠之于众多头衔：绣花松、盆景松、万年松……

观山、玩水、赏石、赞松……仁者见仁，智者见智，心有相通，物有所感。请大家一展歌喉，把您赞美的歌留在这仙山、这圣水，献给这有生命的石头、永远年轻的万年松：谁不说咱沂蒙好……

2-16【百丈崖】

这里是著名的"百丈崖"，其下为"双龙涧"，极其险峻幽深，山岩如削，"下有虬龙蟠石窟，中浮云雾接苍穹"，这是古人对"百丈崖"的描述。"百丈崖"半壁有巨石突出如铁棍，叫"定海针"。"百丈崖"顶上有无字碑，为宋代大儒杨光辅所立,本想赋诗赞"百丈崖"之胜景,奈何此处景致美轮美奂,无以言表,只得留下无字碑一块,供后人遐思。

2-17【演武石】

此为"演武石",南面石壁中间有几十公分大的"中"字,传为红袄军战士为表达爱国豪情而书写,为保卫中原而战之意。东面有十数个拳头印窝,是红袄军战士长期练武击打留下的痕迹。坚如磐石,志如钢铁,一心报国,坚忍不拔,这正是中华民族最优秀的品质。游人到此,怀念英雄事迹,顿生爱国豪情。

2-18【棋盘阵】

世人仰慕的"棋盘阵"就在前方。巨石之内有或广或狭的洞穴,曲折迷离。这一处能够容纳两个人对坐,中间有一石板,上刻棋盘,故名"棋盘阵"。此棋叫"拿王伦",相传为南宋绍兴年间此山甘露寺长老创制,目的是贬斥当朝卖国奸臣王伦,激发人民爱国抗敌的斗志。该棋战法独特,蕴含兵法的奥秘。传说杨妙真不仅要士兵平时对弈此棋,还在山上设立大棋盘,让红袄军将士谙熟调兵遣将之变化,以此鼓舞将士们抗金御侮的斗志。据说当地百姓人人会下此棋,随时随地蹲下用手一画,拿上石子就对弈几局。

2-19【金盆顶】

不知不觉中我们来到了天马岛的最高峰——"金盆顶"。天马岛最高峰海拔662.2米,周围悬崖绝壁,而山顶却是宽阔平展的沃土,形状像是倒扣着的盆子,据说在上面跺脚,有时能够听到嗡嗡的声音,感觉山体似乎是空的。传说山的内部是很大的山洞,里面有金子,因此这里叫金盆顶。据说金盆顶的确有个山洞,相传是杨妙真开掘的屯粮或屯兵的洞窟,不过一直还没有发现。

其实"金盆顶"这宽阔平坦的场地,就是当年杨妙真操练部队的场所。在这里大家可以低吟红袄军的歌谣:

"红为火,火克金,赤坎肩,朱背心。内絮丝麻挡枪箭,前后符子法护身,男女老少穿衲甲,天下处处红袄军。"

不难想象,当年的红袄军在杨妙真的指挥下,治军严明,得到老百姓的拥护和支持。金盆顶上喊杀声连绵不断,威震四方,使金兵闻声丧胆,望风而逃。因此,杨妙真也成为真正的巾帼英雄而流芳百世、永载史册(《宋史》、《齐乘》、《齐东野语》等多种古籍均有记载)。

2-20【鸽子峰】

这里是"鸽子峰"。说来也奇怪,您看这一只鸽子趴在岩石上干吗?是不是在咕咕地歌唱呢?白天赞美着太阳,夜晚歌颂着月亮。

2-21【鹰愁涧】

请各位打开照相机,快速定位,把那犯愁的老鹰定格在那里。这里是鹰愁涧,你看老鹰蹲在那里休息呢。不是雄鹰不翱翔,实是峡谷太修长,蹲下休息一刹那,一鼓作气飞盆上。可别小看犯愁的老鹰,常言道:"行如病虎,立如眠鹰",正所谓:"静若处子,动若脱兔。"鹰或老虎在捕食之前,先是不动声色,毫无动静,懒懒地好像在睡觉,其实它是在暗自蓄力,不动则已,动则必须达到猎得食物的目的。因此,精通厚黑之道的人,深晓"鹰立如睡,虎行若病"之理,其心机深刻,智谋高远,这恰恰是高明之处。故君子要聪明不露,才华不逞,大智若愚,才有肩鸿任巨的力量。

2-22【老母洞】

各位客官,我说多了,从景点竟延伸到了人生。现在我们回过头来,眼前就是闻名遐迩的"老母洞",因红袄军中军帐供奉泰山老母而得名。这是一块龟形巨石,突兀地屹立于此,里面有10余平方米的孔洞,洞口外西南有额题"正气浩然"4字,传为杨妙真手书。另有传说,这是当年王母娘娘想她那心爱的仙鸟"凤凰"和"芦花报晓鸡",来此小憩二日的行宫,是随身携带近似帐篷的临时住处,故亦称"天外来客"或"飞来石"。

2-23【金蟾泉】

大家看,这就是大名鼎鼎的"金蟾泉"。泉深2米多,四季长流,甘甜清冽,经检验泉水含有多种有益人体的矿物质。金蟾泉涌水量究竟多少,没有人测量过,但当地百姓传红袄军一万多人全都喝此泉水,从来没有干涸过。因泉中有绿背红肚皮的金蟾而名金蟾泉。金蟾是天马岛的独有生物,传说是红袄军的鲜血染成的红肚皮,离开这里就会死去。所以在此也提醒各位朋友,千万要爱护这些可爱的小生灵,不可捉拿,更不可带到山下。谢谢各位给予合作。

三腿的蛤蟆被称为"蟾",传说它能口吐金钱,是旺财之物。古时刘海修道,用计收服金蟾以成仙,后来民间便流传"刘海戏金蟾,步步钓金钱"的传说,寓意财源广进。

这里金蟾还有另外一个美丽的传说。大家已经看到金蟾很小,小得出奇,小不点是那样的可爱,绿背上布满了金点,肚皮泛红得像婴儿的小脸蛋。据称这是南宋抗金女英雄杨妙真的针线荷包呢!过去一般人家是看不到的,谁能看到是福、是财,只有杨姓人家才能看到(可以寻找杨姓开个玩笑,但适可而止)。现如今不同了,在天之灵的杨妙真也与时俱进,思想也开放了,总想让所有游客都能看到她那美丽的绣花荷包。

另外只要山上有水池的地方都会有似银鱼的水生物,银鱼在清澈的天池水中成群结队,不停地游动。通体晶莹透明,头部有一对针尖大小的黑眼睛,肚皮底下还有一个闪闪发亮的"探照灯",可爱极了,据说是杨妙真的插发银簪子。银鱼游天池,预示天下太平,五谷丰登。总之,来天马岛游览能赏金蟾、观银鱼,真是生金带银、财运亨通。祝愿各位都有好运气,人人发财,满载而归。

2-24【甘露寺】

这就是布施天下、广德人间的甘露寺。它是汉代建立的大寺,曾经与镇江甘露寺齐名,有"南北甘露寺"之称,《莒县志》中有记载。

寺前有千年银杏树,直径达两米多。甘露寺历来是苏北、鲁、豫、皖、冀等地区香火最旺的寺庙,皆因它给北方带来了甘露。可惜的是,在民国二年因雷击事件,树、庙毁于一旦,大火冲天而起,烧了数天数夜,许多宝贵的文物化为乌有。后来曾修复,但又毁于战火。今由山东龙岗集团遵循前全国政协副主席、佛教协会会长赵朴初老先生的遗愿,投巨资再次修复,撰书赵朴初亲笔"甘露寺",先生夙愿得以实现。这些条石、磨碾、石门、石道等,见证了当时寺庙之规模、香火之兴旺!

这里就是"出水观音"。"出水观音"身高6米,端坐于荷花莲座之上,在静心祥和的佛教音乐中自水中升起,莲花瓣由翕而开,神态安详的"观世音菩萨"悄然显出真身,令游客顿生顶礼膜拜之敬意。

2-25【女娲石】

这里就是"女娲石",亦称"人祖石"。这数米高的浑圆巨石,是何年何月来到这里的?女娲抟土造人、炼五彩石补天是怎么回事呢?

在远古混沌未开年代,只有盘古氏一个人,后来世界上怎么会有这么多的人呢?这都是女娲造的。据说,盘古开天辟地之后,又出来一个始祖,名叫女娲氏。女娲氏一个人孤独地生活在天地之间,感到太寂寞,就想造一批人出来,跟她一起生活、玩耍。一天女娲氏和好了一堆黄泥,用黄泥巴捏起人来。男的、女的都搭配成双,再用颜色分别涂上白的、黄的、蓝的、黑的,啥肤色的都有,捏了一大堆,向泥人吹口仙气,奇怪得很,这些泥人都变成了又说又笑、活蹦乱跳的活人。女娲不停地捏,活人越来越多。小的长成大人,大人男女相亲相爱,繁衍生息,以至于现在必须控制人口、计划生育了。神话也罢,传说也好,毕竟这女娲石特像女人臀部,上天在冥冥之中立此石以昭告世人。游人观此生命之源,不由得对造物主的神奇造化感慨万千,崇拜有加。

据说女娲考虑到捏的人太多了,将来会很麻烦,就把剩下的一大块泥巴顺手扔到了千瀑峡中去了,那里现在也成为最为著名的景点"天下第一大怪",石上有女娲造人挖泥形成的麻麻点点数百个,石头大的似盘子,小的似马蹄,至今地质学家还没有作出科学的解释,成为难解之谜!希望大家一睹为快!(女娲石下过一会儿:增寿避祸。)

此处为乘坐天车下山之处。此天车惊险刺激，慢车滑动行驶，可观赏周边及峡谷美丽壮观的景色。

2-26【天鼓神道】

我们走到这里，可跺跺脚，听听是什么声音？对！打鼓的声响。这里叫"天鼓神道"。据说当年杨妙真起义军将山掏空，一是作为掩体，为备战之用；二是埋藏了无数的金银财宝。

这是一棵普通而又平常、极不起眼的小树，但它又是一棵神奇的植物。用我们一般人的眼光看它，顶多有几年或几十年的树龄，但它究竟活了多少年呢？树的年轮，我们不好判断，因为它的主干只有小手指粗细。但如果问一下山村里年龄最大的人，他也只能告诉你：我小的时候，问过我的爷爷，爷爷说他的爷爷告诉他，这树原来就那么大。究竟它的树龄有多大，天马岛的人谁也说不清楚，只传说那是杨妙真的扎头绳扔到此山崖生成的。

2-27【关帝圣君像】

（此处是敬拜"关帝圣君"的最佳位置）

站在此处，向北方看，我不说大家也会喊出他的尊贵大名："关公"，对的，那天然形成的石像就是"关帝圣君"像。关帝圣君即"关云长"，亦称"关公"、"关亭侯"、"关羽"、"美髯公"，佛教称"迦蓝菩萨"，三国河东解州人，即今山西解州人。

在中国漫长的历史上，上至居庙堂之高的将相帝王，下至终生劳作的庶民百姓，以及舞文弄墨的骚客文人，街头舞枪弄棒的草莽义士，勾栏瓦舍的说书艺人，还有梨园戏子、优伶、歌舞浪人，乃至远避尘世的僧侣道士、尼姑，无一不对关公顶礼膜拜；其在千年以前，就成为跨国英雄，在朝鲜、日本及东南亚国家受到人们的崇拜。

关帝圣君集忠、信、仁、义于一身，成为道德的楷模，当时就有"义勇倾三国"之说，及至后来，"万古（关公）祠堂遍九州"。对于关公的祭祀、崇拜，香火极盛，延续至今已形成一道独特的文化风景线。在中国广袤的大地上，不少寺庙祠堂都塑关公像，供人们朝拜。既然关公是神，那自然生成之像就一定是在名山大川间。据考，黄山发现过关公像，戏称"关公挡曹"，那自然是华容道上的事了。

天马岛"关帝圣君"的化身，高达数十米，神威庄重，衣着铠甲，紫红脸堂，以及那特有的丹凤眼、卧蚕眉，五缕长髯飘在胸前，无不惟妙惟肖，活灵活现。对此，行武侠客、考古专家、风水先生、周易八卦研究学者无不叹为观止，认为是天之造化，是关公神武美德感动上帝所恩赐，从而证明了关公的确是名垂千古的历史英雄，同时更证明了天马岛的确是一座仙山、神山、福山、财山！

好一尊万世景仰的"关帝圣君"，在此受我等众人一拜！

2-28【一线天】

接下来是刺激惊险的"一线天"。请大家细心抓好铁索链，慢慢攀下，注意安全，不可掉以轻心。下到底下时，再回头仰望，一线天的神姿更加令人震撼不已。好了，准备好，咱们攀岩而下。

2-29【金蟾戏小龟】

请注意这一奇石，都说龟能负重于自身重量的千倍以上，在这里不折不扣地得到了验证。这小小的龟使出浑身解数，用尽平生力气，竟背起这几十吨的"金蟾"，是小龟有意显摆自己的力气，还是金蟾有意戏弄小龟，不得而知。我们民间有句歇后语叫"蟾蜍垫桌子腿——硬撑"，反正二者孰轻孰重，一目了然。假如这是动物奥运会，冠军非小龟莫属，金蟾只能望其项背了。我们慨叹大自然的鬼斧神工，同时也不免为小龟打抱不平。这个景点就叫"金蟾戏小龟"。

2-30【生命起源石】

此处为"生命起源石"。在这里请大家细心观察，这是什么动物，它们在干什么，为什么要这样，是什么力量把它们集合在一起？这一连串的为什么，又是为什么，难道意味石头真的有生命，它们为什么也在求爱？答案是：石头也是有生命的，石头真的会唱歌，也许世间一切生命真的来源于石头。

这里号称"鬼脸"。略懂京剧的人都知道，涂彩抹粉，似像非像，则称鬼脸。在这怪石也争雄的石堆里，偏偏有这么一块石头，天庭饱满，浓眉大眼，高鼻低颧，樱桃小嘴，俊俏潇洒，可就是不知他（她）是男是女，是人是鬼，是禽是兽，还是天上来客。谁也不敢妄加断言，看过的人都不知其然，更不知其所以然，只能名其曰"鬼脸"。现在不知您看过了，您觉得到底像啥？给它取个合适的名字吧，让其名副其实！盆子、罐子还有名呢，何况这天造地设的神物！

2-31【风吹石动】

"风吹石动"处，让你更觉蹊跷。指动石大家耳熟能详；风吹草动，人人皆知；可是风吹石动，您也许头一次听说，今天就让您大开眼界，一饱眼福。一年四季风力达到5级时，该石就会自然摆动，像跳迪斯科舞蹈一样，并发出咯噔、咯噔的声音，似配音伴奏。那没有风的时候就只好看您的气功如何了。请别忘记，这是一块5吨重的大石头啊！着实让人惊叹。力学本该是大自然的发明和创造才是。

2-32【寿石】

此石壁险、怪、幽、奇、秀，比三山五岳如何？目前还没有冠名，留给天下人给它一个最好、最响亮的名字。但此处一个大"寿"字清晰可见，你若在此留影，建议朋友们署名中国天马岛"寿比南山"。

2-33【石海】

穿过山洞,顺着"天梯"攀爬而上,就到达"天外天"了,石海展现在您的眼前。石的海洋,极为壮观。这石,这山,曾经惊动了秦始皇,秦始皇曾想驱石填海、让徐福东渡求仙的故事就发生在此(徐福家离此大约55公里)。明朝副相刘朴曾赋诗一首,并作序曰:马鬐峙州南六十余里,屹然重望,苍翠万叠。势亦飞而不驻,此秦皇观海驱石之遗迹也,故曰:"城阳十一山,岌岌相随行。"即此山屿?余疑而讶之,为作行曰:

> 记略之言诚可异,城阳十一山随行。
> 今之马鬐无乃是,芙蓉散徙如奔鲸。
> 秦皇跨海曾驱石,长矢直射蛟蜃宅。
> 神人鞭血桥已成,帝乃负约马前立。
> 此马奋鬐辟其口,萦蒲解向东南走。
> 水中竖柱成山在,岸上遗踪莒父有。
> 隐隐朝宗奔健鬣,半岭霞光俨汗血。
> 巨灵夸娥同驱逐,石走不驶将安说。
> 尽信恐成简书误,汲冢诞幻原无数。
> 蓬壶三岛招不来,此山柱动祖龙怒。
> 当时四海皆混一,惟有安期求未得。
> 山灵有意感会君,徐福何心更忘国。
> 东海岸崩辇道还,滈地璧献祖龙死。
> 千年愚惑转头空,惟有城阳山石泰山松。

诗人最后明确作了交代,想看山石到城阳山来,即今日天马岛,只有这里的山石最生动、最完美、最有灵气。步步有景观,石石会唱歌。那么想看松呢?不言而喻到泰山喽。

经南天门,拜不老松,穿狮虎洞,看无字碑,放眼望去,水域似一面镜子,又现眼前,一碧水域辽阔,一派烟波浩渺。再回首那出征的烈马,那如烟的众多故事,历历在目,感人肺腑。山融于水而奇秀,水润于山而秀美,好一幅山水写意画,山似五岳秀,水比西湖美。

这是金盆顶游览区的部分讲解,谢谢大家对我工作的支持。下次见,拜拜!(挥手告别,接下面团队)

天下奇观,更为神秘的狮子峰(望海楼)游览区欢迎您的光临!

三、狮子峰游览区

欢迎大家游览狮子峰（望海楼）游览区，下船后我们改乘环保游览车，途经鸽子窝、海角湾、幸福家庭、金銮殿、石鱼、国宝（熊猫）、眼镜蛇、西游记、栗园小区、千瀑峡、天下第一怪石、木屋诗韵、琵琶桥、千瀑合唱、将军布阵、七仙女峰、印度舞女、猛虎上山、仙人探奇、龙床、狮子峰、望海楼、王母池、震狮石、东一线天、相恋、仙人洞等，行程约4小时。

接下来参观码头，汉风大门拍照，约20分钟。

好了，现在我们出发，请朋友们向左山峰看，那里是一个繁育后代的鸽子，正在抱窝呢，不时地抬起头，警惕地瞭望四周，看看有没有敌情。

3-1【海角湾】

我们首先进入"海角湾"，这是山水相亲相偎、唇齿相依的精品之作。中央电视台多次来此录制节目，著名主持人沈力对这里流连忘返、难以忘怀，曾戏言：真的想在此处盖房，颐养天年。这里也是国际象棋冠军谢军封闭训练之地，谢军正是在这里经过3个月的训练后，拿到了第一个世界冠军，后来谢军又专程回到这里，感谢这方山水给她带来的灵气和运气。借此，同样的祝福送给大家，愿此游给大家带来灵气、财气、福气，祝大家工作如意，学业有成。

此处看山如画，看水也是画，看你自己，就是画中之人。什么叫画中游？此处体现得淋漓尽致，一览无余。

站在海角湾，面对烟波浩渺的水域，背靠雄伟傲岸的天马岛，谁还能记起城市无休止的嘈杂和喧嚣？谁还能想起尘世间无尽的烦恼和忧愁？

这么美的地方，为什么没人住啊？别急，请大家下车跟我走，看看这如画的山上究竟住着谁。请看那里，猴哥探头缩脑、窃窃奸笑，蹲在那隐蔽的地方，怕人看见，嘴好像还嘟哝着：干啥呢？再看那儿，很明显是猴哥的夫人，那么苗条漂亮，抱着孩子，匆匆忙忙，后边还跟着家里的老保姆。这是怎么了？相传，孙悟空陪唐僧西天取经回来后，即和众人分了手，先是去了老家花果山，看看小弟兄们，接着又返回当年王母娘娘惩罚他的地方——天马岛东一线天，王母娘娘用洗澡盆压了他500年。

3-2【老母洞】

一看不得了，王母娘娘在这里建有一处别墅——老母洞。九仙女、八戒、沙和尚都占有一席之地，连白龙马也占山为王了。哎呀！难兄难弟，我老孙也离不开大家啊，我喜欢水，就靠近水域这个地方，洗澡也方便。安居乐业，娶妻生子，这里离花果山只一步之遥。再说花果山那帮小弟兄也长大成猴了，在一起多有不便。这里是我理想的家，以后我老孙就在天马岛安享晚年，尽享天伦之乐。这不，现如今小日子过得也不错，独生子一个，没有任何负担，生活绝对小康水平，还雇了个老保姆。今天天气特好，就下到海角湾洗了个澡，刚出来，你看就离开这么一小会儿，老伴就不放心了，带着孩子到处找。怕啥？我老孙经过大风大浪的，见过大世面的人，有什么不放心的，真是的。找吧，俺藏在这里和你捉迷藏。多好的一家子，还是三口之家好啊！

此处是观"八戒"的最佳处。您看八戒是何等的悠闲自在！眯缝眼睛笑嘻嘻，翘着嘴巴哼小曲，袒胸露肚挺得意，世间烦心没我事。

3-3【眼镜蛇】

这里是"眼镜蛇"。这条"眼镜蛇"的发现还有一段小故事：当年在这里修路，放炮炸山，但每次都会哑炮，再高明的炮手也不能将炮点着，大家百思不得其解。忽然有人发现：这不是《白蛇传》里峨眉山走散的青蛇吗！此景因而得以保护。您看这条巨蛇正翘首瞭望，目光闪烁，青面獠牙，口吐舌芯，机警异常，不知要跟谁决一死战呢。但人们非常喜欢它，因为它是这一方山水的保护神。

站在此处向北看，国宝"欢欢"正抱着心爱的孩子"贝贝"，好像还唱着摇篮曲，轻轻拍打着宝宝，让它早些入睡。

此为"座山雕与海狮"。谁怕谁啊，还是和睦相处吧。座山雕累了一天，落下来，正自我按摩并梳理毛发打扮呢。

这一路走来，景随步移，大千世界，无奇不有，珍禽异兽，无不与人间勾连，含人间情愫，游之玩之，心之所向，情之所钟，明之其理，洗涤心虑，陶冶情操。一年有四季，四季各不同。若您在不同季节来此观光游览，会给您带来全然不同的享受：桃花、杏花、梨花，花花能醉人；凉风、水瀑、藤萝，处处清凉风；核桃、栗子、瓜果，样样可品鲜；白雪、冰挂、雾凇，事事如你愿。谁不说俺家乡好？

3-4【千瀑峡】

这就是"千瀑峡"。"千瀑峡"拾级而上，沿途或池，或湖，或瀑，或溪，秀水轻灵，群山环绕，松涛竞逐，带您进入一个梦幻仙境的神奇之旅。途经"双龙峡"、"狮虎涧"、"卧牛沟"、"吉星高照"，观一路南方景致，青山绿水，茂林修竹，木屋诗韵，牧童遥指，琴声悠扬，这是天马岛的又一独特景观。

经过半个多小时如痴如醉的欣赏，我们现在站在琵琶桥上，最为亮丽、最为壮观的天下奇观就展现在您的眼前，世人有谁不为之感叹，有谁不惊讶万分？这一巨石长达10米，宽5米，厚3米，重约400吨，是怎么来的呢？官说官话，民说民话，众说纷纭。科学家曾考证，但目前还没有准确的答案：一说是天外来客；二说是远古时代的高级动物的足迹；三说是龙王爷的按摩座椅，或者干脆说是从地下冒出来的。那么，咱们就借坡下驴，顺水推舟，把传说再传下去。

相传女娲造人时，剩下的一大堆泥巴被龙王爷发现了，就求女娲将泥巴给他整一个沙发躺椅。女娲答应了龙王爷的请求，就将泥巴抛到千瀑峡，送给了龙王爷，因此这里也就成了龙王爷的健身房。其实这千瀑峡就是一座龙宫，不信你往上看，那里就是龙床、梅花瓣的枕头、高级席梦思的沙发坐垫，还有那时髦的床头柜。玩具兔懒洋洋地躺在床上，外面还放着两个仙桃，周围虾兵蟹将、宫中侍卫、歌伴舞女，一应俱全，一派歌舞升平景象，好不热闹。可惜的是龙王爷也腐败了，到处建有宫殿、别墅，就把这里给废弃了，将东海东移50海里，由此，这里倒成了我们的一个休闲纳凉的好地方。

请看这俯卧欲起的雄狮，形象逼真，昂着头，睁着眼，张着嘴，好像对外宣布：我才是这里的主人，我是这里的王者。其实早在秦朝时，这里就称"望海楼"。据说站在狮子峰顶，起早天好时，可一睹红日在海上冉冉升起，比在泰山顶上看得更清晰。不是妄言，有诗为证。清朝诗人陈巘《登望海楼》写道：

万里洪涛自吐吞，
直从碧海访真源。
风定浮云生日月，
朝开巨海刷乾坤。

这是两个巨大的"仙人盆"。所谓"仙人盆"，其实是冰川时代留下的冰臼。传说这里就是"王母池"，是王母娘娘的专用浴盆，而西边那些山头上小的才是七仙女的洗澡盆，当然了，也就是王母娘娘惩罚孙大圣的家什。当年孙猴子大闹天宫，偷仙桃，盗御马，不可一世，目空一切，被王母娘娘顺手扔了个洗澡盆压住，以侮辱大圣，直到500年后大圣认错才放了他，然而大圣用力过猛，将巨石一撑三瓣而形成现在这独特的一线天，恰似人字形，成为绝无仅有的一景。细心的观众不难发现，巨石下面还放有一个仙桃，那是以桃警示孙大圣以后应当如何为人，怎样修行，所以才有了以后的《西游记》中孙悟空堂堂正正、光明磊落的光辉形象，正所谓"心底无私天地宽，筋斗云翻八万里"。当然了孙大圣的原形真身也就永远地留在了王母娘娘的浴池旁边。

此一处为"北极熊相亲"，你看它那熊样，还挑挑拣拣，非来个千里挑一、万里挑一不可。

3-5【仙人洞】

这里就是最为奇特的洞，名曰"仙人洞"。此仙人洞正是大名鼎鼎的穆桂英的老师尹道安的修炼之所。相传，穆桂英跟着老师学有所成后，便去抗击敌寇了。一次抗击西夏被围困在盘丝洞，不得解脱，无奈穆桂英急忙去搬老师。老师临别时说到山东雀山后朝阳洞修炼，有急事可去那里找。穆桂英按老师说的路线乘坐独角兽，星夜兼程，直奔雀山。到雀山绕3圈也没有发现什么洞，又气又急的穆桂英双膝跪地，宝剑猛插地下，连呼三声：师傅，您在哪？再不来救徒弟，三军就要覆没了，我穆桂英有何颜面再见师傅和爹娘，在此不如一死了之！师傅听见后顿觉事情不妙，连呼徒儿三声。穆桂英顿悟，可不是吗？天马岛阳面的洞不就是朝阳洞吗？穆桂英急忙起立，猛地抽剑，只因穆桂英用力过猛，将剑深深地插入石内，半截已断在石中，据说这半截宝剑还在南山。再说，师徒二人施礼相见后，尹老师使法驾祥云腾空而去。尹老师自此之后再也没有回来，偌大的洞内只留下石枕一个、石床一张、化身一副。

清代诗词家庄锡绅曾把天马岛比作自家的后花园，赋诗礼赞。我愿把这首诗送给大家，共享此情此意。

已足园林烂漫春，朝来雨洗十分新。
天将霡霖添花韵，人爱融和布谷辰。
到处闻香难辨树，放怀豪饮惯留宾。
山翁亦解游人乐，已醉犹闻劝酒频。

天马岛风景名胜区在日新月异地发生着变化，水域也重新焕发出生命力，在不久的日子里将以崭新的面貌迎接来自五湖四海的朋友。

其他各景点二期、三期正在建设中，这里不再一一介绍。

谢谢大家，天马岛风景名胜区欢迎您再来，一睹新风采！

小浪底黄河三峡推介词

历史不会忘记1963年8月海河大暴雨、1975年8月淮河大暴雨造成的惨重损失，给黄河的防洪能力敲响了警钟。因此，修建小浪底水库已经迫在眉睫。

万里黄河，从青海的巴颜喀拉山奔腾而下，在河南济源挣脱最后一个峡谷，泻向广袤的华北大平原。而举世瞩目的黄河小浪底水利枢纽——跨世纪的工程，就兴建在这里，处在控制下游水沙的关键部位，上距三门峡水库130公里，下至郑州花园口128公里，动态总投资400亿元人民币，全方位与国际惯例相接轨，是中国水利水电事业走向世界的一个窗口。

小浪底水库由一座顶长1 667米、最大坝高154米的壤土斜心墙堆石坝，10座进水塔，9条泄排沙洞，1条灌溉洞，6条引水发电洞和1座地下式发电厂房组成，是一座防洪、防凌、减淤并兼顾供水、灌溉和发电等综合利用的特大型水电工程，创下三项世界之最、六项中国之最，主要枢纽建筑按8级地震烈度设防，涉及土石方1亿立方米，堪称当代的"愚公移山"。

"青山不墨千秋画，绿水无弦万古琴"，小浪底这个跨世纪的精品工程将把黄河的灾难锁在最后一个峡谷，把幸福播洒在中原大地。在大坝游览区可尽情地游览科学创造的奇迹，六条巨大的飞瀑如黄龙腾空，惊心动魄，建设者之歌工程雕塑广场、文化广场、落差50米的浩然瀑布与九曲十八弯的微缩黄河相映成趣，在此你可一日千里漫步在黄河两岸，顷刻之间便游览了整个黄河。

水库建成后，300平方公里的浩瀚水域形成了"高峡出平湖，山川入彩图，港湾飘渔歌，绿树满坡岭"的壮丽景观。烟波浩渺的水面、星罗棋布的船只，使小浪底俨然成了北国江南，南有长江三峡、北有黄河三峡、小浪底山水集北方山水之精华。

龙凤峡，秀丽幽深，九曲连环；孤山峡，险奇峻美，峰回路转；八里峡，更是以其雄伟、秀丽的景观赢得了"黄河之门"的美誉。黄河两岸的传说总与先人治水的历史有着千丝万缕的联系，相传大禹的父亲鲧采用堵塞的方法治水，结果失败。禹子继父业治水13年，留下三过家门而不入的美谈。其中有"九磴莲花转"，九磴九级，次第升高，若莲花盛开，似出水芙蓉，相传是大禹治水时九斧所劈留下的遗迹。

有一首民谣从古流传至今:"九磴莲花转,转转有一罐。谁能得住这一罐,能治九州十八县。"这首民谣反映了治水者得以治天下的道理。到了今天,小浪底工程仍是借用鲧的堵、禹的疏,疏堵相结合治水的范例。

听一听吴家寨、卢家堡惊心动魄的往事,再说一说兄弟岗、姊妹峰荡气回肠的爱情故事,看不完的黄河美景,道不尽的民间传说,黄河三峡让无数游人流连忘返、心醉,难怪著名诗人畅游黄河三峡之后即兴作诗:

    九曲波涛十曲歌,更有孤楼立阳坡。
    人生得意须畅游,不到三峡不黄河。

在秀丽的景区中还有一株绚丽的奇葩,那就是被誉为中原海滨城市的张岭半岛。这里三面环水,空气清新,已建成省海事培训中心及张岭俱乐部。高标准的网球场及篮球场依水而建,古朴典雅的窑洞宾馆冬暖夏凉,人工钓鱼池和钓鱼台各有情趣。摩托艇、水上滑车、大型水上迪吧、水上游泳池,惊险刺激,其乐无穷。有一首诗这样描写张岭的美:"这里美,美在黄河水,三峡九景看不够,七港八湾锦鲤肥,谁不说她美?"

朋友,难道您不想和我一起前往黄河三峡吗?听风儿已经荡来悠扬的歌声:"这里的山等你来,这里的水等你来……"

黄河三峡景区推介词

举世瞩目的黄河小浪底水利枢纽工程神奇地创造了一个魅力四射的北国江南——小浪底黄河三峡。小浪底水库蓄水后在大坝上游形成了272平方公里的浩瀚水域，高峡平湖、港湾交错、山水交融、风光旖旎，构成了一幅山清水秀、北国江南的瑰丽画面。

黄河三峡位于小浪底大坝上游20公里处，总面积40平方公里，自然、人文景观达80余处。黄河三峡景区有"世界地质公园、国家水利风景区、中国最美丽的地方、河南十大热点景区、小浪底之精华景区"之称。

黄河三峡的孤山峡、龙凤峡、八里峡3条峡谷，鬼斧神工，各有千秋。

孤山峡千仞壁立，群峰竞秀，山回水转，水贯山行，可谓"崖出疑无路，水开别有天"，三步一景，五步一观，乃黄河三峡的点睛之笔。孤山峡山水排列三折三进，乃奇妙神秘的风水宝地。相传大宋开国皇帝赵匡胤就是得此风水宝地方成就一代之基业的。登上被称为"万里黄河第一楼"的大河楼，但见大河如带，水天一色，游船穿梭，美不胜收。著名诗人王怀让登此楼后即兴赋诗："孤楼远望群峰小，黄河东去一线飘。我寄豪情与大海，心头更比山头高。"孤山峡带给诗人何等的气势，何等的气概！

八里峡，号称"万里黄河第一峡"，是万里黄河的最后一段峡谷和黄河中下游最狭窄处。两岸悬崖峭壁，如刀劈斧削，又称"八里胡同"。自古就有"八里坪、八里川、八里胡同、八里山"八里八景之说，道出了其险、其雄、其奇、其幽。相传八里峡乃大禹神斧劈就而成，故又称"鲧山禹斧"。这里有一首民谣："九磴莲花转，转转有一罐。谁能得住这一罐，能治九州十八县"，诠释了八里胡同看黄河、"治水者得天下"的厚重文化。

龙凤峡，九曲十折，峡深谷幽，奇峰对峙，五步一潭，十步一瀑，颇有"水绕青山山绕水，船在青山顶上行"的诗情画意。情侣岛、皇冠岛、姊妹峰、兄弟岗、吴家寨、卢家寨、老龙口，等等，移步换景，景景不同，引人走过一程又一程。流传千年、凄艳绝美的"赵匡胤千里送京娘"的传说故事就发生于此。峡内有一洞，人称桃花洞，据到此洞游玩的未婚男女青年讲，她（他）们当天夜里都会梦见自己的情人，并在不久之后会和她（他）交上朋友，而且一见钟情。桃花洞的神奇奥妙让人觉得不可思议，实乃天下一奇。龙凤峡谓之"爱情谷"，实乃名副其实。闲暇之余带上情侣，乘风雨小舟，登情侣岛，坐相思石，戏龙凤潭，临秋雨池，探桃花洞，看双龙瀑，依同心树，其中韵味，何等美妙！

南有长江三峡，北有黄河三峡，黄河三峡与长江三峡堪称天生的孪生姊妹。北国江南，黄河三峡，既有南国山水的柔媚与婉约，又不失北方山水的雄健与阳刚，集南北山水之大成。

著名诗人王绶青说得好："回家常看母亲河，人活百岁不白头；出外常唱黄河谣，人不风流歌风流。返璞归真美享受，请君黄河三峡游。"

湖北襄樊古隆中推介词

中华腹地完好的古城墙保留了一座真正的古城、山水名城——襄樊。凭山之峻，据江之险，没有帝王之都的沉重，但借得一江春水，赢得十里风光，外揽山水之秀，内得人文之胜。

这是一座有着2 800多年建城史的历史文化名城，文化底蕴丰厚。三国故事襄樊多，《三国演义》120回，其中的75回就发生在湖北襄樊。"智慧之星"诸葛亮从这里的隆中山走出。脍炙人口的"三顾茅庐"、"隆中对"史实就发生在这里。

古隆中山峦叠翠，钟灵毓秀。罗贯中在《三国演义》中描述隆中景色："山不高而秀雅，水不深而澄清，林不大而茂盛，地不广而平坦。猿鹤相亲，松篁交翠。"它是隆中风光真实而生动的写照，是三国时期杰出的政治家、军事家和思想家诸葛亮青年时代（17～27岁）躬耕隐居地。有人把他与当时庞统并称为"卧龙凤雏"。

诸葛亮27岁那年，刘备3次来到隆中，虚心地向他请教统一全国的大计。诸葛亮认真分析了当时的形势，从战略着眼制定了隆中决策，这就是著名的《隆中对》。从此诸葛亮为实现隆中决策，"鞠躬尽瘁，死而后已！"联东吴，战赤壁，进四川，取汉中，平叛南中，五出祁山，从而在历史上因他而形成了一个三国鼎立的政治局面。故世人一致称誉他是"汉室栋柱"、"治世良材"。

这里清静幽雅，天苍山青水碧。隆中山、乐山、旗山三山环拱，隐若玦环。路回山隐隐，树锁昼阴阴。这里文豪云集，志士倾吐情怀。晋代习凿齿、唐代崔道融、宋代苏轼、明代王越等都曾凭吊古隆中。现代郭沫若先生亦挥毫抒情，党和国家领导人董必武更有吟联："诸葛大名垂宇宙，隆中胜迹永清幽。"

隆中之所以天下闻名，原因有三个：一是诸葛亮的躬耕之地；二是刘备三顾茅庐的所在之地；三是著名的"隆中对策"的提出之地。

跨入上刻有"古隆中"的牌坊，有一种怆然若梦的感觉，倍觉自己业已走进了1 700年前那兵荒马乱、战火横飞时代的世外桃源，幽雅而宁静，古朴而凄凉。四进三院层台建筑的武侯祠，百年古松遥相夹拥，给游人一种古刹寺院幽深莫测的神秘和怀古之感。正门前的一对巨大石狮与翘檐残壁相映，显得古朴庄严。偶尔的一阵松涛响起，更增添了历史的沧桑和红尘的虚无。三顾堂是刘备三顾茅庐、诸葛亮作隆中对策的纪念堂。六角井是诸葛亮在隆中隐居时的生活用水井。小虹桥如虹跨溪，小巧玲珑。桥为石拱，青石板面，桥下流水清澈，淙淙有声。诸葛亮自称"臣本布衣，躬耕南阳"中的躬耕田，使诸葛亮"锄禾日当午，汗滴禾下土"的情景历历在目。草庐亭是人们为纪念"南阳诸葛庐"而建，亭旁古树缠藤，垂柳依依，别是一番风光。野云庵被人们称为"卧龙深处"。"修竹交加列翠屏，四时篱落野花馨。床头堆积皆黄卷，座上往来无白丁"，这是《三国演义》对诸葛亮家内外环境和人际交往的描写。当年诸葛亮常在抱膝亭处抱膝长吟，后人即于此建亭。

这些古雅的建筑、秀丽的景色、深邃的文化、动听的歌谣、卧虎藏龙的风水再现了1 800年前中国历史上英雄最多的时代，谋略用计最精彩的时代，中国历史上最深入演练战术、最能体现领导艺术的时代。诸侯崛起，猛将叱咤，谋士如云，君臣互择，纵横捭阖，谋君图国，挥师千里，攻城略地，一时多少豪杰。

古隆中造就了诸葛亮，诸葛亮成就了古隆中。不到古隆中难知三国事，不到古隆中难以体验历代文人骚客在此身心愉悦的奥秘。诸葛亮在这里学成治国之才，刘备在这里求到三分天下之良策。"三顾得三分，三游得三金（鑫）"。古隆中风景如画，景随步移，寓教于乐，一体浑然；古隆中旅游胜地，吃、住、行、游、购、娱、教、动、放设施俱全；古隆中作为名人的起点、智者的摇篮、商家的金山，令读懂它的人流连忘返，三顾有其缘！

济渎庙推介词

济渎庙为济源市五大景区之一，坐落在济源市区西北的济水发源地，是中国历代朝廷祭祀济水的皇家庙宇，为全国重点文物保护单位。在解放战争期间，解放军发动全面总攻前夕，毛泽东主席曾亲笔用"双圈"圈住济渎庙，要求严加保护。那么，是什么原因使得一代伟人对济渎庙如此关注呢？如果你有兴趣，就请随我一起走进这座千年古庙，沿着其长长的御道，游览其深深的庭院，穿越时光的隧道，走进其历史的空间。

早在中古时期，中国就将境内四条独流入海的河流称为"渎"，即东渎淮河、南渎长江、西渎黄河、北渎济水。四渎从而成为中国名川大河的代表，而济水则是四渎中最为独特的一条河流。它平地涌泉于济源，然后南行与黄河交会，但济水并非汇入黄河，而是自黄河河床下伏流而过，从而形成"横贯黄河自不浑"的地理景观。之后济水又曲折东流，经山东注入渤海。济源就是因济水的发源地而得名，山东的济南、济宁、济阳也因济水的流经而得名。

济水的流量、流程虽然无法与长江、黄河相比，但济水独清，横贯黄河而不浊，可谓品德高洁；济水顽强，百折入海，其精神可嘉。而济水体现的这种顽强意志和高尚品德正是中华民族精神的核心内涵。所以，自古以来，文人士子们就把济水作为修身立业的精神楷模，唐代诗人白居易临济水而叹："自今称一字，高洁与谁求。唯独是清济，万古同悠悠。"

正因为如此，千百年来，济水一直受到上至君王重臣、下自庶民百姓的顶礼膜拜。自人文始祖黄帝祭济水，历秦皇汉武、唐宗宋祖以及明清诸帝，济水神一直被列为国家祀典中重要的神祇。唐宋之时，皇帝还加封济水神为清源公、清源王，使得对济水的祭祀达到了前所未有的鼎盛。

作为祭祀重地，济渎庙也得到历代增修，逐步形成了规模宏大、布局有序的古建筑群。它占地130余亩，前为济渎庙，后为北海祠，东有御香院，西有天庆宫，总体平面布局呈独特的"甲"字形，含"甲天下"之意。这里不仅有中原最古老的木结构建筑济渎寝宫，还有明代木牌楼之冠清源洞府门，现存宋元明清各代建筑、亭台楼阁样样俱全,是名副其实的"古建筑博物馆"。济渎池畔,石桥倒映,垂柳拂波,是我国北方少有的古典园林。几十通连绵千年的碑刻中,既有帝王御书的圣旨、诏文,也有文人墨客的歌咏之作,为我们描绘着济水文化昔日的辉煌。

今天,在济水源头,济水文化所折射出的精神,正在激励着济源人民奋发向上,全力建设小康社会。我们完全可以相信,有65万济源人民的奋发努力,有在座各位嘉宾的大力协助,一座新兴现代化、工业化的旅游城市——济源,一定会在中州大地上崛起,而历史悠久、文化丰厚的济渎庙也将在这座城市中绽放出迷人的光彩!

桐柏山淮源风景区解说词

（配音稿）

人们常说："自从盘古开天地，三皇五帝到如今。"国人把盘古列为人文始祖，他开天辟地、孕育人类的故事，在中国几乎家喻户晓、人人皆知。时至今日，很多地方还都保留有他的遗迹，盘古之乡桐柏县也不例外。那么，他在哪里呢？看，他就在我们面前的山峦里，头枕湖北，脚蹬河南，仰面而卧，阴阳合身，身长绵延6 000余米，发髻、眼、鼻清晰可见。这里不仅保留着祭祀盘古的庙宇，而且还广泛流传着他的传说故事。

据记载，古时只有神仙居住过的地方才有资格被称为洞天或福地。北宋时期我国的道家秘籍《云笈七签》中记载了天下的七十二福地和三十六洞天，桐柏山水帘洞被列为天下第四十一福地。这在今天水帘寺内明代嘉靖年间的石碑上也有详细的记载。由此可见，桐柏山水帘洞古时就是一处易于修行的道家风水宝地。但是，为什么今天这里全部变成佛家所在地了呢？

这是因为清乾隆年间这里的道士弃道从佛了，从那时开始，这里就成了佛教圣地，清代鼎盛时期整个山中大大小小的寺院据不完全统计有37座之多，并且形成了"一地多寺，寺寺相连"的风格。如今，水帘寺和登封的少林寺、开封的大相国寺、洛阳的白马寺并称为中原四大名寺。

古语讲"山不可无石，石不可无水，水不可无帘，帘不可无洞，洞不可无险，险不可无所攀登"。这里有山有石有水有帘有洞，可见是一处美景佳境了。

现在，我们旁边的这条小溪就是盘古溪了，它源于中华第一神盘古神像山的最高峰，左边是通天河，右边是花果山、太阳城，溪长约3 000米。奇峰对峙，溪水碧翠，曲折奔流，骆宾王、李白、苏轼、吴承恩等都曾游历至此，留下许多脍炙人口的诗篇，主要景点有混沌岭、斧劈石、象鼻峰、凤凰石、蝴蝶峡、龙虎涧、古木园、盘古村遗址和盘古祖殿等。

这潭水清澈见底，碧绿晶莹，掬之洗之，沁人心脾，这就是传说中龙沐浴嬉戏的地方——浴龙潭。古语讲"山不在高，有仙则名；水不在深，有龙则灵"，据当地的百姓讲，这里的水很有灵气，他们说："浴龙潭里洗洗手，好运伴你一辈子走。"

【猴树】再来看一下这些形态各异的小猴子，它们十分光滑，当地人说"摸摸猴头，吃穿不愁；摸摸猴背，辈辈封侯；摸摸猴鼻，官级往上提"，看来它们是被人摸光滑的。朋友们，还等什么呢，赶紧摸一下，把灵气带回家吧！保不准从此以后您就平步青云了。

【通天河】经过一阵攀登之后，我们终于来到了通天河。通天河在《西游记》中是唐僧师徒西天取经的最后一难的发生地，在这里他们得道归根，终于走过了九九八十一难的最后一难。这里就是当年吴承恩创作《西游记》的原型地。据历史资料记载，《西游记》的作者吴承恩曾在桐柏县的临县新野做过县令，并且他的老家又是淮河流域江苏省的，他上任去新野、回家探亲，桐柏都是一个必经之地，因此他多次探访淮源，记录当地的风土民情，从而给了他创作的灵感，写下了不朽的巨著《西游记》。

【不老泉】在桐柏山的主峰太白顶的北边，海拔有1 000余米。很多见过"不老泉"的人都说奇，很多喝过"不老泉"的人都说好。这"不老泉"究竟奇在哪里又好在哪里呢？

第一次听当地老者讲"不老泉"的来历，觉得神得不得了。说是当年山里生活着一对老夫妻，他们以打柴为生。一天，老爷爷上山打柴迷了路，又饥有渴，走啊走啊，终于在山顶上见到了一口泉，老爷爷喝了一口就觉得全身有了力气，快步如飞背着柴就回到了家里。谁知，到了家门口，老伴儿硬是不给他开门，非说他走错门了，还说："小伙子，我们家就我们老两口，没有孩子。我们老头子还在山上打柴没回来呢。"听到这，老爷爷也摸不着头脑了，明明就是我嘛，哪来的小伙子？老爷爷进不了家门，只好去找一池水来照照自己的模样，是不是真的变成了小伙子。照完之后，老爷爷也吓呆了，灰白的头发不见了，脸上的皱纹也不见了，取而代之的是乌黑的秀发和光滑的皮肤，难怪老婆子不认识了，自己也有点不认识自己了。听老辈人说，当年太白金星在太白顶修炼仙丹，曾不小心将仙丹遗落在泉水里。

话说老爷爷找到原因后，赶紧去向老伴儿解释，老奶奶听完之后欣喜若狂，二话不说也要去喝水，直到天色已晚也不见回来。老爷爷不放心就前去找，发现去时白发苍苍的老奶奶，这时已经无法回家了，因为她喝多了"不老泉"，现在已经变成嗷嗷待哺的小婴儿了，连路都不会走了。

"不老泉"的神奇故事传开之后，人们纷纷前来看稀奇，后来人们发现这个泉还是淮河的源头，也就是说这"不老泉"正是千里淮河的发源地。后人将这泉砌成井，将"不老泉"称为"小淮井"，这在一些古书中也是有明确记载的。之后，许多文人骚客和达官贵人前来探访淮源，如北魏的钦差韦珍、明代"弘正七子"之一的何景明、清代的河南巡抚毕沅，他们都为这里的美景和神秘所折服。

当然，由于"不老泉"的神奇，引得人纷纷前来饮水、品茶，唐代的茶圣陆羽在品鉴过之后，将这里的水列入了"天下佳水二十品"，与扬子江南零水、庐山惠山寺泉水齐名。

然而，因为老奶奶的前车之鉴，人们都不敢喝多了。你别说啊，还真是怕自己也像老奶奶一样回不了家了。久而久之，这里大方的山里人也变"小气"了，在你喝水的时候总是适时地提醒你"别喝多了"，原来这种小气还是有历史原因的。

今天，前来桐柏山旅游的人们也会在登到山顶后喝点清凉甘甜的"不老泉"，以解除疲劳，他们回家之后有没有被拒之门外，我们就不得而知了。但是，"不老泉"的名气却越来越大了，越传越神了。

有人说"不老泉"不仅凉而且甜，像在冰箱里冻过一样，装在瓶子里直冒寒气，比那冰冻矿泉水强百倍；有人说用"不老泉"来泡茶，赛过琼浆玉液，只有喝过了，才知道那是真好，难以言传；有人说"不老泉"真是不老啊，那水是那么的旺盛，像一个年轻的小伙子一样精力充沛；有人说，张三的媳妇去了一趟桐柏山，回来就容光焕发了；有人说，李四的朋友去了以后，那皮肤的那个好啊……

王屋山九里沟推介词

各位朋友，你知道毛主席老三篇中《愚公移山》的故事吗？你知道横亘于济源西北 40 公里的王屋山吗？

王屋山总面积 265 平方公里，层峦叠嶂，衔晋接冀，气势恢宏，堪称"北国风光最胜处"。它分王屋山和九里沟两大景区，为国家 4A 级景区。

王屋山以主峰天坛为中心，前有华盖峰，后有五斗峰，左有日精峰，右有月华峰。天坛山一峰突起，群峰簇拥，大有唯我独尊的王者气概。

王屋山主峰天坛山，海拔 1 715 米，向有"天下砥柱"之称。相传中华民族的人文始祖轩辕黄帝曾在此设坛祭天，统一天下，因此有"华夏一统圣地，天下第一祭坛"的美誉。据载，黄帝于元年正月甲子，列席于王屋山，登山祭天，从而得王母神助，联炎帝，战蚩尤，定中原，实现了华夏历史上第一次民族大融合，开创了 5 000 年悠久灿烂的中华文明。轩辕黄帝祭天，首开历代帝王设坛祭天之先河，后明成祖朱棣在北京所建天坛、日坛、月坛，居然和王屋山的天坛峰、日精峰、月华峰十分暗合，可见济源与北京两个天坛虽远隔千里，却一脉相承。

王屋山为道教"十大洞天之首"，号称"天下第一洞天"。传说黄帝曾在此炼九鼎金丹，最终得道成仙，从此奠定了王屋山在我国道教十大洞天中的宗首地位。尤其是唐代大开修道之风，这里相继建成了紫微宫、阳台宫、清虚宫等规模宏大的道教建筑，成为全国道教活动中心。

山灵则水秀，水秀则物奇，王屋山是一座天然的动植物王国，有猕猴、娃娃鱼、金钱豹等 300 余种野生动物，植物种类达 1 200 余种，盛产灵芝、首鸡头参、冬凌草等名贵中草药材。"药王"孙思邈晚年曾遍游王屋山，结庐翠微庵，采药行医，济世救民，写下了长达 30 卷的医学论著《千金翼方》。孙思邈还深谙美容、保健、延寿之道，他本人也以 101 岁的高寿仙逝于王屋山，真乃"草生福地皆为药，人入名山疑成仙"。

九里沟景区山翠水绿，有江南之秀、水乡之美，是王屋山变幻多姿的天然盆景。这里是唐代诗人、茶仙卢仝隐居醉茶之所。卢仝为唐末济源人，博学多才，胸怀大志，素有"不做宰相不为官"的志向，然而性情耿直，愤世嫉俗，遂隐居九里沟，潜心钻研茶道，著有《茶谱》，被尊为茶仙，他的《七碗茶歌》影响深远，在日本备受推崇。《梅山种茶谱略》中评价："茶种于神农，至唐陆羽著经，卢仝作歌，遂遍布海内外。"而今，置身于九里沟依山傍水的卢仝茶社，在琴弦叮咚、缕缕茶香中，《七碗茶歌》让您茅塞顿开，神清气爽："一碗喉吻润；两碗破孤闷；三碗搜枯肠，唯有文字五千卷；四碗发轻汗，平生不平事，尽向毛孔散；五碗肌骨清；六碗通仙灵；七碗吃不得也，唯觉两腋习习清风生。"

夏日的九里沟水幽山翠，到处飞瀑流泉，尤其是九龙飞瀑，数股激流从断崖绝壁倾泻而下，雾气升腾，声震幽谷；冬日的九里沟，雾凇冰挂，玉树琼枝，如仙宫瑶池，玲珑剔透，又是一番迷人的景致。

常言道：春见山容，夏见山气，秋见山情，冬见山骨。千古神奇王屋山，以其变幻多姿的四季景观，展示着雄、奇、险、秀、幽的鬼斧神工。春天的王屋山是美的，夏日的九里沟是美的，秋天则是王屋山更美的季节。"秋日登天坛，王屋红叶红满天"，那500里红叶，蔚为壮观，犹如叶的花园、叶的海洋，红得热烈奔放，激情难抑。相传这满山红叶都是轩辕黄帝大战蚩尤时，那沾满热血的刀枪剑戟所化而成，鲜血化作满山枫叶，染红了王屋山，震撼着人们的心灵。

不到长城非好汉，要看红叶上天坛。王屋山红叶就是65万愚公儿女的炽热情怀，向各位朋友奉献的无限真情。

五龙口推介词

　　五龙口风景名胜区是国家4A级景区，因五条水渠呈五龙分水之势而得名。早在2 000多年前，汉明帝刘庄就在这里为女儿修建了一座规模宏大、美轮美奂的沁水公主园，这座皇家园林傍着悠悠沁水，以其满园春色而赢得了"沁园春"的美名，"沁园春"后演变为词牌，正是缘于这个词牌名才有了毛主席"数风流人物，还看今朝"的千古绝唱。风流天子隋炀帝，曾经修筑道路90华里，穿越太行山，直奔五龙口，在此宴游三日，极乐方归。

　　唐末山水画宗师荆浩为避战乱长期隐居山中，五龙口秀丽的山水风光赋予他写生的灵感，他在汲取吴道子画法等的基础上，将之发扬光大，逐步形成了自己独特的画风，开创了我国历史上著名的北方山水画派，被后人誉为"唐末山水画之冠"。后人有诗赞曰："太行风光五龙秀，淡妆浓抹情韵悠。荆浩当年写生地，十里画廊美名留。"

　　金鸡岭趣味无穷，桃都山巍峨高耸，香炉顶一枝独秀，画屏峰美在其中。这里的山俊俏、挺拔、高大，这里的山娇羞、妩媚、淡雅，这里的山有一百种灵性，这里的山有一千种丹青，这里的山有一万种风情。

　　五龙口景区还有非常丰富的温泉资源，年平均水温54℃，最高温度101℃，是我国内陆四大高温温泉之一，健身休闲，放松自我，温泉将会是最佳的选择！

　　在五龙口景区莽莽苍苍的大山林海中间还生活着2 000多只大自然的宠物——太行猕猴。太行猕猴个大毛长，形体俊美，简直就像堂堂正正的七尺男子汉，据联合国派员考察认证，五龙口猕猴的智商还相当于3岁的小孩呢。如果您走进景区，会有迎宾猴夹道欢迎，紧接着它们会眨着非常漂亮的大眼睛顽皮地向您讨要食品，这时，如果您拿一瓶健力宝，再拿一瓶矿泉水，您猜猴子们会先选择哪一个呢？当然是健力宝了，因为景区以前有只猴子竟然趁管理人员不注意的时候，到商店里偷了一听健力宝出来，然后往树枝上稳稳一坐，对着易拉罐反复研究了半天，食指这么轻轻一拉，喜滋滋地喝了一口，那叫一个美哟，于是这只猴子就立马用猴语在猴群中进行了广泛的、大肆的宣传，这可倒好，弄得现在五龙口的猴子个个都知道健力宝比矿泉水好喝了!

　　还有每四年一次的猴王争霸赛,可称得上是猴群中的一件政治大事。毛主席他老人家说得好:枪杆子里面出政权。一点没错,只有那些打遍群猴无敌手的雄猴,才能登上猴王的宝座,做了猴王尾巴就要高高竖起,因为这是权力和地位的象征,更别说什么三宫六院七十二妃了,简直就是威风凛凛、尽显帝王之尊。当然在猕猴群中还有许多的秘密和故事正等着您去发现、去欣赏……

　　这里,是荆浩故里。

　　这里,是温泉之乡。

　　这里有猕猴趣事,

　　这里有太行风光。

　　朋友,济源五龙口景区正敞开山门,欢迎您的光临!

小沟背推介词

提起小沟背,有的朋友可能闻所未闻,但是,也许从此您就记住了"小沟背",因为它在全国"只此一家"。小沟背景区不但名称独特,而且景观也不平凡:第一,它是王屋山世界地质公园的精华所在;第二,它是国家命名的"中国女娲神话之乡";第三,它还是华北地区唯一遗存的王屋山原始森林腹地,自然、人文景观特别丰富。

小沟背是华北地区最典型、最壮观的火山岩地貌。大家在其他地方可能见过火山口、火山锥,而在小沟背,山下是很久以前喷涌而出的岩浆形成的火山岩,中间是鹅卵石河床砾岩,山顶是海相沉积砂岩,它清晰地记录了王屋山的沧海之变和华北古大陆形成拼接的全过程,真可谓天翻地覆的世界地质奇观!这里满沟的五彩石,大的如楼宇,小的如鸟卵,五色皎洁之状真的就像熔炼的一样。鳌背顶横空出世,长2 000米,厚400米,远望酷似一只巨大的无足神龟卧于峰顶。号称"百米长卷"的四空山娃娃崖,上面爬满成千上万个栩栩如生的浅黄色裸身石娃娃,大自然的鬼斧神工往往令人叹为观止。古时候,人们根据这些规模宏大、历史久远、形象逼真、系统完整的象形物,演绎出了一部壮丽的"女娲炼五色石以补苍天,断鳌足以立四极"和女娲抟土造人的创世神话。

小沟背的原始森林,据专家说啊,20世纪六七十年代,在美国偷拍的卫星照片上,华北地区只有这么一个绿色的点。登上小沟背山顶,只见参天的古树老藤,枝冠相连,阳光化作缕缕光束射入林中,四处弥漫着幽幽的清凉和静谧。原始森林里保存着红豆杉、紫斑牡丹、灵芝、猴头以及金雕、香獐等我国大量珍稀的野生动植物。清澈的溪流在墨绿色的基岩上奔腾跳跃,巨石相间,潭瀑相连,悬空栈道和造型别致的小桥构成一道亮丽的风景线。山村民居采用石头垒砌,依山傍水,建筑奇特,居民淳朴,热情好客,土特山珍,任人品尝。这种原生态环境,犹如世外桃源。凡是去过的人,那感觉都是"相当相当的好",用河南话说"可是中!"许多外地游客到这里,夜里住下就不想走了。

原群小传

中国旅游界著名实战专家

湖北、河南、新疆、北京、天津等国内数十个省、市、自治区政府旅游发展顾问，山东南山、广东利海、安徽省旅游、河南建业、湖南华鹏、北京大雄等百余家企业集团旅游开发项目咨询专家，北京大学、中央党校等高等院校特聘教授。提议创建"中国民族文化旅游研究院"并被聘为首席研究员。倡导并践行"应景规划"向"情景规划"的变革，被业内专家誉为"未来中国旅游规划新方向"。以旅游策划、旅游经济规划的丰富经历、先进理念和诸多成功案例蜚声业界，被誉为中国旅游经济策划第一人、中国导游词革新第一人、中国旅游规划三大巨头之一"中原"。

旅游实践经历

有近30年的旅游从业经历，是我国最早从事旅游规划策划研究的资深学者之一，堪称中国旅游经济实践的领军人物。先后参与了国家旅游标准化标准制定、中国优秀旅游城市评定、旅游区质量等级评定等重要工作，为近千家旅游景区、百余家4A级景区、40多家5A级景区、多个国家级旅游度假区项目提供专业咨询，实施旅游景区品牌提升与营销、旅游产业与旅游区域规划。其领衔策划和规划成果，以创意新颖、定位准确、体系完整、实操性强、前瞻性强、科技含量高等显著优点而广受业界赞誉，部分案例被北京大学、中国人民大学编入教材。不仅为中国旅游提出了诸多发展方略，也为地方旅游经济发展提出了切实可行的操作之道。

理论研究成果

在旅游经济、旅游规划理论研究领域建树颇多，主张"民族的是世界的——被世界埋单才真正是世界的"的文化旅游经济立论。先后在青海省旅游营销论坛、湖北荆州旅游发展论坛、武汉名家讲堂、深圳市东部华侨城发展论坛、江苏苏州太湖旅游发展论坛、中国旅游科学年会、中国旅游联盟旅游高峰论坛等作主题演讲，在青海、四川、新疆、中国旅游报社等组织的培训中作专题讲座。在长期的旅游规划实践中，逐渐形成了自己独特的旅游规划理念和理论体系。旅游著作已累计100多万字。主要论文有：《论中国旅游国际竞争力》《经济效益是旅游规划的主题》《旅游创新发展观》《旅游规划责任大于天》《中国旅游三大怪圈》《中国导游词革命时不我待》《旅游发展的杀手——模式规划》《市场呼唤情景规划》《大型实景演出是天堂还是陷阱》《论旅游扶贫三要素》《旅游规划方法论》等。著作立意高远，影响巨大，对旅游业发展起到了推动作用。

近三年担纲的规划项目

[1] 江苏镇江茅山5A景区提升策划

[2] 江苏镇江茅山5A景区提升规划

[3] 山东临沂兵学城旅游策划

[4] 山东临沂兵学城旅游总体规划

[5] 湖南株洲炎帝陵5A景区提升规划

[6] 湖南株洲炎帝陵总体规划

[7] 江西会昌百里湘江旅游发展修建性详细规划

[8] 江西会昌百里湘江旅游发展总体规划

[9] 河北清西陵修建性详细规划

[10] 河北清西陵总体规划

[11] 河南邓州旅游总体规划

[12] 新疆昌吉旅游发展总体规划

[13] 新疆昌吉旅游发展修建性详细规划

[14] 陕西洋县华阳5A景区提升规划

[15] 河北滦平金山岭长城5A景区提升规划

[16] 河北阜平旅游总体规划

[17] 江苏草堰镇总体规划

[18] 江苏草堰镇部分节点修建性详细规划

[19] 河南西峡恐龙园提升规划

[20] 河南西峡老界岭5A景区提升规划

[21] 湖南华鹏集团工业旅游策划

[22] 湖北黄陂木兰旅游区5A景区提升规划

[23] 安徽徽州旅游发展总体规划

[24] 安徽徽州唐模呈坎5A景区品牌提升方案

[25] 青海共和龙羊峡景区总体规划

[26] 青海共和龙羊峡景区部分节点修建性详细规划

[27] 河南南阳镇平县旅游发展总体规划

[28] 河北碾儿沟旅游总体规划

[29] 河北碾儿沟古村落节点修建性详细规划

[30] 河北宣化古城4A景区品牌提升策划

[31] 河北宣化古城4A景区品牌提升规划

[32] 山西隰县梨博园4A景区提升策划

[33] 山西隰县梨博园4A景区提升规划

[34] 湖北浠水三角山5A景区提升策划

[35] 湖北浠水三角山5A景区提升规划

[36] 四川北川旅游发展策划

[37] 山东青岛山一战遗址公园总体规划

[38] 河北尚义湿地公园旅游总体规划

[39] 陕西洋县华阳景区4A景区提升规划

[40] 山西隰县小西天4A景区提升规划

[41] 新疆吐鲁番火焰山总体规划

[42] 新疆库木塔格沙漠5A景区提升规划

[43] 新疆吐鲁番葡萄沟5A景区提升规划

[44] 山西庞泉沟4A景区提升规划

[45] 山西果老峰水上乐园4A景区提升规划

[46] 新疆伊犁那拉提5A景区提升规划

[47] 河南洛阳白云山创建5A景区策划

[48] 河南省焦作云台山5A景区提升策划

[49] 河南省焦作青天河5A景区提升策划

[50] 湖北省旅游发展"十二五"规划

[51] 四川峨眉山旅游营销策划

[52] 山西乔家大院市场营销策划

[53] 山西珏山热吻大赛总策划

[54] 广东丹霞山品牌提升策划

[55] 河南安阳市旅游发展"十二五"规划

[56] 湖北荆州市旅游发展总体规划

[57] 河南旅游发展"十二五"规划

[58] 山东梁山旅游市场营销策划

[59] 湖北宜昌三峡大坝景区市场营销策划

[60] 上海科技馆创建5A景区策划

[61] 南京夫子庙创建5A景区策划

[62] 江苏无锡三国影视城市场营销策划

[63] 湖北襄阳古隆中"诸葛躬耕地"抢占市场策划

[64] 青海旅游市场营销策划

[65] 湖北武当山旅游总体规划

[66] 青海循化撒拉族自治县旅游发展总体规划

[67] 江苏苏州吴中环太湖旅游区5A提升规划

[68] 新疆天山大峡谷景区5A提升规划

[69] 河南荥阳市南水北调穿黄工程旅游区修建性详细规划

[70] 河南荥阳楚河汉界旅游区修建性详细规划

[71] 湖北保康旅游发展总体规划

[72] 新疆富蕴可可托海景区5A提升规划

[73] 安徽金寨天堂寨景区5A提升规划

[74] 四川广元5A提升规划

[75] 河北石家庄5A提升规划

[76] 新疆吐鲁番地区旅游发展规划

[77] 山西吕梁交城县玄中寺4A景区提升规划

[78] 山西吕梁交城县卦山4A景区提升规划

[79] 青海互助县乡村旅游发展总体规划

[80] 青海互助县威远镇旅游景区控制性详细规划

[81] 河南获嘉同盟山控制性详规

[82] 山西乔家大院5A景区提升规划

[83] 四川广元旅游总体规划

[84] 河南宜阳花果山景区旅游总体规划

[85] 河南宜阳花果山景区旅游控制性详规

[86] 河南焦作药王文化旅游产业总体规划

[87] 河南省百村万户富民工程策划

[88] 新疆阿勒泰富蕴县可可托海景区总规划

[89] 河南新乡卫辉龙卧岩景区修建性详细规划

[90] 山西怀仁县金沙滩旅游区控制性详细规划

[91] 河南荥阳市沿黄旅游产业聚集区总体规划

[92] 河南泌阳县旅游发展总体规划
[93] 湖北襄阳市卧龙镇旅游度假区修建性详细规划
[94] 山西平陆县龙陡峡风景区总体规划
[95] 山西平陆县龙陡峡风景区重要节点修建性详细规划
[96] 河南三门峡丹峡风景区旅游发展总体规划
[97] 河南淮阳太昊陵5A提升规划
[98] 河南南阳太公湖风景区总体规划
[99] 山东微山湖微子文化园总体规划
[100] 河南宁陵县旅游发展总体规划
[101] 河南通许县旅游发展总体规划
[102] 河南新野县旅游发展总体规划
[103] 河南柘城县木石古村落修建性详细规划
[104] 河南光山县旅游发展总体规划
[105] 河南尧山风景区5A申报材料编制及策划
[106] 河南舞钢市旅游宣传营销策划
[107] 山西珏山旅游景区总体规划修编
[108] 四川宜宾蜀南竹海景区5A提升策划
[109] 浙江温岭长屿洞天景区5A提升策划
[110] 河南陕县店子乡旅游创意策划
[111] 河南商城汤泉池景区旅游发展规划
[112] 湖北钟祥大明承天府旅游规划
[113] 湖北钟祥旅游营销策划
[114] 湖北上津镇古城保护及旅游开发总体规划
[115] 湖北上津古城修建性详细规划
[116] 河南淮阳龙湖风景区修建性详细规划
[117] 河南新乡市回龙大峡谷总体规划
[118] 湖北襄阳古隆中景区54平方公里旅游规划
[119] 河南卢氏九龙山旅游发展规划
[120] 河南长葛市旅游发展总体规划
[121] 河南西平县旅游发展总体规划
[122] 河南息县旅游发展总体规划
[123] 河南柘城县旅游发展总体规划
[124] 贵州德江县旅游发展总体规划

[125] 贵州德江县扶阳古城修建性详细规划
[126] 贵州德江县中国傩城修建性详细规划
[127] 山西古县牡丹园5A景区提升规划
[128] 贵州德江乌江修建性详细规划
[129] 云南麻栗坡县旅游发展总体规划
[130] 云南麻栗坡老山旅游控制性详细规划
[131] 安徽五千年文化博览园旅游营销策划
[132] 湖北宜昌旅游发展总体规划
[133] 湖北宜昌长江三峡总体规划
[134] 陕西渭南司马迁文博园5A景区提升策划
[135] 陕西渭南党家村旅游发展总规划
[136] 云南昆明世博园金殿5A景区提升策划